AF565407

Henryk M. Broder, geboren 1946 in Kattowitz, gehört zu den bekanntesten Journalisten Deutschlands, ist Mitbegründer des politischen Blogs »achgut.com« und schreibt für »Die Welt«. Zuletzt erschien bei Knaus »Schwein gehabt. Eine Autobiografie in Bildern«. Er lebt in Berlin.

»Seine Prosa ist wie gewohnt anregend
wie ein guter Schampus.«
Generalanzeiger

Henryk M. Broder

Das ist ja irre!

Mein deutsches Tagebuch

Verlagsgruppe Random House FSC® N001967

3. Auflage

Umschlaggestaltung: Cornelia Niere,
nach einem Entwurf von FAVORITBUERO, München
Foto Umschlagvorderseite: © Tim Maxeiner
Lektorat: Alex Feuerherdt, Hilde Recher
Satz: Uhl + Massopust GmbH, Aalen
Druck und Bindung: GGP Media GmbH, Pößneck
Printed in Germany
ISBN 978-3-328-10116-1
www.penguin-verlag.de

Dieses Buch ist auch als E-Book erhältlich.

Der Kopf ist willig, der Geist ist schwach

Dieses Buch hat sich wie von selbst geschrieben. Ich musste es nur zu Papier bringen. Wie ein Medium, das Nachrichten von Außerirdischen empfängt und dekodiert.

Ich brauchte freilich nichts zu dekodieren, ich musste mich nicht einmal mit fremden Kulturen vertraut machen. In dem Film *Mars Attacks* lassen die Friedensfreunde zum Empfang der Marsianer auf der Erde weiße Tauben aufsteigen, sie wissen nicht, dass weiße Tauben auf dem Mars das Symbol der Gewalt sind. Die Marsianer greifen zu ihren Waffen, der Empfang endet in einem Blutbad.

So kommen »kulturelle Missverständnisse« zustande. Händchen haltende Männer sind in homophoben arabischen Gesellschaften ganz normal. Bei uns können schwule Männer »eingetragene Lebenspartnerschaften« eingehen und demnächst auch heiraten, dennoch müssen sie im Alltag auf Benimmregeln achten, die noch aus der Zeit stammen, als »warmer Bruder« ein Schimpfwort war. Vermögende Saudis, die im Sommer die deutsche Gastfreundschaft genießen, geraten außer sich, wenn sie auf der Herrentoilette ihres Fünf-Sterne-Hotels einen Wickeltisch vorfinden. Ebenso irritiert reagieren sie, wenn eine Mutter am Nebentisch ihrem Kind die Brust gibt. So was gehört sich nicht, denken sie, diese dekadenten Deutschen!

Es ist nicht diese Art von Laissez-faire, um die es mir geht. Auch nicht um die Frage, ob die Geschlechtszugehörigkeit eine Tatsache oder ein soziales Konstrukt ist, ebenso wenig um die »Ehe für alle« und das Wahlrecht für Kinder vom Moment der Geburt an; nicht um die Eskapaden einer von Langeweile, Überfluss und Überdruss geplagten Subkultur, die man täglich bei *Explosiv* auf RTL besichtigen kann. Es geht um eine Gesellschaft, die sich so radikal selbst kastriert hat, dass ihr jeder Narr und jede Närrin einreden kann, zwei mal zwei müsse nicht unbedingt vier, es könne auch mal fünf oder dreieinhalb sein – je nach den Umständen. »Wo ein Wille ist, da ist auch ein Weg«, sagt die alternativlose Kanzlerin gern und oft und leistet so der Fiktionalisierung von Realität Vorschub nach dem Motto: die Welt als Wille und Vorstellung. Dabei ist es egal, was auf der Tagesordnung steht – die Energiewende, die Autobahnmaut oder das »Projekt Europa«, der Turmbau zu Babel des 21. Jahrhunderts. Wenn wir nur richtig wollten, könnten wir sogar den Rhein nach Süden fließen lassen.

Nichts ist unmöglich! Wir können heute, guten Willen und die richtige moralische Haltung vorausgesetzt, ökonomische Gesetzmäßigkeiten außer Kraft setzen. Beispielsweise wurde fünf Jahre lang Griechenland »gerettet« und mit Milliardenzuschüssen der EU vermeintlich über Wasser gehalten, bis schließlich der Patient, der es leid ist, künstlich beatmet und ernährt zu werden, die weitere Behandlung verweigert. Wie die Sache ausgeht, steht noch nicht fest, vielleicht wird der Patient doch weiterhin künstlich ernährt. Vielleicht wird ein Wunderheiler ans Krankenbett geholt. Eines fürchte ich aber: Der Wahnsinn wird weitergehen!

Ich bin kein Apokalyptiker, ich glaube weder daran, dass man die Erderwärmung wirklich vorhersagen und quasi monokausal herleiten oder gar durch Konferenzbeschlüsse so beeinflussen kann, dass sie bei plus zwei Grad stoppt. Ich denke auch nicht, dass früher alles besser war, im Gegenteil. Die Luft, die wir atmen, ist sauberer, das Wasser, das wir trinken, klarer, die medizinische Versorgung effektiver; die Lebenserwartung steigt, die Kindersterblichkeit geht zurück und das, was wir heute in vielen Industrieländern »Armut« nennen, ist das Ergebnis von ABM-Programmen für Scharen von Sozialarbeitern, die dafür sorgen, dass die Armen von Beihilfen abhängig bleiben. Man könnte es auch »staatlich geförderte Verwahrlosung« nennen.

Das alles regt mich auf, aber es treibt mich nicht in den Wahnsinn. Wenn ich, um wieder ein wenig vorzugreifen, in einer Rezension der päpstlichen Umwelt-Enzyklika lese, »Jesus würde Car-Sharing mögen«, finde ich das albern. Ebenso wie den Aufruf einer französischen Politikerin, Nutella zu boykottieren, weil zur Herstellung der Nuss-Nugat-Creme Palmöl benötigt wird, für dessen Gewinnung Regenwälder gerodet werden müssen. Ich frage mich: Wäre es denkbar, dass der Papst bald den Verzehr eines Nutella-Brötchens in den Katalog der Todsünden aufnimmt?

Was mich dagegen wirklich irre macht, ist, wenn Marietta Slomka im *Heute-Journal* über den »sogenannten Islamischen Staat« spricht. Wieso »sogenannt«? Gibt es irgendwo eine Stelle, die islamische Staaten zertifiziert? Der IS definiert sich nicht über international anerkannte Grenzen, sondern über die Macht, seine Vorstellungen von Recht und Ordnung durchzusetzen. In diesem Sinne ist er sogar ein sehr moderner Staat – bürgernah, flexibel und grenzüberschreitend. Will Frau Slomka mit dem Zusatz »sogenannter« andeuten, der IS habe sich das Etikett »islamisch« nicht fleißig erarbeitet, sondern nur erschlichen, wie Karl Theodor zu Guttenberg seinen Doktortitel? Sie könnte sich freilich darauf berufen, auch Präsident Obama habe erklärt, der »sogenannte Islamische Staat« sei »weder ein Staat noch islamisch«. Was ist er dann? Eine vegane Niederlassung von Kentucky Fried Chicken? Ein Außenposten der Heilsarmee? Eine Halloween-Party, auf der Kürbisköpfe rollen? Käme irgendein Bischof auf die Idee, die christliche Inquisition mit dem Attribut »sogenannte« zu relativieren, müsste er mit dem Shitstorm seines Lebens fertigwerden.

Das alles sind Symptome einer Gesellschaft, der die Kraft abhandengekommen ist, der Wirklichkeit ins Auge zu schauen, die vom Terror nur dann tangiert wird, wenn die Frage aufkommt, ob man nach einem Anschlag auf eine Ferienanlage – in Ägypten, Tunesien oder Bali – die Reise kostenfrei stornieren kann.

Ich nehme es mir immer wieder vor, mich nicht mehr aufzuregen, mit 68 könnte ich langsam aufhören, das HB-Männchen zu spielen. Indes, der Kopf ist willig, der Geist ist schwach. Nicht, dass ich die Welt verändern möchte, das war nie meine Absicht, aber ich kann nicht im Welttheater sitzen und Begeisterung heucheln, wenn ich die Vorstellung abstoßend finde.

Wenn die Kanzlerin nach dem Anschlag von Sousse dem tunesischen Ministerpräsidenten versichert, Deutschland stehe in diesen schweren Stunden an der Seite Tunesiens und werde die Zusammenarbeit bei der Bekämpfung des Terrorismus weiter intensivieren, dann frage ich mich, ob sie wirklich die Bundeswehr nach Tunesien schicken will oder nur einen Witz gemacht hat, der sich mir nicht ganz erschließt. So geht es mir auch, wenn ich den Präsidenten des Europaparlaments sagen höre, die Rettung Griechenlands habe »*uns* bis jetzt keinen Euro gekostet«. Wahr ist, die Rettung Griechenlands hat *ihn* bis jetzt keinen Euro gekostet, weil alle mit der Rettung verknüpften Aktivitäten des umtriebigen Präsidenten aus der EU-Kasse finanziert werden, also aus Steuergeldern. Dass Merkel, Schulz und andere mit solchen Schummeleien davonkommen, finde ich unerträglich. So etwas muss – for the record of history – wenigstens protokolliert werden. Andere sammeln Bierdeckel oder Briefmarken, ich sammle Entgleisungen, Fehlleistungen, Täuschungen.

Und so lag die Idee zu diesem Tagebuch einfach in der Luft. Ein Buch als Chronik des laufenden Irrsinns, der im Gewand der Normalität und dem Gestus »Wir retten die Welt« daherkommt. Dabei will ich nicht ausschließen, dass ich der Irre vom Dienst bin und diejenigen, die ich für gaga halte, pumperlgsund sind. Wer oder was irre ist, hängt davon ab, wer in einer Gesellschaft das Sagen und die Deutungshoheit hat. Und so nahm ich die Anregung meines Verlegers auf, ein halbes Jahr lang Buch zu führen und jeden Tag meinem Tagebuch eine Geschichte anzuvertrauen. Worüber, das sollte mein Lebenspartner, der Genosse Zufall, entscheiden. Ich konnte nicht ahnen, dass es in dieser Zeit um Alles oder Nichts, Sein oder Nichtsein der EU und des Euro gehen würde. Auch nicht, dass gleich zu Beginn meines täglichen Zwiegesprächs der islamische Terror in Paris und am Ende in Sousse, Lyon und Kuwait morden würde. Ich dachte, die künstliche Aufregung der verlässlich antiamerikanischen deutschen Kulturschaffenden vor dem Transatlantischen Freihandelsabkommen TTIP wäre das Schrägste, das mich erwarten würde.

Wie meine Bücher zuvor habe ich auch dieses Tagebuch für mich geschrieben, um Klarheit zu gewinnen, was um mich herum passiert. Nun weiß ich zwar mehr, ich kann sogar den EFSF vom ESM unterscheiden, bin aber ebenso ratlos wie am Anfang.

Also fragen Sie mich bitte nicht, welche Lösungen ich anzubieten hätte. Ich bin kein Politiker und kein Therapeut, und ich finde, es laufen schon genug Gesundbeter und Geistheiler herum, die uns einreden wollen, wo ein Wille sei, da gebe es auch einen Weg, unabhängig von Natur- oder ökonomischen Gesetzen. Das ist Voodoo-Politik.

Ein Tagebuch hat eine Chronologie, aber Sie können es von vorne nach hinten ebenso lesen wie von hinten nach vorne. Sie können auch mittendrin einsteigen und hin und her surfen. Egal wie Sie es machen, Sie werden sehen: »Der Wahnsinn, wenn er epidemisch wird, heißt Vernunft.«

Dieser Satz stammt von Oskar Panizza, einem bayerischen Schriftsteller (*Das Liebeskonzil*) und Nervenarzt, der von 1853 bis 1921 lebte. Er wurde 1895 wegen »Religionsbeschimpfung« zu einem Jahr Gefängnis verurteilt und später auch der »Majestätsbeleidigung« angeklagt. Ihm widme ich dieses Buch.

HMB im Juli 2015

1. Januar

Liebes Tagebuch!

Kaum hat das neue Jahr begonnen, rege ich mich schon wieder auf. Gott sei Dank habe ich mir nicht vorgenommen, mich nicht aufzuregen.

Zu den Kollateralschäden der Wiedervereinigung gehört für mich, dass wir eine Kanzlerin haben, von der niemand sagen kann, was sie in der DDR gemacht hat, nicht einmal sie selbst. Angela Merkel soll in »ihrer« FDJ-Gruppe »Sekretärin für Agitation und Propaganda« gewesen sein. Dieses »Gerücht« taucht immer wieder auf und wird von Merkel weder dementiert noch bestätigt. Sie sagt nur, dass sie »nichts verheimlicht« habe. »Ich kann mich da nur auf meine Erinnerung stützen. [...] Wenn sich jetzt etwas anderes ergibt, kann man damit auch leben.«

Allerdings räumt sie ein, nach bestimmten Dingen nie gefragt worden zu sein, zum Beispiel nach ihrer Mitgliedschaft im FDGB und ihrer Mitarbeit in der Gesellschaft für Deutsch-Sowjetische Freundschaft. Oder sie lässt ihren Sprecher Steffen Seibert (früher ZDF) sagen: »Die Bundeskanzlerin hat sich wiederholt und über Jahre hinweg in Büchern wie in Interviews zu ihrem Leben in der DDR geäußert. Sie hat Fragen dazu stets offen und stets auf der Basis ihrer ehrlichen Erinnerungen beantwortet.«

Bei solchen Statements kommt es auf jedes Wort an.

Seibert sagt nicht, die Kanzlerin habe *alle Fragen dazu* beantwortet, sondern nur *Fragen*. Und zwar *auf der Basis ihrer ehrlichen Erinnerungen*. Und er sagt auch nicht, dass sie die Fragen *ehrlich* beantwortet hat, sondern *auf der Basis ihrer ehrlichen Erinnerungen.* Erinnerung jedoch kann auch trügen – das wissen der Volksmund und die Gehirnforschung.

Wer, wie ich, schon mal eine Brille, die er eben noch in der Hand gehabt hat, nicht mehr finden konnte, der weiß, dass man sich auf alles verlassen kann, nur nicht auf seine eigene Erinnerung. Und wenn ein ehemaliger IM mit einer Akte konfrontiert wird, aus der hervorgeht, dass er der Stasi zugearbeitet hat, dann versagen zwar seine *ehrlichen Erinnerungen*, aber er weiß ganz genau, dass er weder eine Verpflichtungserklärung unterschrieben noch *bewusst* Informationen an die Stasi geliefert hat.

Deswegen ist es egal, woran sich die Kanzlerin erinnern oder nicht erinnern kann. In der DDR war alles Agitation und Propaganda, der tägliche Wetterbericht ebenso wie der Preis der Halloren-Schokoladenkugeln und die Werbung für Nudossi-Brotaufstrich.

In meinen Albträumen fürchte ich, das Einzige, worauf es ankommt, ist: Meine Kanzlerin, die aus der DDR gekommen ist, führt mich mit ruhiger, fester Hand in die DDR zurück, eine größere und mit materiellen Gütern besser ausgestattete DDR, in der es zu den Entscheidungen der Regierung keine Alternativen gibt. Ich wache auf und ahne, ich muss bei ihr auf jedes Wort achten, das gesagte und das ungesagte.

»2014 mussten wir außerdem erleben«, sagte gestern Angela Merkel in ihrer sieben Minuten langen Neujahrsansprache zu mir, »dass die Terrororganisation IS alle Menschen verfolgt und auf bestialische Weise ermordet, die sich ihrem Herrschaftswillen nicht unterwerfen.« Hätte es die Kanzlerin viel mehr Mühe oder Zeit gekostet, das Kürzel IS auszusprechen? »Islamischer Staat« oder meinetwegen »der sogenannte Islamische Staat«. Hat man ihr geraten, das Wort »islamisch« nicht zu benutzen? Damit sich niemand beleidigt, gekränkt, verletzt fühlt? Als Präsident Obama nach der »Hinrichtung« eines US-Bürgers erklärt hat, der Islamische Staat sei weder islamisch noch ein Staat, da hat er den Firmennamen wenigstens noch vollständig ausgesprochen: »Neither islamic nor a state.« Okay, liebes Tagebuch, ich halte ihr zugute, dass sie über die »DDR« gesprochen und nicht »Deutsche Demokratische Republik« gesagt hat, als sie an die Montagsdemos vor 25 Jahren erinnerte.

»Heute rufen manche montags wieder ›Wir sind das Volk!‹. Aber tatsächlich meinen sie: ›Ihr gehört nicht dazu. Wegen Eurer Hautfarbe oder Eurer Religion.‹ Deshalb sage ich allen, die auf solche Demonstrationen gehen: Folgen Sie denen nicht, die dazu aufrufen, denn zu oft sind Vorurteile, ist Kälte, ja sogar Hass in deren Herzen.«

Ist die Kanzlerin eine gelernte Physikerin oder eine Kardiologin? Hat sie ein Gerät oder ein Verfahren entwickelt, mit dem man in die Herzen der Menschen schauen kann? Eine Sonde, eine Art Lackmustest? Gibt es auf den Ruf »Wir sind das Volk!« ein Copyright, das von der Regierung gehütet wird? Gehört es zur Richtlinienkompetenz der Kanzlerin, darüber zu verfügen, wer sich zum Volk rechnen darf? Wenn der »Islam zu Deutschland gehört«, wie Christian Wulff gesagt hat, gehören dann nicht auch diejenigen zum Volk, in deren Herzen Hass und Kälte wohnen? Setzt sich das Volk nur aus den Edlen, Guten und Hilfreichen zusammen? Müssen die Kaltherzigen draußen vor der Tür bleiben? Ist Angela Merkel nicht die Kanzlerin aller Deutschen? Es fällt mir einfach schwer hinzunehmen, dass die Kanzlerin die Guten ins Töpfchen, die Schlechten ins Kröpfchen stecken möchte, als wäre sie Aschenputtel.

Okay, liebes Tagebuch, vielleicht sollte man das, was eine Kanzlerin kurz vor Ultimo redet, nicht auf die Goldwaage legen. Sie hat ja auch mal gesagt: »Mit mir wird es keine Maut geben.« Die Maut war in der Neujahrsansprache kein Thema, dafür aber der Bundeshaushalt für das Jahr 2015. Wir würden, sagte sie, »das erste Mal seit 46 Jahren keine neuen Schulden im Bund aufnehmen müssen«; nun sei Schluss »mit dem Leben auf Pump«.

Wirklich? Der Bundeshaushalt für 2015 weist ein Ausgabenvolumen von 299,5 Milliarden Euro auf. Der größte Posten mit 41,7 Prozent entfällt auf »Arbeit und Soziales«. Es folgt die Verteidigung mit 10,8 Prozent, auf Platz drei rangiert mit 9,4 Prozent die »Bundesschuld«. Das sind die Ausgaben für die Tilgung und Zinsen der Kredite, die der Bund aufgenommen hat. In Zahlen: 28,2 Milliarden Euro, genau das Doppelte der Summe, die für Familienförderung ausgegeben wird.

So sieht es also aus, wenn »mit dem Leben auf Pump« Schluss gemacht wird. Ein Alkoholiker mit einem vollen Weinkeller würde sagen: »Ab sofort wird kein Wein mehr gekauft.«

Das ist ja irre!, sagst du, liebes Tagebuch, und du hast recht.

2. Januar

Liebes Tagebuch!

Mehr noch als Angela Merkel ist Frank-Walter Steinmeier für mich das Gesicht der Berliner Republik. Der Chef des Auswärtigen Amtes nimmt seinen Job wörtlich, er ist immerzu auswärts. Brauchte Phileas Fogg noch 80 Tage, um einmal die Welt zu umrunden, kommt Steinmeier in der gleichen Zeit auf mindestens zwei Dutzend Weltreisen. Das ist nicht nur eine Frage der Logistik, es ist eine Frage des Bewusstseins.

Natürlich muss der deutsche Außenminister dabei sein, wenn die Generalversammlung der Vereinten Nationen eröffnet wird. Gerade die informellen Gespräche am Rande des Plenums sind ja sooo wichtig. Und ein Treffen der Außenminister des Weimarer

Dreiecks (Deutschland, Frankreich, Polen) ohne Steinmeier wäre so trostlos wie eine Skatrunde mit nur zwei Spielern.

Auch beim deutsch-russisch-polnischen Trialog in St. Petersburg darf »Steini« nicht fehlen, denn der Weg der deutschen Geschichte führt über Warschau nach Stalingrad.

Es lohnt sich, einen Blick auf die »Chronik der Ministerreisen« auf der Homepage des Auswärtigen Amtes für das vergangene Jahr zu werfen. 2014 unternahm der Außenminister 54 Dienstreisen. Er war unter anderem sechsmal in Kiew, viermal in Israel/Palästina, dreimal in Paris, je zweimal in Moskau und London. Er besuchte Äthiopien, Tansania und Angola; Georgien, Moldawien und Armenien; Kasachstan, Aserbaidschan und Saudi-Arabien. Mexiko, Indonesien und Südafrika. Japan, Indien, China und Korea. Breslau, Prag, Rom und Warschau. Oslo, Sarajewo und Wien. Auch Reisen zu weit entfernten Zielen dauerten selten länger als drei Tage, Hin- und Rückflug inklusive. Eine solche Leistungsbilanz kann nicht einmal der amerikanische Außenminister vorweisen.

Kaum war das Fest der Heiligen Drei Könige im vergangenen Jahr vorbei, brach Steinmeier nach Brüssel auf, um dort den Präsidenten der EU-Kommission zu treffen. Gleich nach seiner Ankunft gab Steinmeier eine Erklärung zu Sinn und Zweck seiner Reise ab. »Das ist keine Zufälligkeit des Terminkalenders, sondern ein Statement der Bundesregierung. Wir wollen hier sagen: Europa ist für uns nicht eine Option unter vielen, sondern auch eine Lehre aus der deutschen Geschichte und eine Zukunftshoffnung.« Europa sei mehr als nur eine gemeinsame Währung und ein gemeinsamer Binnenmarkt. »Dieses Europa steht [...] für gemeinsame Werte und für eine gemeinsame Zukunft. Wir Deutschen sollten uns dieser Verantwortung sehr bewusst sein, und wir sollten alle unsere Bemühungen darauf ausrichten, dass die europäische Krise, die uns in den letzten Jahren beherrscht hat, überwunden wird.«

Im Februar schlug Steinmeier in Madrid auf, um den Spaniern seine Anerkennung für die Umsetzung der Reformen auszusprechen. »Ich anerkenne in hohem Maße, dass das schwere Zeiten sind, durch die die Menschen in Spanien gehen müssen. Umso mehr freut mich natürlich, dass wir die Krise in Europa zwar noch nicht überwunden haben, aber dass sich der ökonomische Himmel doch ein bisschen gelichtet hat…« Dennoch komme einiges auf die europäischen Regierungen zu. »Wir stehen als europäische Regierungen alle in der Verantwortung, das Gespräch mit unseren Bevölkerungen zu suchen und immer wieder zu sagen: Europa ist nicht das Problem, sondern Europa wird Teil der Lösung unserer Probleme sein.«

Im März machte Steinmeier Estland, Lettland und Litauen die Aufwartung. Dafür nahm er sich einen ganzen Tag Zeit. Er versicherte seinen Gesprächspartnern, eine Abtrennung der Krim von der Ukraine sei »völkerrechtlich inakzeptabel«. Er lobte die baltischen Staaten, sie seien zu »festen Ankern der europäischen Wertegemeinschaft« geworden und hätten auf dem Weg in die EU »viele Herausforderungen« gemeistert. »Heute teilen wir als Partner gemeinsame Verantwortung in der EU und in der NATO. Die Sorgen unserer baltischen Partner […] teilen wir und nehmen wir sehr ernst.«

Kaum aus dem Baltikum zurück, machte sich Steinmeier wieder auf den Weg in den Osten, nach Kiew, wo er den Ukrainern den Ernst der Lage erklärte: »Wir treffen uns heute hier, weil wir wissen, dass die Situation immer noch dramatisch ist.«

Das blieb sie auch nach seiner Abreise aus Kiew, während er in Äthiopien, Tansania und Angola die Lage erkundete, derweil in Japan und China schon der rote Teppich für den Gast aus Deutschland ausgerollt wurde.

Nach einem kurzen Boxenstopp in Berlin reiste Steinmeier zusammen mit dem französischen Außenminister Fabius nach Georgien, Moldawien und Tunesien. In Sarajewo kam er mit

»Vertretern von Regierung und Zivilgesellschaft« zusammen, stimmte sich in Wien mit seinem Kollegen Sebastian Kurz ab und nahm in Istanbul an einem »strategischen Dialog« zwischen Deutschland und der Türkei teil.

Dann kam der Juli. Und mit ihm der 40. Jahrestag der Aufnahme diplomatischer Beziehungen zwischen der Mongolei und der Bundesrepublik Deutschland. Das musste angemessen gefeiert werden. Bei der Ankunft in Ulan Bator wurde Steinmeier von einer jungen Mongolin in traditioneller Kleidung begrüßt, die ihm noch auf dem Flugfeld »einen blauen Schal und eine Schale mit mongolischem Trockenquark« überreichte. Nach einem Gespräch mit seinem mongolischen Amtskollegen Luvsanvandan Bold gab Steinmeier Folgendes zu Protokoll: »Wir Besucher aus Deutschland kommen jedenfalls mit großem Respekt und Anerkennung für die Transformationsfortschritte der vergangenen Jahre. Wir sind beeindruckt von der Kraft der Zivilgesellschaft und der geduldigen Standfestigkeit der politisch Verantwortlichen auf diesem Weg der Modernisierung. Wir freuen uns, zu den engen Partnern der Mongolei gehören zu dürfen.« Beide Nationen, betonte der deutsche Außenminister, seien einander durch »gemeinsame Werte« verbunden.

Im Oktober flog Steinmeier nach Nigeria, um dort »Vertreterinnen und Vertreter der nigerianischen Zivilgesellschaft« zu treffen, unter ihnen auch eine Vertreterin der Initiative »Bring Back Our Girls«.

Auch in Kasachstan, das von Steinmeier im November beehrt wurde, hatte die deutsche Vertretung eine Zusammenkunft »mit Vertreterinnen und Vertretern der kasachischen Zivilgesellschaft« arrangiert. Allerdings wurde auch diese Reise von den Ereignissen in der Ukraine überschattet. Nach einer Unterredung mit seinem kasachischen Amtskollegen Jerlan Idrissow gab Steinmeier eine Erklärung zur Lage in der Ukraine ab: »Wir beide haben festgestellt, dass das Bemühen aus Kasachstan und

Deutschland anhalten muss, um zu einer Entschärfung der Gesamtsituation beizutragen.«

Anfang Dezember reiste Steinmeier nach Georgien, wo er Gespräche mit der neuen Außenministerin Tamar Berutschaschwili, Staatspräsident Georgi Margwelaschwili und Premierminister Irakli Garibaschwili über die »Annäherung des Landes an Europa« führte. »Im Verlauf seines Besuchs suchte Außenminister Steinmeier außerdem das Gespräch mit Vertreterinnen und Vertretern der Zivilgesellschaft ...«

Der Außenminister beendete das Jahr 2014 mit einem weiteren Besuch in Kiew, wo er »noch am Flughafen mit der OSZE-Sonderbeauftragten für die Ukraine, Heidi Tagliavini, zu einem ersten Gespräch über die Umsetzung der *Minsker Vereinbarungen* hin zu einem Waffenstillstand in der Ost-Ukraine« zusammenkam. Dieser Waffenstillstand war so nachhaltig wie die vorausgegangenen Waffenstillstände, an denen Steinmeier mitgewirkt hatte.

Mir kommt es so vor, als habe Shakespeare an Steinmeier gedacht, als er seine im Jahre 1600 erschienene Komödie *Viel Lärm um nichts* konzipiert hat.

Auch der *Fliegende Holländer* kommt mir in den Sinn, die Sage über den Kapitän, der vom Schicksal dazu verdammt ist, mit seinem Geisterschiff über die Meere zu irren. Und schließlich eine Geschichte, die Hellmuth Karasek 1982 über Helmut Kohl schrieb: »Der sprachlose Schwätzer«.

Du findest, ich bin ungerecht gegenüber »Steini«, liebes Tagebuch, er sei doch ein netter Kerl und tue doch wirklich sein Bestes für unser Land: Dieser dauernde Schlafentzug, der Jetlag in Permanenz, die radioaktive Strahlung bei jedem Flug, nur um dieses Deutschland gut zu repräsentieren. Und dass all diese Reisen keine Ergebnisse brächten, sei doch am allerwenigsten ihm anzulasten. Von mir aus, dann soll er uns eben kein X für ein U vormachen, halte ich dagegen, uns lieber seine Macht- und

Hilflosigkeit eingestehen und nicht in Textbausteinen reden. Da wäre schon viel gewonnen.

So wie die Dinge stehen, fürchte ich, dass 2015 ein Jahr der Krisen und Konflikte sein wird, wie ich es bisher noch nicht erlebt habe. Es wird unserem Außenminister das Äußerste an Kondition und Rhetorik abverlangen.

Ich denke darüber nach, liebes Tagebuch, ob ich meinen Verleger anrufen soll. Im Herbst habe ich ihm noch gesagt, dass ich nie mehr ein Buch schreiben will. Jetzt denke ich, dass mein Zwiegespräch mit dir vielleicht ein spannendes Projekt werden könnte.

3. Januar

Liebes Tagebuch!

Es gebe in Deutschland »keinen Grund für Ausländerhass«, sagt der Bundesminister für wirtschaftliche Zusammenarbeit und Entwicklung, Gerd Müller. Allerdings werde der Zuzug von immer mehr Flüchtlingen vor allem in den Großstädten »als Konkurrenz« gesehen. Denn: »Die Menschen haben Existenznöte, fühlen sich an den Rand gedrückt und machen auf sich aufmerksam, da sie sich nicht umfassend vertreten fühlen.«

Also, es gibt keinen Grund für Ausländerhass, aber der Zuzug von immer mehr Flüchtlingen verursacht Existenznöte etc. Demnach sieht der Minister doch einen Grund für Ausländerhass, nur so deutlich mag es der Experte für wirtschaftliche Zusammenarbeit und Entwicklung nicht sagen. Und er lässt sogar offen, ob er die Gründe für berechtigt hält oder eben nicht. Wenn er zum Beispiel erklären würde: »Es gibt keinen Grund, Frauen zu schlagen« oder »Es gibt keinen Grund, Kinder zu misshandeln«, und ergänzte, allerdings gingen Frauen oder Kinder einem manchmal ganz schön auf die Nerven, müsste er aus gutem Grund damit rechnen, von der Familienministerin persönlich abgemahnt zu werden, weil in der Behauptung, es gebe keinen Grund, Frauen zu schlagen und Kinder zu misshandeln, das Gegenteil mitschwingt.

Der Minister hat von Logik und Dialektik keine Ahnung, aber von wirtschaftlicher Zusammenarbeit und Entwicklung versteht er was. Und deswegen macht er sich Gedanken, wie man für die Menschen in Syrien »Lebensperspektiven« schaffen könnte, damit sie sich nicht auf den Weg nach Deutschland machen, nämlich durch »den Ausbau der Infrastruktur« und »Bildungsangebote für die Jugend«.

Eine geniale Idee! Wieso ist vor Gerd Müller noch keiner darauf gekommen? Seit über drei Jahren wird die Infrastruktur in Syrien systematisch ausgebaut, während die verschiedenen Milizen die Jugend mit Bildungsangeboten überschütten. Die Al-Nusra-Front veranstaltet Lehrgänge im Umgang mit halb automatischen Waffen, die Schabiha-Miliz nimmt sich der jungen Männer an, die gerne die Kunst des Folterns erlernen möchten. Was fehlt, sind Berufsschulen nach deutschem Vorbild, die eine »Duale Ausbildung« anbieten: »Wie nehme ich eine M16 auseinander und baue sie in zwei Minuten wieder zusammen?« oder »Fachgerechtes Foltern – Theorie und Praxis«. Die erste Anstalt dieser Art wird den Namen »Gerd-Müller-Schule« tragen.

4. Januar

Liebes Tagebuch!

Die Flut der Flüchtlinge, die nach Deutschland kommen, hat die Bundesregierung, die Parteien, die Kirchen und die Kommunen kalt erwischt. Etwa so, wie alljährlich der Ausbruch des Winters die deutschen Autofahrer, die mit allem rechnen, nur nicht damit, dass es im Dezember schneien könnte. Deswegen wird wieder einmal über den »Umgang mit Flüchtlingen« in Deutschland diskutiert. Die CSU will die Asylverfahren beschleunigen, der Städte- und Gemeindebund möchte, dass Asylbewerber aus sicheren Herkunftsländern »konsequenter abgeschoben« werden. Der Vorsitzende der Deutschen Bischofskonferenz, Kardinal Marx, warnt davor, Asylsuchende in Kriegs- und Wirtschaftsflüchtlinge einzuteilen, eine genaue Trennung sei kaum möglich.

Die Asylverfahren müssten weiter beschleunigt werden, sagt Gerd Landsberg, der Hauptgeschäftsführer des Städte- und Gemeindebundes. Armin Laschet, einer der stellvertretenden Vorsitzenden der CDU, sagt: »Vierzig Prozent der Flüchtlinge kommen aus sicheren Herkunftsländern«, seien also eigentlich keine Flüchtlinge im Sinne des Asylrechts. »Da brauchen wir schnellere Verfahren, damit Platz ist für die aus Syrien, aus dem Irak, die aus schrecklichen Bürgerkriegssituationen kommen«.

Die SPD ist da schon weiter. Sie warnt die CDU davor, sich »bei AfD und Pegida anzubiedern«. Es müsse »bei der Beschleunigung der Asylverfahren darum gehen, schnell Sicherheit für die Menschen zu finden und den Kommunen die Integration zu erleichtern«, sagt Yasmin Fahimi, die Generalsekretärin der SPD, »deswegen gibt es eine richtige Antwort darauf, die wir schon bereits (!) beschlossen haben, nämlich die zuständige Bundesbehörde mit mehr Personal auszustatten«.

Yes, Ma'am! Das ist die sozialdemokratische Antwort auf alle Probleme: Mehr Personal! Mehr Sozialarbeiter in sozialen Brennpunkten! Mehr Frauen in die Aufsichtsräte! Mehr Gespenster in Geisterbahnen! So werden zwar keine Probleme gelöst, dafür aber mehr Stellen in unproduktiven Bereichen geschaffen.

Jetzt muss nur noch die Zahl der GeneralsekretärInnen in der SPD verdoppelt werden, damit es mit der Partei wieder aufwärtsgeht. Wie man aus der Berliner Zentrale hört, hat Frau Fahimi »schon bereits« einen Plan, wie sie sich klonen könnte.

Ich kenne Menschen, liebes Tagebuch, die sind schon vor über 15 Jahren aus der SPD ausgetreten, weil sie kein vernünftiges Staatsbürgerschafts- und Einwanderungsrecht zusammengebracht hat – auch nicht, als sie die Regierung stellte.

5. Januar

Liebes Tagebuch!

Heute wollen die Pegida-Leute in Köln demonstrieren. Keine Ahnung, warum es die Domstadt sein muss, das benachbarte Bonn würde sich viel besser für eine Demo gegen Islamisierung eignen, denn die »Bundesstadt« ist unter anderem dafür berühmt und auch ein wenig berüchtigt, dass sie eine sehr aktive Salafisten-Szene beherbergt.

Köln dagegen hat nur BAP, die Bläck Fööss, die Höhner und Jürgen Zeltinger. Die Kölner, das muss man anerkennen, kommen mit Zuwanderern gut zurecht, solange diese nicht aus Aachen oder Düsseldorf kommen. In Köln finden auch regelmäßig Aktionen gegen Fremdenhass und Rassismus statt (»Köln stellt sich quer«, »Arsch huh, Zäng ussenander!«), obwohl es in Köln weder Fremdenhass noch Rassismus gibt, jedenfalls nicht offiziell. Und so hat das »Kölner Bündnis« – bestehend aus DGB, SPD, den Grünen, der Linken, den Gewerkschaften ver.di und IG Metall, der Vereinigung der Verfolgten des Naziregimes – Bund der Antifaschisten sowie christlichen, jüdischen und muslimischen Religionsgemeinschaften – zu einer Anti-Pegida-Demo aufgerufen, die ebenfalls heute stattfinden soll. Die eine Volksfront gegen die andere, sozusagen.

In Köln geht freilich nichts ohne den Segen der Kirche. Deshalb hat der Domprobst im Namen des Domkapitels angekündigt, während der Pegida-Demo die Dombeleuchtung abzuschalten. Der Dom im Dunkeln, so was hat es zuletzt während der Bombenangriffe der Alliierten gegeben.

Der stellvertretende Vorsitzende der SPD-Bundestagsfraktion Rolf Mützenich nannte die Aktion ein »sehr beachtenswertes und auch richtiges Signal«. Der Vorsitzende des Auswärtigen Ausschusses des Bundestages, Norbert Röttgen (CDU), sagte dem *Kölner Stadt-Anzeiger*: »Ich bin als Katholik und Politiker froh über dieses klare Zeichen der Abgrenzung in meiner Kirche.« Der Vorsitzende der FDP, Christian Lindner, tauchte aus der außerparlamentarischen Versenkung auf, um die Pegida-Demo als einen »Angriff auf die Liberalität unseres Landes« zu verurteilen.

Mir wird es angesichts solcher Fackelzüge der Solidarität immer etwas unwohl. Es ist kein Nachweis von »Liberalität«, wenn sich alle einig sind. »Signale« und »Zeichen« stehen für eine Politik der Geselligkeit, nicht der Vernunft. Und die deutsche Antifa gedeiht dort am besten, wo es keinen Faschismus gibt. Der muss mit Parolen wie »Kein 4. Reich« und »Nazis raus!« herbeifantasiert werden.

Der Domprobst, der die Beleuchtung der Kathedrale abschalten will, um ein Zeichen gegen die Pegida zu setzen, müsste aber nur kurz vor die Tür seines Hauses treten, um eine Kundgebung des real existierenden Hasses zu besichtigen, wie sie in Deutschland ihresgleichen sucht. Dort, wo die Domplatte in die Hohe

Straße übergeht, demonstriert seit über zehn Jahren ein pensionierter Lehrer tagaus, tagein gegen »Israel's aggressive Besatzungs- und Siedlungspolitik«. Er tut dies mit Fotos, Schautafeln und Parolen wie »Hitler ist Vergangenheit, aber Israel ist Gegenwart. Nicht noch einmal!«, »Wie viele Jahrhunderte will das israelische Volk noch unsere ›Eine Welt‹ erpressen?«, »Der Holocaust verpflichtet uns, nicht wieder schweigend zuzuschauen« und »Die Zionisten versuchen durch Medienpolitik den Islam in der ganzen Welt schlecht aussehen zu lassen«.

Mehrere Anzeigen wegen Volksverhetzung wurden von der Kölner Staatsanwaltschaft zurückgewiesen. Eine Kölner Bürgerin wurde dahingehend belehrt, sie sei überhaupt nicht »strafantragsberechtigt«, da sie weder Jüdin noch Israelin sei. Der Rat der Stadt hat sich von der »Botschaft des Hasses« distanziert, aber irgendjemand in Köln muss seine schützende Hand über den Mann und sein Machwerk halten. Immerhin wurde ihm 1998 der »Aachener Friedenspreis« verliehen. Und die Polizei hat die »Dauerdemo« dauerhaft genehmigt. »Wir haben es mit einem Konflikt zwischen Demonstrationsrecht und Ordnungsrecht zu tun«, sagt der Sprecher des Oberbürgermeisters. Daran dürfte es wohl liegen, dass der Domprobst bis jetzt nicht auf die Idee gekommen ist, ein »Zeichen« gegen die »israelkritische« Horrorshow vor seiner Tür zu setzen und mal kurz das Licht am Dom auszuknipsen. Auch das »Kölner Bündnis« kriegt seinen Arsch nicht hoch und die Zähne nicht auseinander. Die »Vereinigung der Verfolgten des Naziregimes – Bund der Antifaschisten« wartet auf eine Direktive aus Moskau, und die jüdische Gemeinde in Köln tut das, was Juden in solchen Situationen meistens tun: Sie wartet ab, was die anderen machen.

Aber heute Abend, bei der großen Anti-Pegida-Demo, werden sie alle auf den Beinen sein und ganz laut »Wehret den Anfängen!« rufen. So bläst man diesen ganzen Pegida-Brei zu einer Bedeutung auf, die er nicht hat und nie haben wird. Und wenn er verschwunden sein wird, wie er gekommen ist, wird man sich auf die Schultern klopfen, weil man noch einmal das Schlimmste verhindert hat.

Das Jahr ist noch jung, aber die Probleme zeigen sich deutlich und werden sich zuspitzen: Ukraine, Flüchtlinge, Islamismus – Reaktionen darauf wie Pegida – und nicht zuletzt das liebe Geld, vulgo Europa und der Euro. Morgen treffe ich meinen Verleger.

6. Januar

Liebes Tagebuch!

Achttausend Menschen sind gestern in Stuttgart zusammengekommen, »um gegen die islamfeindliche Pegida-Bewegung zu demonstrieren«, schreiben die *Stuttgarter Nachrichten*. Hauptredner der Kundgebung war der Oberbürgermeister der Stadt, Fritz Kuhn, der, bevor er sich in die Kommunalpolitik zurückzog, eine Weile als Bundesvorsitzender der Grünen und Vorsitzender der grünen Bundestagsfraktion tätig war.

Er sei, so Kuhn, »froh und stolz« über die große Zahl der Demonstranten, sie zeige, dass in Stuttgart kein Platz sei für Menschen, die andere diskriminierten. Über die Pegida-Demos in Dresden und anderen deutschen Städten sagte Kuhn: »Das ist kein europäischer Patriotismus, das ist diskriminierende Hetze.« Den Teilnehmern dieser Demos rief der OB zu: »Machen Sie sich nicht zu Mitläufern und zum Handwerkszeug von rechtsradikalen Neonazis.«

Gehen wir davon aus, dass die *Stuttgarter Nachrichten* den OB korrekt zitiert haben. Dass er also tatsächlich »diskriminierende Hetze« und »rechtsradikale Neonazis« gesagt hat. Dann hat der Mann ein Pleonasmus-Problem oder, wie die Kölner sagen, er mag es »doppelt gemoppelt«. Vermutlich reitet er täglich auf einem weißen Schimmel ins Rathaus, wo er im Dienste der Zivilgesellschaft härteste Schwerstarbeit verrichtet. Es könnte aber auch sein, dass es im Schwäbischen nicht nur die Kehrwoche, sondern auch wohlwollende Hetze und linksradikale Neonazis gibt.

Jedenfalls: »In Stuttgart hatte es bisher keine Pegida-Demo gegeben«, schreiben die *Stuttgarter Nachrichten*. Das heißt, die weltoffenen, toleranten und hilfsbereiten Stuttgarter, in deren Stadt Ende 2014 knapp 2600 Flüchtlinge lebten, demonstrierten nicht gegen »Rassismus & Hetze«, wie auf einem der Transparente zu lesen war, sondern gegen ein Gespenst, das sie nur vom Hörensagen kannten. Etwa so, wie die Dresdner Wutbürger gegen die »Islamisierung« demonstrieren, obwohl in ganz Sachsen nur etwa 4000 Muslime leben, also gerade mal 0,1 Prozent der Bevölkerung.

Während aber den Dresdnern immer wieder vorgehalten wird, dass von einer »Islamisierung« keine Rede sein könne, dass sie gegen ein Phantom randalierten, wurden die Stuttgarter für ihren Gratismut von der *taz* bis zur *Tagesschau* mit Lob überschüttet. Hier die depperten xenophoben Ossis, die einen Muslim von einem Minarett nicht unterscheiden können, dort die empathischen Württemberger, die ihren Schlossgarten in eine Zeltstadt für Flüchtlinge verwandeln wollen. Drüben die Unmenschen, hüben die Gutmenschen. Und mittendrin der sympathische OB, der sich »rechtsradikalen Neonazis« in den Weg stellt. Warum, liebes Tagebuch, so viel wohlfeile Erregung gegen einen Popanz?

Kuhn ist mir schon vor fast zehn Jahren durch eine extrem idiotische Stellungnahme aufgefallen. Als sich Millionen von Moslems durch ein Dutzend Mohammed-Karikaturen in der dänischen Zeitung *Jyllands-Posten* bei weltweiten Demos dermaßen aufregen mussten, dass über 100 von ihnen tot umfielen, sagte Kuhn in einem Interview, die Zeichnungen erinnerten ihn an die antisemitischen Karikaturen im *Stürmer*. Was in etwa so stimmte, als hätte er gesagt, das Essen in der Stuttgarter Rathauskantine schmecke wie die Schonkost in Auschwitz.

Am Nachmittag war ich in München und habe meinen Verleger getroffen und ihm von unserem Zwiegespräch erzählt. Wir haben beschlossen: Ein halbes Jahr lang (vom 1. Januar bis zum 30. Juni) schaue ich nicht dem Volk, sondern unserer Elite aufs Maul respektive auf die Finger – und messe sie an ihren Taten und Versprechen. Wird Angela Merkel die Ukraine für Europa sichern und die Krim von Putin zurückerobern? Werden wir den Fremdenhass besiegen? Werden die deutschen Bischöfe ihre Paläste den Flüchtlingen öffnen? Wird der Grexit verhindert, und werden Schulz, Juncker, Draghi und Claus Kleber Europa und den Euro retten?

7. Januar

Liebes Tagebuch!

Elmar Brok, seit 35 Jahren Abgeordneter im Europäischen Parlament, erklärt in der *Tagesschau*, warum ein Austritt Griechenlands aus der Eurozone »verkraftbar« wäre: »Die Europäische Union hat sich weiterentwickelt, der Euro ist heute sehr viel stärker, wir müssen sehen, dass wir inzwischen über die Bankenunion und einer Vielzahl anderer Gesetzgebungen die Struktur des Euros erheblich gestärkt haben, sodass das *(der Austritt Griechenlands)* nicht mehr die Dominoeffekt-Wirkung (sic!) hätte.«

An sich ist Brok Vorsitzender des Außenpolitischen Ausschusses des EU-Parlaments und in dieser Funktion viel unterwegs. Weil er aber auch von Wirtschaft nichts versteht, wird er gelegentlich zu ökonomischen Fragen um seine Meinung gebeten. Und so gibt er gerne zu Protokoll, dass der Austritt Griechenlands keine »Dominoeffekt-Wirkung« hätte. Auch die Bundesregierung, erfahren wir in derselben *Tagesschau*, habe »eine mahnende Botschaft an Athen«. Zwar wolle keiner einen Euroaustritt der Griechen, »aber man könne eine Rückkehr zur Drachme notfalls verkraften«. Und in einer Stellungnahme aus Brüssel heißt es: »Ein Austritt aus der Gemeinschaftswährung ist in den Verträgen schlicht nicht vorgesehen. Eine Euro-Mitgliedschaft kann man demnach nicht einfach kündigen.«

Was für eine Gemengelage! An alles haben die Schöpfer der Eurozone gedacht, nur nicht daran, dass ein Land eines Tages aus der Gemeinschaftswährung aussteigen könnte. Jedes Paar, das zwei Bausparverträge in die Ehe einbringt, schließt einen Vertrag, in dem die Modalitäten einer möglichen Scheidung geregelt werden. Nur bei der Unterzeichnung der Euro-Verträge muss irgendjemand die Formel »Bis dass der Tod uns scheidet« gemurmelt haben. Und das war's dann.

Davon unberührt erklärt der in Bielefeld weltberühmte Ökonom Elmar Brok, dass aufgrund einer Vielzahl von Maßnahmen die Struktur des Euro dermaßen gestärkt worden sei, dass ein Austritt Griechenlands nicht mehr die »Dominoeffekt-Wirkung« hätte und deswegen »verkraftbar« wäre.

Ja, Elmar, der Euro ist so stark wie nie zuvor. Vor allem deswegen, weil er sich gegenüber dem Dollar, dem Yen, dem polnischen Zloty und dem israelischen Schekel im freien Fall befindet. Für seine Stärke spricht auch, dass die »Anleger« aus dem Euro in andere Währungen flüchten, den siechen Schweizer Franken und die labile norwegische Krone. Der Dominoeffekt entfaltet keine Wirkung mehr, aber die Basis ist noch immer die Grundlage des Fundaments. Gab es noch vor zwei Jahren zu der Milliarden-Rettungsaktion für Griechenland (genauer: für die Banken, die sich mit griechischen Anleihen verhoben hatten) keine Alternative, so wäre heute der nicht vorhergesehene Austritt der Griechen aus der Euro-Zone »verkraftbar«.

Denn am Ende ist alles verkraftbar. Die Deutschen haben das Dritte Reich verkraftet, die Juden den Holocaust und Sylvie Meis ihre Bilderbuchehe mit Rafael van der Vaart. Ist das nicht irre?

8. Januar

Liebes Tagebuch!

Ich hatte einen Traum. Ja, lach nur, manchmal kann auch ich mich an einen Traum erinnern. Ich träumte, dass Bundesjustizminister Heiko Maas eine Berliner Moschee besuchte, um nach den Terroranschlägen von Paris seine Verbundenheit mit den Muslimen zu demonstrieren. Er hatte sich die Schuhe ausgezogen und saß im Schneidersitz auf dem Teppich, umrahmt von zwei kräftigen jungen Männern und umkreist von Fotoreportern, die mit ihm gekommen waren, um den historischen Moment festzuhalten. Maas, der immer so aussieht, als trüge er seinen inzwischen zu klein geratenen Abituranzug auf, machte keinen allzu glücklichen Eindruck. So, als hätte er sich in der Tür geirrt und wäre statt bei seinem Physiotherapeuten in einem Swingerclub gelandet. Ich wollte auf ihn zugehen und ihm sagen: »Heiko, ich bring dich hier raus«, aber ich konnte meine Füße nicht bewegen, und auch meine Stimme hörte nicht auf mein Kommando. Da ergriff Maas das Wort. »Wir müssen mehr miteinander reden«, sagte er, Dialog sei der beste Weg, um einander kennenzulernen. So ist es, meinte daraufhin der Vorsitzende der Gemeinde, es sei wichtig, »dass Muslime und

Nicht-Muslime in der Gesellschaft solidarisch miteinander leben«. Und: Radikale gebe es »auf beiden Seiten«. Maas nickte zustimmend. Er wäre wohl gerne aufgestanden, um im Stehen zu sprechen, aber er fürchtete, das könnte von seinen Gastgebern als arrogant aufgefasst werden.

Also blieb er im Schneidersitz sitzen und verlagerte sein Körpergewicht von der linken auf die rechte Seite. Sein linkes Bein war nämlich bereits eingeschlafen. Man gebe sich große Mühe, fuhr der Vorsitzende der Gemeinde fort, »unsere Jugendlichen aufzuklären und ihnen ein gesundes Religionsverständnis zu vermitteln«, es habe in Deutschland »noch nie einen Gewaltakt als Reaktion auf Karikaturen gegeben [...], auch wenn uns einige von ihnen nicht gefallen und die Grenzen zur Volksverhetzung erreichen«. Maas nickte wieder und versuchte, sein eingeschlafenes linkes Bein ein wenig zu bewegen. Das sei ja »das Schwierige bei der Meinungsfreiheit, sie gilt auch für widerwärtige, schäbige, falsche Meinungen«, sagte Maas. Jetzt war auch sein rechtes Bein eingeschlafen, und er hatte Mühe, das Gleichgewicht zu halten.

Aus dem Lautsprecher erklang die Stimme des Vorbeters, der auf Deutsch eine Erklärung vorlas: »Am 7.1. hat sich in Paris ein terroristischer Akt ereignet. Wir verurteilen diese Tat aufs Schärfste als Angriff auf die Menschlichkeit. Unser aller Schöpfer gebietet die Unverletzlichkeit des Menschen. Wir beten für die Menschen, die bei diesem Attentat Angehörige verloren haben.«

»Heiko«, dachte ich, ohne den Satz aussprechen zu können, »jetzt musst du etwas sagen«. Wie wäre es damit: »In Paris ist kein Blitz eingeschlagen, und es hat sich kein terroristischer Akt *ereignet*. Es waren gläubige Muslime, die ein Verbrechen begangen und dabei ›Gott ist groß!‹ gerufen haben. Statt für die Menschen zu beten, die Angehörige verloren haben, solltet ihr besser Klartext reden.« Aber Maas konnte mich nicht hören. Ich träumte, und er saß im Schneidersitz in einer Berliner Moschee, und seine beiden Beine waren eingeschlafen.

Dann ging der Radiowecker, und ich wachte auf. »Guten Morgen, liebe Zuhörer«, sagte eine Stimme, »Bundesjustizminister Heiko Maas hat gestern eine Moschee besucht, um ein Zeichen gegen Fremdenfeindlichkeit und für ein friedliches Zusammenleben zu setzen. Er sagte, wir müssten mehr miteinander reden, Dialog sei der beste Weg, um einander kennenzulernen. Der Vorsitzende der Moscheegemeinde stimmte dem zu und betonte, wie wichtig es sei, dass Muslime und Nicht-Muslime in der Gesellschaft solidarisch miteinander leben.«

Der Traum war vorbei. Ich stand auf und rief meinen Verleger an, jetzt hatte ich auch den Titel für unser Buch: »Das ist ja irre!«

9. Januar

Liebes Tagebuch,

Wolfgang Benz, 1941 geboren, ist laut Wikipedia ein »international anerkannter Vertreter der Vorurteilsforschung, der Antisemitismusforschung und der NS-Forschung«. Als Direktor des Zentrums für Antisemitismusforschung an der Technischen Universität Berlin (1990 bis 2011) hat er Seminare und Konferenzen organisiert, Doktoranden betreut und wissenschaftliche Schriften herausgegeben, unter anderem das »Jahrbuch für Antisemitismusforschung«. Außerdem war er (und ist noch) in etlichen Gremien aktiv, darunter dem Beirat der Stiftung »Denkmal für die ermordeten Juden Europas«. Anlässlich seiner Emeritierung im Oktober 2010 bekam Benz die Goldene Ehrennadel der TU Berlin. Zwei Jahre später wurde ihm für seine Verdienste um die »Erinnerungskultur und sein gesellschaftliches Engagement gegen Vorurteile und Fremdenfeindlichkeit« der Preis der Vereins »Gegen Vergessen – für Demokratie« verliehen.

Gegen Ende seiner akademischen Laufbahn trat bei Benz eine Persönlichkeitsveränderung ein. 2008 war er der Spiritus Rector einer Konferenz zum »Verhältnis von Antisemitismus und Islamfeindlichkeit«, die schon im Vorfeld für Aufregung sorgte. Im Zusammenhang mit dem Schweizer Minarettstreit stellte Benz Anfang 2010 fest: »Antisemiten des 19. Jahrhunderts und manche ›Islamkritiker‹ des 21. Jahrhunderts arbeiten mit ähnlichen Mitteln an ihrem Feindbild.«

Das klang so, als wollte Benz den Juden heimzahlen, dass er 20 Jahre seines Lebens mit dem Studium des Antisemitismus vergeudet hatte. Zwar hatte ihn niemand dazu gezwungen, sich mit diesem unappetitlichen Phänomen zu beschäftigen, aber irgendwann muss es ihm gedämmert haben, dass es verlorene Jahre waren.

Unfähig, seine Verzweiflung in Worte zu fassen (»Da steh' ich nun, ich armer Tor, und bin so klug als wie zuvor«), nahm sich Benz der diskriminierten Muslime an, die er zu den Juden des 21. Jahrhunderts aufpeppte. Den Antisemitismus dagegen, sein eigentliches Fachgebiet, relativierte und minimalisierte er fortan nach Kräften. Nachdem ein 23 Jahre alter Franzose algerischer Abstammung am 19. März 2012 drei Kinder und einen Lehrer vor einer jüdischen Schule in Toulouse erschossen hatte, gab Benz dem Hamburger Abendblatt ein Interview, in dem er sagte: »Ich erkenne bisher trotz der Brutalität der Tat keine neue Dimension eines Antisemitismus in Europa. Wir wissen ja noch nicht einmal, ob die Morde wirklich ein antisemitisches Motiv hatten oder die Opfer von einem Terroristen zufällig ausgewählt worden sind.«

Gemessen am Holocaust sind drei Tote in der Tat eine Petitesse, kaum der Rede wert. Aber so alltäglich, wie Benz tat, war die Tat dann doch nicht. Da der Täter später bei einem Feuerwechsel mit der Polizei ums Leben kam, konnte er nicht gefragt werden, ob er ein authentisches antisemitisches Motiv oder seine Opfer mithilfe eines Zufallsgenerators ausgesucht hatte. Was wäre denn »eine neue Dimension eines Antisemitismus in Europa« gewesen? Was hätte der Mörder tun sollen, um sich als ein innovativer Antisemit zu qualifizieren?

Zwei Tage nach dem Überfall auf die Redaktion des Satireblatts *Charlie Hebdo* gab Benz dem Deutschlandfunk ein Interview, in dem es – natürlich – um den »Generalverdacht« ging, dem die Muslime, allein aufgrund der Tatsache, dass sie Muslime sind, ausgesetzt seien. Auf die Fragen des Interviewers »Gibt es diese Tendenzen, Muslime unter Generalverdacht zu stellen? Wo genau sehen Sie die? Haben Sie ein Beispiel für uns?« antwortete Benz wie ein Ufologe, der nach der Zahl der fliegenden Untertassen gefragt wird, die er kürzlich gesichtet habe: »Na ja, die habe ich natürlich in einer ganzen Reihe von publizistischen Beispielen der letzten ungefähr zehn Jahre, wo Scharfmacher in Büchern, in Artikeln daran arbeiten, deutlich zu machen oder herauszuarbeiten, zu behaupten, der Muslim sei böse, weil er Muslim ist, weil er nämlich einer bestimmten Religion angehört. Einen Vorurteilsforscher bewegt das nicht so schrecklich als etwas Neues, denn diese Vorwürfe kennt man, die sind im 18., im 19. Jahrhundert genauso gegenüber den Juden wegen ihrer Religion erhoben worden.«

So, liebes Tagebuch, redet ein Experte, der von seinem Fachgebiet so viel Ahnung hat wie ein Wetterfrosch von der Quantentheorie. Niemand nimmt es einem Muslim übel, dass er ein Muslim ist. So, wie es niemand einem Buddhisten, einem Hindu oder einem Vegetarier übel nimmt, dass er ein Buddhist, ein Hindu oder ein Vegetarier ist. Vor dem 11. September 2001 gab es keine Debatten über »Islamophobie«, und wenn es heute eine gibt, dann ist sie ein Reflex auf die blutigen Events in New York,

London, Madrid, Bali, Mumbai, Sydney, Brüssel, Toulouse, Paris und auf das Mantra der Terrorerklärer und Terrorversteher, der Islamismus habe nichts mit dem Islam zu tun.

Mit den Juden und den Antisemiten war es ein wenig anders. Der Antisemitismus des 18. Jahrhunderts war ein religiöser. Die Juden hatten den Heiland ans Kreuz geschlagen, sie schlachteten christliche Kinder, um aus deren Blut Matzen zu backen, und sie weigerten sich, Jesus als Erlöser anzunehmen. Dabei war der Begriff »Antisemitismus« noch gar nicht erfunden. Der kam erst um 1880 auf, geprägt von einem deutschen Journalisten namens Wilhelm Marr, Verfasser der Kampfschrift *Der Sieg des Judenthums über das Germanenthum – Vom nichtconfessionellen Standpunkt aus betrachtet.* Der österreichische Gutsherr Georg Heinrich Ritter von Schönerer, einer der Wortführer der Alldeutschen, war ebenfalls ein überzeugter »Rasseantisemit«. Von ihm stammt die Parole: »Die Religion ist einerlei / im Blute liegt die Schweinerei.«

Egal, wie der Hass auf die Juden begründet wurde, religiös oder rassisch, er beruhte auf Halluzinationen der Antisemiten. Juden entführten keine Postkutschen, sie nahmen keine Geiseln, sie führten keinen Heiligen Krieg gegen Ungläubige und trachteten Häretikern nicht nach dem Leben. Sie waren brave deutsche oder österreichische Patrioten, ließen sich taufen, beteten für das Wohl von Kaiser Franz Josef und Kaiser Wilhelm II. und standen dennoch unter dem »Generalverdacht«, keine richtigen Deutschen oder Österreicher zu sein. Benz weiß das oder müsste es wissen. Wenn er dennoch Parallelen zwischen dem Judenhass im 18. und 19. Jahrhundert und der »Islamophobie« im 21. Jahrhundert zieht, dann folgt er einem modischen Trend. Man kann alles mit allem vergleichen. Die Leiden der Juden in einem KZ mit dem traurigen Los der Hühner in der Käfighaltung. Den Holocaust mit der Abtreibung. Florian Silbereisen mit Frank Sinatra. Und einen Fachmann für Antisemitismus mit einem Antisemiten im Kostüm eines Experten. Das wäre dann wirklich eine neue Dimension.

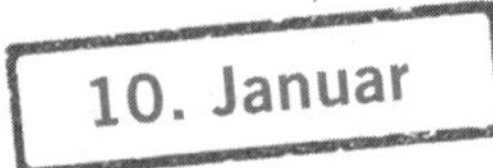

Liebes Tagebuch!

Nicht nur Moden, auch Berufe kommen und gehen. Der Bleisetzer hat längst ausgedient, ebenso der Heizer auf der Lok. Eine Kaltmamsell würde nicht einmal im Altmühltal einen Job finden. Dafür haben sich neue Berufe etabliert. Anlageberater, Eventmanager und Insolvenzverwalter im Dienstleistungsbereich, Armutsforscher, Genderforscher und Migrationsforscher in der Welt der Wissenschaft sowie Konfliktlotse bei der Polizei.

Die Migrationsforscher haben derzeit alle Hände voll zu tun, denn es läuft mit der Migration grade nicht so rund wie zu der Zeit, als die Podolskis und Szymanskis in das Ruhrgebiet zogen und es noch keine Integrationsbeauftragten gab, die sich Gedanken über eine »Willkommenskultur« machten. Sie haben sich in einem »Rat für Migration« organisiert, der die Politik beraten soll. Es ist eine Aufgabe, an der Sisyphos verzweifeln würde, denn kaum haben sie sich darauf verständigt, was getan werden müsste (»Mehr Willkommenskultur! Mehr Sprachkurse! Mehr Ganztagsschulen! Doppelte Staatsangehörigkeit!«), um die Migranten zu integrieren, tun sich neue Probleme auf, mit denen niemand gerechnet hatte. Dann heißt es: Alles auf Anfang! Dabei spricht es eigentlich für die Kreativität der Migranten, dass sie den Migrationsforschern immer um eine Kippenlänge voraus sind.

Jetzt hat der »Rat für Migration« vorgeschlagen, »eine fachlich und überparteilich besetzte Kommission aus Politikern, Wissenschaftlern sowie Vertretern von Minderheiten und Mehrheitsgesellschaft einzurichten«, die »ein neues gesellschaftliches Leitbild« erarbeiten soll. Es sei wichtig, so der Berliner Migrationsforscher Werner Schiffauer, »dass wir den Begriff ›Wir Deutsche‹ neu definieren«.

Ja, das finde ich auch. Seit der Varusschlacht im Jahre 9 n. Chr. rätseln die Deutschen, wer sie sind und was sie sein möchten. Höchste Zeit also, dass die Frage aller Fragen definitiv entschieden wird. Von einer fachlich und überparteilich besetzten Kommission aus Politikern, Wissenschaftlern sowie Vertretern von Minderheiten und Mehrheitsgesellschaft. Mich würde in diesem Zusammenhang vor allem interessieren, an welche »Minderheiten« Werner Schiffauer und seine Kollegen gedacht haben. Die Allergiker und die Veganer? Die Legastheniker und die Crossdresser? Die Frühaufsteher und die Kampfschwimmer? Kann ein Sitzpinkler oder ein Warmduscher überhaupt Deutscher werden? Und müsste man Leuten, die auf der Autobahn mit 100 km/h dahinschleichen, nicht nur den Führerschein, sondern gleich den Pass entziehen?

Erst einmal aber geht es um die Frage, wer in die Leitbild-Kommission berufen werden soll. Denn sie soll nicht nur überparteilich, sondern auch hochkarätig und repräsentativ besetzt sein. Und wenn sie alle »gesellschaftlich relevanten Gruppen« einschließen soll, dann müssten auch Pegida-Leute in ihr vertreten sein, oder?

Nicht unbedingt, meint die Migrationsforscherin Naika Foroutan, die an der Berliner Humboldt-Universität das Forschungsprojekt »Hybride europäisch-muslimische Identitätsmodelle (HEYMAT)« leitet, man soll es nicht gleich übertreiben. Denkbar wäre es allerdings, »jemanden wie Monika Maron« in die Kommission zu holen. Liebes Tagebuch, möchtest du wissen, womit sich die Berliner Schriftstellerin für diese Aufgabe qualifiziert hat? Du wirst es nicht glauben: Maron hat in der *Welt* einen Artikel über die Pegida veröffentlicht, ohne auch nur eine der in diesem Zusammenhang üblichen Invektiven zu benutzen – keine »Dumpfbacken«, keine »Nazis in Nadelstreifen«. Damit sitzt sie mit der Pegida quasi schon im selben Boot.

So könnte es bald eine weitere Kommission in Deutschland geben. Sie wird den Begriff »Wir Deutsche« neu definieren, wenn es sein muss, in Zusammenarbeit mit dem Deutschen Institut für Normung, das DIN-Normen festlegt.

Mir gefällt diese Idee. Neben Bio-Deutschen, Beute-Deutschen und Hybrid-Deutschen wird es DIN-A5-, DIN-A4- und DIN-A3-Deutsche geben. Ich fürchte nur, liebes Tagebuch, die Frage, woran man einen echten Deutschen erkennt, wird damit nicht vom Tisch sein.

In Frankreich wäre so etwas undenkbar. Ein Franzose ist, wer auch mit zwei Promille im Blut noch die Marseillaise singen kann. Da können wir Deutschen nur neidvoll staunen und nach einer Kommission rufen, die uns verklickern soll, warum wir dazu nicht imstande sind.

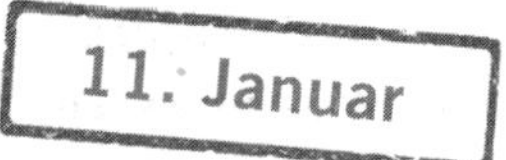

Liebes Tagebuch!

Fassen wir kurz zusammen, was bis jetzt geschehen ist.

Bei zwei Terroranschlägen in Paris, einen gegen die Redaktion des Satiremagazins *Charlie Hebdo* und einen gegen einen koscheren Supermarkt, wurden 17 Menschen ermordet. Es waren »unschuldige Opfer«, wie man überall hören und lesen konnte, was ja implizit bedeutet, dass es auch schuldige Opfer geben kann. Bei den Tätern handelte es sich um drei französische Muslime, deren Affinität zur Gewalt den Behörden bereits bekannt war. Wenn man aber die Reaktionen auf die beiden Blutbäder verfolgte, musste man den Eindruck gewinnen, dass die »unschuldigen Opfer« Muslime waren, denen noch mehr Ungemach drohte.

Noch am Tag des blutigen Überfalls auf die Redaktion von *Charlie Hebdo* warnte der deutsche Vizekanzler und SPD-Vorsitzende Sigmar Gabriel davor, einen solchen Gewaltakt »zu missbrauchen«, um »alle Muslime zu Gewalttätern oder Islamisten zu erklären«. Was in Frankreich passiert sei, so Gabriel, habe »nichts mit dem Islam« zu tun, sondern »ich würd' sagen, mit Mordlüsternheit und Terrorismus«. Sein Parteifreund und Kabinettskollege, Justizminister Heiko Maas, stimmte ihm zu. Wer jetzt »Muslime unter Generalverdacht« stelle, der wolle »nur die Gesellschaft spalten und Hass säen«.

Innenminister Thomas de Maiziere, CDU, war das noch nicht genug. Er forderte YouTube auf, einen 42 Sekunden langen Videoclip zu löschen, in dem auch zu sehen ist, wie einer der beiden Terroristen einen verletzt am Boden liegenden Polizisten durch einen gezielten Kopfschuss exekutiert. Man könne »vieles auf YouTube sehen«, so de Maiziere, aber »nicht alles, was jetzt irgendwie dort bisher eingestellt ist, sollte dort bleiben«. Seine Forderung zeugte nicht nur von dem Wunsch, das Geschehene ungeschehen zu machen, sondern auch von einer katastrophalen Unkenntnis der Materie.

Kurz darauf, bei Günter Jauch, räumte de Maiziere ein, »der Terrorismus ist ein Riesenproblem«. Alle wussten, dass er weder die IRA noch die baskische ETA gemeint hat, der Minister mochte nur das Wort »islamisch« nicht in den Mund zu nehmen. Bei einer Kundgebung vor der Frauenkirche in Dresden, zu der die sächsische Landesregierung eingeladen hatte, sagte Sachsens Ministerpräsident Stanislav Tillich (CDU), es sei »Verleumdung, wenn für diese Tat vereinzelter Terroristen alle Muslime in Europa als Demokratiefeinde verunglimpft werden, das lassen wir nicht zu«. Der Grünen-Politiker und ehemalige EU-Abgeordnete Daniel Cohn-Bendit warnte in einem Radiointerview davor, »den Islamischen Staat mit der Religion des Islam gleichzusetzen«, derweil Justizminister Maas, der mir bereits in meinen Albträumen erscheint, an die Organisatoren der für vergangenen Montag in Dresden geplanten Pegida-Demo die Aufforderung richtete, daheimzubleiben: »Hätten die Organisatoren einen Rest von Anstand, würden sie diese Demonstrationen einfach absagen. Die Opfer haben es nicht verdient, von solchen Hetzern missbraucht zu werden.« Denn der Einzige, der die unschuldigen Opfer missbrauchen darf, ist der amtierende deutsche Justizminister.

Wäre in den vergangenen Tagen ein Alien in Deutschland gelandet, er hätte meinen müssen, ein christliches, jüdisches oder veganes Terrorkommando habe ein Massaker an Muslimen begangen, die nun vor weiteren Gewalttaten geschützt werden müssten. Die ehemalige Ratsvorsitzende der Evangelischen Kirche in Deutschland, Margot Käßmann, brachte diese Stimmung in einem Beitrag für die *Bild*-Zeitung auf den Punkt. Ein Berliner Taxifahrer, schrieb sie, habe sie gefragt: »Was sagen Sie zu dem Anschlag gestern in Paris?« Daraufhin habe sie ihm geantwortet: »Mir tun die Menschen so leid. Und ich finde schlimm, dass jetzt wieder alle Muslime dafür verantwortlich gemacht werden.«

Hatten alle das gleiche Zeug gekifft? Sigmar Gabriel und Thomas de Maiziere, Heiko Maas und Stanislav Tillich, Margot Käßmann, Daniel Cohn-Bendit und die Redaktion der *Tagesschau*, die sich zu dieser Meldung hinreißen ließ: »Bei der Geiselnahme im Südosten von Paris starben gestern vier Geiseln – wohl alle durch die Schüsse des später getöteten Geiselnehmers.« So ist das Leben, die einen sterben friedlich im Bett, die anderen bei einer Geiselnahme.

Deutschlands politische Klasse und die mit ihr verbandelte Kulturelite verbeugt sich umso tiefer vor der »Religion des Friedens«, je mehr Verbrechen in deren Namen begangen werden.

Der Islam habe mit dem Islamismus nichts zu tun, behaupten sie in vorsätzlicher Verkennung von Ursache und Wirkung. Noch witziger wäre es nur, wenn sie jeden Zusammenhang zwischen Alkohol und Alkoholismus leugnen würden.

Al-Kaida, Boko Haram, der Islamische Staat und die Taliban haben mit dem Islam nichts zu tun. Das Regime der Ayatollahs hat mit dem Islam nichts zu tun. Die blutigen Kämpfe zwischen Schiiten und Sunniten haben mit dem Islam nichts zu tun. Wenn in Saudi-Arabien Gotteslästerer ausgepeitscht und Ehebrecherinnen gesteinigt werden, hat das mit dem Islam nichts zu tun. Die Attentäter von 9/11 hatten mit dem Islam nichts zu tun. Auch das, was in London, Madrid, Mumbai, Bali, Boston, Sydney, Brüssel und Toulouse geschah, hatte mit dem Islam nichts zu tun. Das Schulmassaker von Peschawar hatte mit dem Islam nichts zu tun. Denn Islam meint »Frieden«, und Dschihad, so hören wir es immer wieder, bedeutet nicht »Heiliger Krieg«, sondern »innere Anstrengung«, wozu auch immer.

Ja, liebes Tagebuch, in jeder Religion gibt es Fanatiker, aber in keiner anderen wird dermaßen hartnäckig darauf bestanden, dass diese nichts mit der Religion zu tun haben, auf die sie sich berufen.

Die Unterscheidung zwischen dem guten Islam und dem bösen Islamismus ist, nüchtern betrachtet, so absurd wie die zwischen dem wahren und dem real existierenden Sozialismus. Inzwischen wird sogar noch weiter differenziert: Es gibt »moderate«, »radikale« und »fanatische« Islamisten. Allein diese Nuancierung zeigt, dass der Islamismus nicht das Gegenteil vom Islam ist, sondern eine seiner Spielarten. Und so lange das Phänomen »islamischer Terrorismus« nicht beim Namen genannt, sondern ausgelagert wird, werden alle Maßnahmen nichts helfen. Wenn man schon nicht weiß, was man tun könnte, sollte man wenigstens wissen, mit wem man es zu tun hat.

Also dann, bis zum nächsten Anschlag.

12./13. Januar

Liebes Tagebuch!

GCJZ klingt erst einmal wie »Gute Zeiten, schlechte Zeiten« auf Kisuaheli. Es steht aber für »Gesellschaft für Christlich-Jüdische Zusammenarbeit«. Ein paar Juden und ein paar Christen haben irgendwann einen gemeinnützigen, eingetragenen Verein gegründet, um einander zu vergeben. Die Christen sagten: Wir nehmen euch nicht länger übel, dass ihr den Heiland ans Kreuz geschlagen habt. Im Gegenzug gelobten die Juden, sensibler mit dem Thema »Holocaust« umzugehen, also nicht immer wieder in alten Wunden zu rühren. So kam man gut miteinander zurecht, organisierte »Wochen der Brüderlichkeit« und verlieh sich gegenseitig Preise für guten Willen, Toleranz und Zusammenarbeit.

Und so hätte es bis zum Tag des Jüngsten Gerichts weitergehen können, wenn nicht im Laufe der Zeit ein dritter Spieler dazugekommen wäre: die Kinder von Allah und Mohammed. Aus dem christlich-jüdischen Dialog wurde eine Ménage-à-trois. Man habe doch so vieles gemeinsam, den Urvater Abraham, Jerusalem als Geburtsort der drei monotheistischen Religionen, was völliger Unsinn ist, denn weder das Judentum noch der Islam ist in Jerusalem auf die Welt gekommen, und das Christentum ist nur sehr bedingt eine monotheistische Religion. Die Suche nach dem Gemeinsamen, dem Verbindenden förderte wenig Konkretes zutage, man war sich aber einig, dass man dem Frieden zuliebe im Gespräch bleiben müsse.

Als die deutschen Muslimverbände nach den Anschlägen von Paris zu einer Mahnwache für ein »weltoffenes und tolerantes Deutschland und für Meinungs- und Religionsfreiheit« am Brandenburger Tor aufriefen, übernahm die GCJZ diesen Aufruf und ergänzte ihn um einen Absatz: »Die Berliner Gesellschaft für

Christlich-Jüdische Zusammenarbeit verurteilt aufs Schärfste die islamistischen Terroranschläge in Paris. Wir sind zutiefst bestürzt und bitten darum, zahlreich an der Mahnwache teilzunehmen, denn: Aufstörung tut not!« In dem »Aufruf der Muslime aus Verbänden, Zivilgesellschaft und Politik« hieß es unter anderem: »Wir werden es nicht zulassen, dass unsere Gesellschaft von Extremisten, die nur das Ziel haben, Hass und Zwietracht zu stiften, auseinandergerissen wird. Wer jetzt noch rassistische und islamfeindliche Parolen ausgibt, stärkt die Scharfmacher, Brandstifter und Terroristen.«

Während also die GCJZ immerhin *die islamistischen Terroranschläge in Paris* verurteilte, und zwar *aufs Schärfste*, ging es den Muslimen vor allem darum, den Scharfmachern in den Arm zu fallen, die *jetzt noch rassistische und islamfeindliche Parolen* verbreiten, um Hass und Zwietracht zu stiften. Das war die große Sorge, die den Zentralrat und andere Spitzenverbände der Muslime nach den Anschlägen von Paris umtrieb. Ihre Kundgebung »für ein weltoffenes Deutschland, welches die Meinungs- und Religionsfreiheit achtet und schützt« war ein geschicktes Manöver, um darüber hinwegzutäuschen, dass die Meinungsfreiheit gerade von jenen bedroht wird, die ihren Begriff von Religionsfreiheit durchsetzen wollen – auf Kosten der Meinungsfreiheit.

Tags darauf überlegte ich, liebes Tagebuch, ob ich zu der Kundgebung vor dem Brandenburger Tor gehen sollte, zog es dann aber vor, daheimzubleiben und mir die Show live im Fernsehen anzusehen. Es waren alle da. Der amtierende Bundespräsident, der ehemalige Bundespräsident, die Bundeskanzlerin, das komplette Bundeskabinett, die »Spitzen aus Politik und Gesellschaft«. Und alle wollten »ein Zeichen« setzen – »gegen Islamfeindlichkeit«, »für Toleranz und Demokratie«, »für Frieden und Toleranz«, »für eine offene pluralistische Gesellschaft«, »für Toleranz und gegen Terror, in wessen Namen auch immer«, so Caren Miosga in den *Tagesthemen*.

Auch Ayman Mazyek, der Vorsitzende des Zentralrates der Muslime, meinte, der Terror habe »keine Religion«. Das leuchtete mir ein. Wenn es eine Religion gibt, die gewaltaffiner ist als alle anderen zusammen, muss man versuchen, das Problem zu vergesellschaften. Die anderen sind auch nicht besser! Man muss nur darauf achten, nicht in die eigene Falle zu tappen, wie Ulrich Deppendorf, der sich zu einem bemerkenswert doppeldeutigen Kompliment verstieg: Die Demo »war das friedliche Gesicht des Islam«. Das andere, das unfriedliche, nahm vermutlich grade an einem Rekrutierungskurs für die Heilsarmee teil.

14. Januar

Liebes Tagebuch!

Bei der Kundgebung gestern Abend vor dem Brandenburger Tor sprach auch Joachim Gauck. Ich mag ihn. Als er zum Nachfolger von Christian Wulff gewählt wurde, dachte ich: Endlich ein Präsident, für den man sich nicht schämen muss. Inzwischen bin ich mir nicht mehr sicher. Dass er sich für eine schäbige Posse instrumentalisieren lässt, bei der mehr über die »Leiden« und die »Verletzungen« der Muslime geredet wird als über die Opfer der beiden Anschläge, finde ich würdelos. Noch seltsamer finde ich, dass niemand aus dem Kreis der Politprominenz, die am Brandenburger Tor aufmarschiert ist, etwas dabei fand, dass vor dem Haus der französischen Botschaft Verse aus dem Koran rezitiert wurden. Wird man vielleicht am 27. Januar, dem 70. Jahrestag der Befreiung des KZ Auschwitz, am Rande von Birkenau eine Lesung mit Passagen aus »Mein Kampf« veranstalten?

Gauck sagte in seiner Rede auch den Satz: »Die Terroristen

wollten uns spalten, erreicht haben sie das Gegenteil.« Mir ist klar, dass die Kundgebung am Brandenburger Tor so kurzfristig angesetzt wurde, dass die Redenschreiber des Präsidenten nicht viel Zeit hatten, um eine gute und kluge Rede zu schreiben. Sie haben sich aus dem Baukasten bedient, in dem die üblichen Sätze darauf warten, abgerufen zu werden: Nietzsches »Was mich nicht umbringt, macht mich stärker«, Schillers »Der brave Mann denkt an sich selbst zuletzt«, Rosa Luxemburgs »Die Freiheit ist immer die Freiheit des Andersdenkenden«. Das sind Phrasen geworden, die für alle Lebenslagen taugen. Der Satz »Die Terroristen wollten uns spalten, erreicht haben sie das Gegenteil« hat eine andere Qualität. Er kommt einer Danksagung an die Terroristen nahe. So etwas empfinde ich als ausgesprochen unsensibel.

Während Gauck vor dem Brandenburger Tor sprach, machte sich Volker Beck auf den Weg nach Köln, zu *Menschen bei Maischberger*. Ich mag auch Volker Beck, liebes Tagebuch. Er war einer der ersten Schwulen, die sich outeten, als ein solcher Schritt noch wirklich Mut erforderte. Aber auch mutige Menschen kommen irgendwann in die Jahre und wollen nur noch versöhnen statt spalten. Beck klagte bei Maischberger darüber, dass »nun wieder so getan wird, als seien Islam und Islamismus dasselbe«. Das Gegenteil sei richtig. »Die Attentäter von Paris haben mit dem Islam so viel zu tun wie der Ku-Klux-Klan mit dem Christentum.«

Tatsächlich hat sich der Ku-Klux-Klan immer als eine christliche Organisation verstanden, auch wenn ihm Katholiken ebenso verhasst waren wie Juden und Schwarze. Die Ku-Klux-Klaner waren nur der festen Überzeugung, dass Protestanten die wahren Christen sind. So etwas hat es in der Geschichte des Christentums immer wieder gegeben. Würde man allen Christen, die von anderen Christen als Nichtchristen abgelehnt wurden, die Zugehörigkeit zum Christentum absprechen, blieben am Ende wohl nur Jesus und seine Jünger übrig.

Ich will nicht wissen, was Beck dazu bringt, so sorgfältig zwischen Islam und Islamismus zu unterscheiden. Mir reicht es zu wissen, dass in islamischen Ländern, die den islamistischen Terror bekämpfen, Schwule zum Tode verurteilt und Ketzer ausgepeitscht werden. Das ist alles, was ich über den Islam wissen muss, um ihn beurteilen zu können. Und dabei ist es mir egal, ob der Islamismus das Gegenteil vom Islam ist oder dessen organischer Kern. Wie kann, liebes Tagebuch, in einer Zeit wieder grassierender Homophobie von Pegida über Putin bis zu den meisten Spielarten des Islams ein exponierter Schwuler eine homophobe Ideologie verteidigen? Ist das nicht irre?

Vor seinem Gastspiel bei Maischberger nahm Beck an einer Sitzung der deutschen Islamkonferenz beim Bundesinnenminister teil. An sich wollte die Runde darüber beraten, wie man Jugendarbeit und Altenpflege auf die Bedürfnisse der Muslime ausrichten kann. Aber dann bestimmten die aktuellen Ereignisse die Tagesordnung. Man redete über *Charlie Hebdo* und Mohammed-Karikaturen. »Wer Mohammed als Förderer von Terror darstellt, verletzt uns, weil das nicht der Wahrheit entspricht, und nimmt die Gläubigen in Sippenhaft«, sagte einer der Teilnehmer. Ein anderer meinte: »Den IS oder andere Terroristen kann man karikieren, Mohammed sollte man nicht, Mohammed bedeutet mir viel.« Volker Beck widersprach nicht. Er setzte noch eins drauf. »Nicht alles, was Meinungs- und Pressefreiheit schützen, muss man auch sagen und schreiben. Das ist die Verantwortung, die mit Freiheit immer einhergeht.«

Und nicht alles, was vom Recht auf freie Entfaltung der Persönlichkeit geschützt wird, muss man auch leben. Es könnte immer jemanden geben, der sich verletzt fühlt.

15. Januar

Liebes Tagebuch!

Heute fand im Bundestag eine Debatte über die Terroranschläge in Paris statt. Nun, eine wirkliche Debatte war es nicht, denn alle Redner waren sich einig. Sie verurteilten den Überfall auf die Redaktion von *Charlie Hebdo* als einen Anschlag auf »unsere Freiheit« und »unsere Werte«. Man werde vor dem Terror nicht kapitulieren und »unsere Freiheit« und »unsere Werte« verteidigen. Entschieden und besonnen. Solidarisch und auf der Grundlage der geltenden Gesetze.

Die Debatte wurde von Norbert Lammert, dem Präsidenten des Deutschen Bundestages, mit einer kurzen Ansprache an die Mitglieder des Hohen Hauses eröffnet. Dabei war er wie ein Elder Statesman um Ausgewogenheit bemüht. »Wer die angebliche ›Islamisierung des Abendlandes‹ auf öffentlichen Straßen und Plätzen proklamiert, betreibt Demagogie.« Das galt der Pegida und anderen islamkritischen Gruppen. Und: »Wer an Aufklärung interessiert ist, muss sich als Christ fragen, ob er Muslimen vorurteilslos und aufgeschlossen gegenübertritt und ihnen einen gleichberechtigten Platz in unserer Gesellschaft ermöglicht.«

Lammert richtete sich aber auch an die Muslime im Lande: »Wem über rhetorische Floskeln hinaus tatsächlich an Aufklärung gelegen ist, muss sich als Muslim mit der Frage auseinandersetzen, warum noch immer im Namen Allahs Menschen verfolgt, drangsaliert und getötet werden.« Und: »Die gut gemeinte Erklärung, man dürfe den Islam nicht mit dem Islamismus verwechseln, der religiös begründete Terrorismus habe mit dem Islam nichts zu tun, reicht nicht aus – sie ist auch nicht wahr!« Das war nicht schlecht, auch wenn es der Versuch war, ein paar bittere Wahrheiten mit etwas türkischem Honig zu versüßen.

Dann aber, liebes Tagebuch, sagte Lammert (CDU) einen Satz, mit dem er sich wieder voll rehabilitierte als einer, der viele Positionen gleichzeitig hat, also keinen Standpunkt: »Es ist auch Politikern zumutbar, Künstlern und Journalisten, mit den Freiheitsrechten unserer Verfassung verantwortlich umzugehen und Rücksicht zu nehmen auf das, was anderen buchstäblich heilig ist.«

Und damit lag der Ball wieder bei den Politikern, Künstlern und Journalisten, die aufgefordert wurden, mit der Freiheit »verantwortlich« umzugehen, also Provokationen zu unterlassen und Rücksicht darauf zu nehmen, was anderen heilig ist. Das kann man doch, liebes Tagebuch, durchaus auch so verstehen, dass, wer rücksichtslos verletzt, was »anderen buchstäblich heilig ist«, sich nicht wundern muss, wenn …

Ich persönlich halte es da eher mit der Regel: »Jeder Jeck ist anders.« Was anderen heilig ist, ist mir wurscht. Und es soll mir keiner damit kommen, ein Moslem in Bangladesch werde in seinen religiösen Gefühlen durch Karikaturen verletzt, die in einer dänischen oder französischen Zeitung erscheinen, deren Namen er nicht mal buchstabieren kann. Ebenso gut könnten sich Millionen von Hindus verletzt fühlen, weil in Pariser Metzgereien Fleisch von Rindern verkauft wird. Oder orthodoxe Juden, weil das KaDeWe auch Spareribs im Angebot hat. (Die besten Spareribs gibt es übrigens in einem kleinen Lokal im Flohmarkt von Jaffo. Adresse auf Anfrage.) Aber die verletzten Gefühle der Hindus und Juden zählen nicht, weil die Gefahr gering ist, dass ein Hindu oder ein Jude ausrastet und um sich schießt, weil es irgendwo auf der Welt nach Rinderbraten oder Schweinshaxe riecht.

Ich dagegen könnte ausrasten, wenn bei Aldi ein vermummtes Wesen vor mir an der Kasse steht und ich nicht weiß, ob es eine Frau oder ein Mann ist. Ist es eine Frau, möchte ich ihr gerne sagen: Stell dich nicht so an, ich will wirklich nichts von dir. Ist es ein Mann, möchte ich wissen, ob es eine harmlose Transe oder ein Irrer mit einer Kalaschnikow ist, der etwas vorhat, worüber morgen in den Zeitungen gemutmaßt wird, wie es passieren konnte. Ich muss mir ständig das Gerede anhören, ich sei ein »alter weißer Mann« – nur in einigen asiatischen Kulturen gelten alte weiße Männer als heilig, in Deutschland sind sie der letzte Dreck und Ursache allen Übels. Ist das die richtige Art, mit der Freiheit »verantwortlich« umzugehen? Oder muss ich erst einmal ein wenig Amok laufen, damit auch meine Gefühle als »heilig« anerkannt werden?

Ähnlich ambivalent wie Lammert äußerte sich auch Angela Merkel. Sie wandte sich gegen »jede Ausgrenzung von Muslimen in Deutschland, jeden Generalverdacht«, denn: »Als Bundeskanzlerin nehme ich die Muslime dagegen in Schutz, und das tun wir in diesem Hause alle.« Allerdings stellte sie auch fest, dass der Islam recht häufig zur Rechtfertigung von Gewalt herangezogen wird. Das mache Menschen nervös und werfe Fragen auf. »Die Menschen fragen mich, welcher Islam gemeint ist. Sie wollen wissen, warum Terroristen den Wert eines Menschenlebens so gering schätzen und ihre Untaten stets mit ihrem Glauben verbinden. Sie fragen, wie man dem wieder und wieder gehörten Satz noch folgen kann, dass Mörder, die sich mit ihren Taten auf den Islam berufen, nichts mit dem Islam zu tun haben sollen.« Solche Fragen seien berechtigt. »Ich halte eine Klärung dieser Fragen durch die Geistlichkeit des Islams für wichtig. Und ich halte sie für dringlich!«

Liebes Tagebuch, welche »Geistlichkeit des Islams« meinte die Kanzlerin? Die sunnitische, die schiitische, die wahabitische, die salafistische, die alle damit beschäftigt sind, sich gegenseitig zu delegitimieren? Meinte sie den Kairoer Geistlichen Mohammed Mokhtar Gomaa, der am Freitag nach dem Anschlag auf *Charlie Hebdo* von der Kanzel der Sultan-Hassan-Moschee den Gläubigen erklärte, »was das Verheerende an diesem Anschlag war«, nämlich »dass er die Seiten verkehrt hat: Er hat die Muslime aus der Position der Opfer in die der Täter versetzt, und die Zeitschrift aus der des Angreifers in die des Opfers gebracht«. Oder meinte sie die Sprecherin des Teheraner Außenministeriums, die nach der Bluttat bekannt gab, Terroranschläge gegen unschuldige Menschen hätten nichts mit dem Islam zu tun und seien daher inakzeptabel, allerdings seien Beleidigungen von Religion und religiösen Persönlichkeiten unter dem Deckmantel der Meinungsfreiheit genauso inakzeptabel?

War denn niemand da, der die Kanzlerin darüber aufgeklärt hätte, dass »der Islam« nicht so funktioniert wie die SED oder die katholische Kirche, dass es kein Politbüro, kein ZK, keinen Vatikan und keine Bischofskonferenz gibt, die darüber entscheiden würden, was islamisch ist und was nicht? Dass es genau genommen gar keine »Geistlichkeit« gibt, dass quasi jeder Imam werden kann, wenn es ihm gelingt, eine Gemeinde um sich zu sammeln und dann nach Belieben »Fatwas« erlassen kann, für deren Folgen er nicht zuständig ist? Immerhin hat die Kanzlerin erkannt, dass es ein Problem mit dem Islam gibt und dass sich viele Menschen fragen, wie man dem wieder und wieder gehörten Satz folgen kann, dass Mörder, die sich mit ihren Taten auf den Islam berufen, nichts mit dem Islam zu tun haben sollen.

Die Vertreter des Islams in Deutschland hatten eigentlich genug Gelegenheiten, eine Antwort auf die Frage zu finden: »Wie hältst du es mit der Gewalt?« Sie taten es auch, wenn auch auf ihre Art, indem sie immer wieder versicherten, der Islam sei eine Religion des Friedens, Gewalt sei ihm wesensfremd. Sie wurde in dieser Haltung bestätigt und ermuntert durch die Avantgarde der Kulturschickeria wie den FAZ-Feuilletonisten Patrick Bahners, der noch 2011, also zehn Jahre nach 9/11, in seinem Buch »Die Panikmacher« das Wirken einer »islamkritischen Internationale« beklagte und Islamkritikern eine »radikale Vereinfachung der Weltverhältnisse« vorwarf.

Man hat von ihm zu diesem Thema lange nichts mehr gehört. Hoffentlich ist ihm nichts zugestoßen.

16. Januar

Liebes Tagebuch!

Die von Ankara aus gesteuerte »Türkisch-Islamische Union der Anstalt für Religion« (DITIB), die ihrerseits etwa 900 Moscheeverbände in Deutschland vertritt, ruft heute zu Mahnwachen für Presse- und Meinungsfreiheit auf. Diese sollen vor ausgesuchten Presse- und Verlagshäusern und vor TV-Sendern stattfinden, unter anderem vor dem ZDF in Mainz, vor RTL in Köln und vor dem Springer-Haus in Berlin.

Die DITIB erklärt dazu auf ihrer Webseite: »Der niederträchtige Terroranschlag vom 7. Januar 2015 in Paris, bei dem 12 Menschen ermordet wurden, zeigt erneut, zu welchen grausamen Taten Menschen fähig sind, die in ihrer gewissenlosen Verblendung jedes Gefühl für Mitmenschlichkeit und Gerechtigkeit verloren haben.« Weiter heißt es in dem Aufruf: »Wir lehnen es entschieden ab, dass Verbrecher während ihrer Mordtaten den Namen Allahs anrufen. Kein Muslim kann sich zur Rechtfertigung seiner Verbrechen auf den Namen Allahs berufen.« Die freie Meinungsäußerung müsse gewährleistet werden, kein Muslim dürfe sich zum Richter über Leben und Tod aufschwingen. »Wir sind der Überzeugung, dass der Terroranschlag auf das Leben von Medienschaffenden ein Anschlag auf die tragenden Pfeiler nicht nur der französischen, sondern auch unserer Gesellschaftsordnung ist«. Auch für die Muslime seien Meinungsfreiheit und Pressefreiheit »Grundlagen unserer gesellschaftlichen Freiheiten«. Jeder müsse die Freiheit haben, »seine

Meinung zu sagen und zu veröffentlichen, ohne um sein Leben fürchten zu müssen«. Niemals dürfe die körperliche Unversehrtheit oder das Leben eines Menschen angetastet werden.

So weit die Erklärung der DITIP. Hört sich nicht schlecht an, liebes Tagebuch, oder? Das kann jeder von uns mit vollem Namen unterschreiben. Bleibt nur die Frage, warum die Mahnwachen für Presse- und Meinungsfreiheit vor Presse-, Verlagshäusern und TV-Sendern abgehalten werden. Und nicht vor der Botschaft und den Konsulaten der Türkei, wo Dutzende von Journalisten im Gefängnis sitzen und jeder, der sich regierungskritisch äußert, seine Freiheit und sein Leben riskiert – obwohl Präsident Erdogan vor Kurzem versichert hat, die Türkei habe »die freieste Presse der Welt«. Oder vor der Botschaft und den Konsulaten des Königreichs von Saudi-Arabien, wo ein Blogger zu zehn Jahren Haft verurteilt wurde, die er nicht überleben wird, weil zu der Freiheitsstrafe noch 1000 Peitschenhiebe dazukommen, die ihm in Raten von je 50 Hieben pro Woche verabreicht werden sollen. Oder vor der Botschaft und den Konsulaten irgendeines anderen islamisch dominierten Landes innerhalb der »Organisation für islamische Zusammenarbeit«, die 1969 mit dem Ziel gegründet wurde, Jerusalem »zu befreien«. Die Auswahl ist groß, es sind 56 Staaten, von Afghanistan und Algerien bis zum Sudan und den Vereinigten Arabischen Emiraten, lauter Hochburgen der Meinungs- und Pressefreiheit. Ich hab das dumpfe Gefühl, die verarschen mich.

17. Januar

Liebes Tagebuch!

Angela Merkel hat der FAZ ein Interview gegeben. Die Fragen des Interviewers hören sich wie abgesprochen und genehmigt an, die Antworten der Kanzlerin hat man zum Teil schon wortgleich in ihrer Stellungnahme vor dem Bundestag zwei Tage zuvor gehört.

Auf die Frage, ob sie »die Furcht vor der Islamisierung Deutschlands für berechtigt« halte, stellt sie klar: »Nein. Die Muslime und ihre Religion, der Islam, sind Teil unseres Landes. Eine Islamisierung sehe ich nicht.« Der Salafismus dagegen »gehört nicht zu Deutschland, wir begegnen ihm mit den Mitteln unseres Rechtsstaats«. An einer anderen Stelle des Interviews, in der es darum geht, ob die Gewalttätigkeit im Islam »angelegt« ist, erklärt sie sich für unzuständig: »Ich bin als Bundeskanzlerin die falsche Ansprechpartnerin für die Auslegung theologischer Fragen. Das ist Aufgabe der Geistlichkeit des Islams. Meine Aufgabe ist es, die übergroße Mehrheit der Muslime in Deutschland vor einem Generalverdacht zu schützen und Gewalt im Namen des Islams zu bekämpfen.«

Ihre Aufgabe ist es eigentlich, ihre »Kraft dem Wohle des deutschen Volkes (zu) widmen, seinen Nutzen (zu) mehren, Schaden von ihm (zu) wenden […] und Gerechtigkeit gegen jedermann (zu) üben«. Die Verpflichtung zum Schutze irgendeiner Gruppe vor einem Generalverdacht ist in der Eidesformel nach Artikel 56 des Grundgesetzes nicht enthalten. Sonst müsste sich die Kanzlerin beispielsweise der Millionen von Flugreisenden annehmen, die mit dem Kauf eines Tickets automatisch in den Generalverdacht geraten, dass sie ein Flugzeug entführen wollen, weswegen sie vor jedem Flug eine peinliche Leibeskontrolle erdulden müssen.

Ich kann auch das Gerede von der übergroßen friedlichen Mehrheit nicht mehr hören. Die übergroße Mehrheit der Deutschen war zu Anfang der Dreißigerjahre auch friedlich gesinnt. Nur jeder Dritte gab seine Stimme der NSDAP. Ja, liebes Tagebuch, ich bin sogar überzeugt davon, dass die übergroße Mehrheit der Deutschen und Österreicher sogar noch 1939 friedlich gesinnt war. Das Ergebnis ist bekannt. Nur wenige Menschen unterstützten später die RAF, die im Namen der Linken mordete, dennoch waren es genug, um die Bundesrepublik auf den Kopf zu stellen. Und würde nur jedes zehnte Auto, das bei VW vom Band läuft, gleich nach der Zulassung auseinanderfallen, käme VW mit der Feststellung, die übergroße Mehrheit der Fahrzeuge sei fahrtüchtig, nicht weit.

Allerdings sollte man vielleicht die Entschlossenheit der Kanzlerin, die übergroße Mehrheit der Muslime vor einem Generalverdacht schützen zu wollen, ebenso ernst nehmen wie das Versprechen, mit ihr werde es »keine Maut geben«. Denn im selben Interview sagt sie auch, was eine »aufmerksame Zivilgesellschaft, die genau hinschaut«, tun sollte, »wenn es Auffälligkeiten in Moscheen gibt«, nämlich: »Eltern und Freunde, die bemerken, dass ein junger Mensch unter schädlichen Einfluss gerät, sollten sich nicht scheuen, sich gegenüber staatlichen Stellen zu äußern, dass hier etwas schiefläuft. Ich verstehe, wie schwierig das für Eltern und Geschwister ist, aber sie sollten es tun. Je früher man eine solche Veränderung entdeckt, desto besser kann darauf reagiert werden.«

So einen Vorschlag kann nur jemand machen, der in einem System sozialisiert wurde, in dem Denunziation zu den fürsorglichen Maßnahmen gehörte, die den Denunzierten zugutekamen. Eltern und Geschwister sollen sich also gegenüber staatlichen Stellen »äußern«, wenn etwas »schiefläuft«. Und dann? Werden die »staatlichen Stellen« einen »Offizier im besonderen Einsatz« (OibE) losschicken? Wird es IMs in den Moscheen geben, die junge Menschen melden, wenn sie »unter schädlichen Einfluss« geraten? Und wie will man sich darauf einigen, was als »schädlicher Einfluss« zu gelten hat? Möglicherweise versteht die Kanzlerin darunter etwas ganz anderes als die Eltern, die erst dann nervös werden, wenn sie den Sohn oder die Tochter bei der Lektüre der Werke von Michel Houellebecq oder Charlotte Roche erwischen.

In jedem Fall aber läuft der Vorschlag der Kanzlerin auf einen Generalverdacht hinaus. Sie weiß es nur nicht.

18. Januar

Liebes Tagebuch!

Gestern Abend in den *Heute*-Nachrichten: *Charlie Hebdo* ist ausverkauft, auch in der Buchhandlung am Düsseldorfer Hauptbahnhof. Leider sind »nur wenige Hefte« in den deutschen Handel gekommen, denn »die Nachfrage in Frankreich ist einfach zu groß«. Vom Düsseldorfer Hauptbahnhof blickt das ZDF in die weite Welt, wo sich »streng gläubige Muslime« von der Darstellung ihres Propheten »verletzt« fühlen. In Niger gab es »wütende und sogar gewalttätige Proteste gegen die neue Ausgabe« von *Charlie Hebdo*. Wir sehen einen randalierenden Mob inmitten brennender Häuser, und eine Stimme aus dem Off sagt: »Sie rufen ›Gott ist groß‹ und zünden Kirchen an. Ein blutiger Tag in Niger. Angeblich im Namen des Propheten ist hier ein gewalttätiger Mob auf der Straße. Mehrere Menschen werden getötet.«

Und weiter in den Fernen Osten. Die Stimme aus dem Off sagt: »Ganz anders das Bild in Pakistan. Sie sprechen von Gotteslästerung, und ihr Protest bleibt friedlich.« Wir sehen eine Gruppe von Männern, die sich offenbar extra freigenommen haben, um an einer Demo teilnehmen zu können. »We Condemn The Blasphemy of Muhammed in *Charlie Hebdo*« steht auf einem Transparent. »Down With *Charli Hebdo*« auf einem anderen. Offenbar hatte man nicht genug Zeit, um sich auf eine Schreibweise zu einigen. Für die Spontaneität der Demo sprechen auch drei Fahnen, die auf dem Boden ausgebreitet wurden, die amerikanische, die französische und die israelische. Die Stimme aus dem Off sagt: »Wieder demonstrieren in der pakistanischen Stadt Karatschi Tausende, Religionsschüler, aber auch Juristen, zornig über die neue Veröffentlichung einer Mohammed-Karikatur.«

Einer der zornigen Juristen, S.K. Hasnain, »Anwalt Oberster Gerichtshof Karatschi«, sagt: »Wir brauchen internationale Gesetze, damit in Zukunft niemand mehr den Propheten beleidigen und die Gefühle der Muslime verletzen kann. Sie haben nicht das Recht, so etwas zu drucken.« Statt einer Erklärung, auf welcher Madrasa der Mann internationales Recht studiert hat, geht die Reise weiter in den Süden der Arabischen Halbinsel, wo ebenfalls demonstriert wird. »Gleiche Gefühle im Jemen, der Prophet ist unsere rote Linie, heißt es auf den Plakaten«, was ich auf die Schnelle nicht überprüfen kann, denn die Plakate sind auf Arabisch. Aber die Stimme aus dem Off wird es schon wissen. »Kenner des Islam warnen davor, diese Demonstranten mit den Attentätern von Paris gleichzusetzen.«

Ich rechne mit dem Schlimmsten: Michael Lüders, Jürgen Todenhöfer, Dr. Motte. Aber es kommt noch schlimmer, nämlich Professor Volker Perthes von der »Stiftung Wissenschaft und Politik«: »Das sind unterschiedliche Gruppen. Wir haben hier Mörderbanden, Terrororganisationen, die den Kampf gegen Pressefreiheit, Demokratie und den Westen auf ihre Fahnen schreiben, und wir haben, ich will mal sagen, die simple Menge der frommen

Menschen, die sich beleidigt fühlen, die das Gefühl haben, dass ihnen kein Respekt gezollt wird für ihre Religion.«

Ist das nicht irre, liebes Tagebuch? Um derartig sauber analysieren und differenzieren zu können, muss man lange Politikwissenschaft studiert und einen Brieffreund beim Obersten Gerichtshof in Karatschi haben.

19. Januar

Liebes Tagebuch!

Im Juli 1980 veröffentlichte der Historiker Ernst Nolte einen Artikel, in dem er den Holocaust als Reaktion auf das Gulag-System der Sowjets darstellte. Er löste damit eine jahrelange Debatte darüber aus, ob der Archipel Gulag nicht »ursprünglicher« war als Auschwitz, ob es also nicht die Russen waren, die Hitler zu seinen Taten inspiriert hatten. Was unter dem Begriff »Historikerstreit« in die Geschichte eingegangen ist, war eine Wiederauflage der Frage aller Fragen: Was war zuerst da, die Henne oder das Ei?

Nun hat der Ex-Politiker (CDU), Ex-Verlagsmanager (Burda) und Weltenbummler Jürgen Todenhöfer den Faden wieder aufgenommen. Er war neulich beim »Islamischen Staat« zu Besuch und hat mit mindestens einem Kämpfer ein intensives Gespräch geführt, das auf Video aufgenommen wurde. Vermutlich bei dieser Gelegenheit lernte er auch einen zehn bis zwölf Jahre alten Jungen kennen, der sich von dem Gast aus Deutschland fotografieren ließ, ein Maschinengewehr im Arm. Das Foto steht nun auf der Facebookseite von Jürgen Todenhöfer, daneben heißt es: »Der ›IS‹ ist kein Kind des Islam, sondern des Irak-Krieges. Unsere Kriege sind Terror-Zucht-Programme.« Es folgt eine Erklärung zum Zusammenhang von Ursache und Wirkung beziehungsweise dazu, was früher da war, die Henne oder das Ei:

»Liebe Freunde, Bundeskanzlerin Merkel hat am Freitag die ›muslimische Geistlichkeit‹ aufgefordert, endlich das Verhältnis des Islam zur Gewalt zu klären. Aber müsste nicht zuerst der christliche Westen sein Verhältnis zur Gewalt überprüfen? Nicht der Islam ist das Problem, unsere Kriege sind das Problem. Sie sind Terrorzucht-Programme, nicht der Islam. Terrorismus ist die barbarische ANTWORT extremistischer Muslime auf unsere barbarischen Öl-Kreuzzüge. Ohne unsere Kriege gäbe es den heutigen Terrorismus gar nicht. Die Vorgängerorganisation des ›IS‹ beispielsweise wurde 2003 direkt nach George W. Bushs Überfall auf den Irak gegründet. Der an Brutalität nicht zu überbietende ›IS‹ ist Bushs Baby. Kein arabisches Land hat in den letzten 200 Jahren den Westen überfallen. Der Westen jedoch fiel unzählige Male mordend in die muslimische Welt ein. Bin Ladens Al Qaida tötete im Westen fast 3 500 Menschen. Doch Bush junior tötete allein im Irakkrieg über 500 000 Iraker. Der Westen war seit Jahrhunderten viel grausamer als die muslimische Welt. Der Westen, nicht der Islam, muss sein Verhältnis zur Gewalt klären. Solange er das nicht kapiert, wird es immer Terrorismus geben.«

Nach jedem Anschlag melden sich bei der Polizei Trittbrettfahrer, die sich der Tat bezichtigen. Todenhöfer, der eine sündenstolze Klientel mit der Sehnsucht nach eigener Schuld immer wieder einseift, treibt diesen pathologischen Reflex auf die Spitze. Er ruft nicht: Ich war's! Sondern: Wir waren es! Der böse Westen! Der Teufel Amerika!

Ich weiß nicht, liebes Tagebuch, ob ich in der Lage bin, auf so etwas ruhig und sachlich zu erwidern. Und wenn ich es wäre, ob ich es tun möchte. Ich würde auch nicht mit jemandem reden, der behauptet, der deutsche Überfall auf Polen sei eine Reaktion auf polnische Drohungen und Provokationen gewesen. Oder der

Holocaust sei die Folge der »Kriegserklärung« des Jüdischen Weltkongresses an Deutschland. Es gibt »rote Linien«, die ich auch einem Dialog zuliebe nicht überschreiten mag. Ich würde Todenhöfer aber gerne etwas fragen: Könnte es sein, dass Ihre IS-Freunde Ihnen das falsche Zeug zum Rauchen gegeben haben? Wenn der Terrorismus die »barbarische ANTWORT extremistischer Muslime auf unsere barbarischen Öl-Kreuzzüge« ist, worauf war dann der irakisch-iranische Krieg die Antwort, der acht Jahre, von 1980 bis 1988, gedauert und eine Million Menschen das Leben gekostet hat? Was war die Frage, die im Krieg zwischen der algerischen Regierung und der »Islamischen Heilsarmee« mit über 100 000 Toten beantwortet wurde? Und an welchem Frage-und-Antwort-Spiel nehmen die Sunniten und Schiiten seit über 1000 Jahren teil?

Wir können auch weiter fragen. Was waren die Ursachen für die Zweiteilung der Welt nach dem Zweiten Weltkrieg? Wie konnte es überhaupt zum Zweiten Weltkrieg kommen? Die Spur führt zum Ersten Weltkrieg und zum Vertrag von Versailles, zum deutsch-französischen Krieg von 1870/71, zur Schlacht an den Düppeler Schanzen 1864, zu Napoleon und der französischen Revolution, zu den Bauernkriegen 1524 bis 1526, zur Schlacht auf dem Amselfeld 1389, zur Schlacht von Tours und Poitiers 732, zum Jüdischen Krieg gegen die Römer 66 bis 73 und zum Aufbruch der Kimbern, Teutonen und Ambronen aus dem kalten Norden in den wärmeren Süden Europas 120 vor Christus. Alles hängt mit allem zusammen.

Und was ist das Ergebnis? Todenhöfer sitzt heute Abend bei Plasberg. Das ist hart.

20. Januar

Liebes Tagebuch!

Kaum hatte die Dresdner Polizei die Pegida- und auch die Anti-Pegida-Demo aus Sicherheitsgründen verboten, flossen schon die Krokodilstränen, und die gleichen, nein: dieselben Leute, die eben noch dazu aufgerufen hatten, nicht an den Pegida-Spaziergängen teilzunehmen, sahen auf einmal die Demokratie in Gefahr.

Angela Merkel: »Ich habe als Bundeskanzlerin, unbeschadet, ob mir die Inhalte gefallen, ein unmittelbares Interesse daran, dass in jedem Ort in Deutschland demonstriert werden kann, weil es sich um ein Grundrecht handelt.«

Jasmin Fahimi, die Stimme von Sigmar Gabriel: »Ich kann mich daher bei allem Verständnis natürlich nicht darüber freuen, denn es ist eine Niederlage für die Demokratie, dass wir zu einer solchen Entscheidung finden müssen.«

Cem Özdemir: »Das Demonstrationsrecht gilt für alle, das gilt auch für diejenigen, die wie Pegida zu einhundert Prozent etwas vertreten, was ich nicht teile. Auch die haben ein Recht zu demonstrieren.«

Katja Kipping, Bundesvorsitzende der Linkspartei: »Ja, in der Tat besteht die Gefahr, dass Pegida daraus einen großen Erfolg für sich macht und sich als Opfer hinstellt. Aber Pegida ist nicht das Opfer, Pegida sind diejenigen, die jeden Montag in Dresden auch Angst und Schrecken verbreiten.«

Gäbe es so etwas wie einen Wettbewerb für angewandte Heuchelei, würden diese vier alle Preise abräumen. Nein, nur die ersten drei, denn Frau Kipping versuchte nicht einmal, ihre Genugtuung über das Demoverbot zu verbergen. Sorge machte ihr nur, dass die Pegida sich nun als »das Opfer« präsentieren könnte. Wo es Opfer gibt, muss es auch Täter geben, und das sind diejenigen, die jeden Montag in Dresden Angst und Schrecken verbreiten. So hat Frau Kipping die Lage beschrieben, ohne das Wort, auf das es ankommt, auszusprechen.

Ich habe ihr daraufhin eine Mail geschrieben und sie gebeten, mir zu sagen, worauf sie ihre Behauptung stützt, die Pegida verbreite Angst und Schrecken. Mir seien keine Ausschreitungen, Prügeleien oder Äußerungen bekannt, die unter den Tatbestand der Volksverhetzung fielen. Ganz im Gegensatz zu den Demos der Antifa, bei denen Autos abgefackelt, Geschäfte geplündert und Polizisten verhauen werden, ohne dass Frau Kipping jemals die Angst und den Schrecken thematisiert hätte, die von der rasenden Antifa verbreitet werden. Mal schauen, wie lange sie brauchen wird, um mir diesen kleinen Widerspruch zu erklären.

21. Januar

Liebes Tagebuch!

Ich habe erst heute mitbekommen, dass Heiko Maas vor ein paar Tagen in einem Gespräch mit der SZ gesagt hat, es gebe kein Grundrecht auf innere Sicherheit. Wörtlich: »In unserem Grundgesetz steht ein solches Grundrecht auf innere Sicherheit nicht.« Der Satz hat das Potenzial zu einem geflügelten Wort, wie Uwe Barschels »Ich gebe Ihnen mein Ehrenwort« und Hermann Höcherls »Die Beamten können nicht den ganzen Tag mit dem Grundgesetz unter dem Arm herumlaufen«.

Von einem Grundrecht auf innere Sicherheit ist im Grundgesetz in der Tat keine Rede. Auch ein Grundrecht auf Arbeit und Vollbeschäftigung kommt im Grundgesetz nicht vor. Ebenso fehlt das Grundrecht auf einen Sechser im Lotto und gutes

Wetter im Urlaub. Aber: Das Recht auf körperliche Unversehrtheit gehört zu den Grundrechten, die in Artikel 2 garantiert werden, zusammen mit dem Recht auf Leben und dem Recht auf Freiheit der Person. Und alles zusammen kann durchaus als Grundrecht auf innere Sicherheit verstanden werden, denn ohne innere Sicherheit gibt es keine körperliche Unversehrtheit, keine Freiheit und kein Leben. Wenn ich mich nicht frei bewegen kann, ohne um mein Leben, meine Freiheit und meine Unversehrtheit fürchten zu müssen, nutzen mir alle anderen Rechte auch nichts.

Es ist die wichtigste Aufgabe einer jeden Regierung, für die innere Sicherheit zu sorgen. Wenn sie dazu nicht in der Lage ist, muss sie abtreten. Wenn ausgerechnet der Justizminister sagt, es gebe kein Grundrecht auf innere Sicherheit, dann kommt das einer Kapitulation gleich. Es wäre ein Grund für ein Amtsenthebungsverfahren. Da spielt es dann keine Rolle, dass sich die Regierung um unser Wohl kümmert, indem sie die Nichtraucher vor den Rauchern schützt und Autofahrer zum Anlegen von Gurten verpflichtet. Demnächst sollen Supermärkte dazu angehalten werden, wenigstens eine »Familienkasse« einzurichten, an der keine Süßigkeiten angeboten werden, nach denen Kinder während des Anstehens greifen können. Offenbar sind Eltern nicht in der Lage, mit einer solchen Situation allein fertigzuwerden. Deswegen muss die Regierung eingreifen. Auch der Kampf gegen Süßigkeiten, Fast Food und Softdrinks an Schulen ist wichtiger als die Sorge um die innere Sicherheit im Lande, denn es sterben mehr Menschen an Diabetes und Übergewicht als bei Terroranschlägen. Die Frage der inneren Sicherheit wird erst akut werden, wenn Terroristen mit Schokolinsen und Rumkugeln um sich schießen.

Liebes Tagebuch, dieser Mann ist nicht nur Justizminister, er hat sogar Jura studiert – in Saarbrücken. Dass er, bevor er Minister geworden ist, nie aus dem Saarland herausgekommen ist, daran kann es nicht liegen. So groß kann der Bildungsnotstand dort gar nicht sein. Aber wie konnte er mit solch elementarer staatsrechtlicher Unkenntnis ein juristisches Staatsexamen bestehen? Hat er sein Parteibuch bei der Prüfung vorgelegt? Und wo sind all meine Kollegen, die bei Ideenklau und ungenügend zitierten Quellen in akademischen Arbeiten schnell »Skandal« brüllen? Ist das nicht komplett irre?

22. Januar

Liebes Tagebuch!

Seit Jahren überlege ich, ob ich zum Katholizismus übertreten soll. Es ist die Konfession mit dem höchsten Unterhaltungswert, da können Juden und Moslems nicht mithalten, und die Protestanten wirken dagegen wie arme Verwandte, die sich kein echtes Tafelsilber leisten können. Außerdem gefällt mir, dass Frauen nicht ordiniert werden und Priester nicht heiraten dürfen. Eine echte Religion muss repressiv und selektiv sein, wem das nicht passt, der kann ja zu den Bahai oder den Buddhisten gehen. Wegen der Spiritualität.

Ich wollte auch deswegen Katholik werden, um eine historische Schuld zu begleichen. Das Christentum ist ja, ebenso wie der Kommunismus (Marx) und die Psychoanalyse (Freud), eine jüdische Erfindung. Wir haben es in die Welt gesetzt und uns dann aus dem Staub gemacht. Wie uneheliche Väter nach einem One-Night-Stand. Kein Wunder, dass die Christen auf uns sauer sind. Wäre ich auch, wenn mein Opa meine Oma geschwängert und sitzen gelassen hätte. Die Christen haben das Problem elegant gemanagt, indem sie den Heiligen Geist erfunden und Maria zur Virgo intacta auf Lebenszeit erklärt haben. Aber ein gewisser Restgroll ist geblieben.

Zweitens hätte ich es sehr schick gefunden, in einer Talkshow, beispielsweise über das Klima, sagen zu können: »Wissen Sie, vom katholischen Standpunkt aus betrachtet sieht die Sache ganz anders aus.« Die Einzigen, die sich so etwas trauen, sind Matthias Matussek und Martin Mosebach, die ich beide schätze, auch wenn ich mit ihnen eher selten übereinstimme.

Nun aber wird nix daraus. Und schuld daran ist ausgerechnet der amtierende Papst Franziskus. Er hat kurz nach dem Überfall auf die Redaktion von *Charlie Hebdo* den Anschlag zwar verurteilt, zugleich aber Verständnis für die mutmaßlichen Motive der Täter geäußert. Man könne eine Religion »nicht einfach zum Gespött machen«, Meinungsfreiheit müsse ohne Verletzungen auskommen, »man darf nicht provozieren, man darf den Glauben anderer nicht beleidigen«.

Das war aber noch nicht das Ende der Durchsage. Der Pontifex, inzwischen 79, sagte auch, wer seine Mutter beleidigt, »kriegt eins mit der Faust«. Nun weiß ich nicht, welchen Grund es geben könnte, die Mutter des Papstes zu beleidigen. Vermutlich keinen. Ich habe auch keine Ahnung, wie er im Zusammenhang mit *Charlie Hebdo* auf seine Mutter gekommen ist. Vielleicht hat sie ihm das Lesen von Comics verboten. Einige Kritiker störten sich daran, dass der Papst dem Faustrecht das Wort redete. Für solche Fälle gebe es doch Gerichte! Mich irritierte etwas anderes.

Zum einen war die Aussage, wer die Mutter des Papstes beleidige, bekomme eins in die Fresse, nicht gerade christlich. Franziskus hätte sagen müssen: »Wenn dir jemand auf die rechte Wange schlägt, dann halte auch die andere hin. Und wer meine Mutter beleidigt, der darf auch mich beleidigen.« Zum anderen kann sich der Papst nicht wie ein jüdischer Junge benehmen, der auf seine »jiddische Mamme« nichts kommen lässt. Denn auch der Ödipus-Komplex ist eine jüdische Erfindung. Darauf basiert ein großer Teil der jüdischen Literatur und jeder Film von Woody

Allen. »Ödipus-Schmödipus, Hauptsache der Junge ist gesund und hat seine Mama lieb!«

Wozu soll ich übertreten, liebes Tagebuch, wenn mich bei den Katholiken etwas erwartet, das mich mein ganzes Leben verfolgt hat? Da bleibe ich lieber, was ich bin, und mache mich über die Juden lustig. Denn das hat der Papst nicht verboten. Und ich bekomme auch keins in die Fresse.

23. Januar

Liebes Tagebuch!

Gleich nach ihrem Auftritt beim Weltwirtschaftsforum in Davos reiste die Kanzlerin nach Florenz, um dort mit dem italienischen Ministerpräsidenten Matteo Renzi über europäische Angelegenheiten zu beraten – die bevorstehenden Wahlen in Griechenland, den Konflikt in der Ukraine und wie man den russischen Präsidenten Putin dazu bewegen könnte, die »Separatisten« zurückzupfeifen, nämlich mit der Aussicht auf die Bildung einer Freihandelszone zwischen Lissabon und Wladiwostok.

Die Kanzlerin, meinte Thomas Roth in den *Tagesthemen*, schicke »ein Signal in Richtung Moskau«. Das klang so: »Dann kann man sich vorstellen, dass, wenn gerade diese Probleme mit der Ukraine ein Stück weit gelöst sind, natürlich auch zwischen der Europäischen Union und der jetzt gegründeten Eurasischen Union Gespräche stattfinden über Handelsfragen, in denen man dann auch die Assoziierungsfragen Ukraine – EU oder andere, Moldawien – EU oder andere, vielleicht besser bearbeiten kann.«

Zur Eurasischen Union gehören neben Russland Armenien, Kasachstan, Kirgisistan und Weißrussland. Als Beitrittskandidaten werden unter anderem gehandelt: Mongolei, Tadschikistan und Usbekistan. Unklar ist, wie mit der »Gemeinschaft nicht anerkannter Staaten« umzugehen wäre. Dazu gehören neben den Donezker und Luhansker Volksrepubliken – auch »Neurussland« genannt – Abchasien, Bergkarabach, Südossetien und Transnistrien. Und dann gibt es in der Region noch Aserbaidschan, Georgien, Turkmenistan.

Das war endlich mal eine klare Ansage, wie man die Ukraine befrieden, Moldawien und die Ukraine an die EU heranführen und eine Super-Freihandelszone vom Atlantik bis zum Japanischen Meer schaffen könnte. Auf diesem Gebiet siedeln einige Völker (siehe oben), die zu fragen, ob sie die Fusion zwischen der einen Union und der anderen für wünschenswert halten, keine schlechte Idee wäre. Ein Stück weit wenigstens.

24. Januar

Liebes Tagebuch!

Am frühen Morgen des 13. Januar wurde ein junger Flüchtling aus Eritrea namens Khaled in der Nähe seiner Unterkunft in einer Dresdner Plattenbausiedlung tot aufgefunden. Der herbeigerufene Notarzt stellte eine »nicht natürliche Todesursache« fest, ohne Anzeichen für eine Fremdeinwirkung zu erkennen. Die Polizei vermutete Selbstmord oder einen Unfall durch einen Fenstersturz. Die Obduktion der Leiche brachte Messerstiche am Hals und Oberkörper des Toten zutage.

Für die Dresdner Antifa – ja, die gibt es wirklich! – und die Freunde von Khaled stand von vorneherein fest, dass es sich um einen Mord handelte, der von jemandem aus dem Pegida-Umfeld begangen worden sein musste. Es gab Kundgebungen, Mahnwachen, Protestmärsche und die üblichen Vorwürfe an die

Polizei, sie nehme den Fall nicht ernst, weil das Opfer ein Flüchtling sei.

Am 22. Januar gab die Dresdner Staatsanwaltschaft die Verhaftung eines Mitbewohners von Khaled bekannt, der ebenfalls aus Eritrea stammt. An der Tatwaffe seien seine DNA-Spuren gefunden worden, er habe ein Geständnis abgelegt und sitze in Untersuchungshaft. Zwischen ihm und dem Getöteten soll es einen Streit um die Haushaltsführung gegeben haben.

Ein solcher Tathergang erfüllte nicht die Erwartungen der Dresdner Antifa und der »Remembering Khaled Initiative«. Am 24. Januar veröffentlichte sie eine »Pressemitteilung« auf Deutsch und Englisch, in der es hieß: »Wir möchten betonen, dass selbst wenn der Mörder Eritreer ist, er nicht die Community repräsentiert. Außerdem würde es nicht bedeuten, dass es keinen Rassismus in Sachsen und vor allem in Dresden gibt. Angesichts der Atmosphäre in der Stadt, die zumindest teilweise durch PEGIDA Proteste geschaffen wird, war ein rassistischer Tathintergrund nicht unwahrscheinlich. Diese rassistischen Zustände bestehen nach wie vor. In den letzten Wochen gab es allein in Dresden mehrere Angriffe gegen Geflüchtete. [...] Aber das ist nur die Spitze das alltäglichen Rassismus. [...] Wir verbleiben in Solidarität mit den Freunden und der Familie Khaled und werden weiter gegen Rassismus und für die Rechte und die Sicherheit von Geflüchteten kämpfen.«

Shit happens! Selbst wenn es kein »Nazi in Nadelstreifen« war – es hätte einer sein können! Ein rassistischer Tathintergrund war »nicht unwahrscheinlich«, also möglich, also so gut wie sicher. Die Kundgebungen, Mahnwachen und Proteste hätten nicht mal halb so viel Spaß gemacht, wenn man von Anfang an gewusst oder geahnt hätte, dass Täter und Opfer derselben Community angehörten. Denn die Grundvoraussetzung für eine emotional rundum erfüllte Empörung ist, dass der Täter ein Rassist sein und das Opfer in die Denkschablonen der örtlichen Antifa passen muss.

25. Januar

Liebes Tagebuch!

Während seines Besuches in Algerien, einem jener Länder, deren Meinungs-, Presse- und Demonstrationsfreiheit als vorbildlich gelten, wurde Außenminister Frank-Walter Steinmeier bei einer improvisierten Pressekonferenz auch nach den Pegida-Demos in Dresden gefragt. Er antwortete: »Ich habe verschiedene Stimmen gehört, die besorgt sind über die Berichterstattung, die sie über ausländerfeindliche, islamophobische Stimmen in Deutschland gehört haben.« Deswegen habe er seinen Gastgebern erklärt, dass hier »nicht die Mehrheit« demonstriert. Möglicherweise hat der Außenminister die Frage nicht verstanden, vielleicht weil sie auf Arabisch gestellt wurde.

Ende Dezember 2013 lag die Einwohnerzahl der Bundesrepublik bei 80 Millionen 767 Tausend und 436 Menschen. Solange also nicht mindestens 40 Millionen 383 Tausend und 719 Menschen demonstrieren, kann man sagen, dass hier »nicht die Mehrheit« demonstriert, sondern eine kleine radikale Minderheit. So weit, so richtig. Allerdings stützt sich Steinmeier nicht auf seine eigene Wahrnehmung, sondern auf Stimmen, die ihrerseits Stimmen gehört haben, die »besorgt sind«. Nicht über die »ausländerfeindliche, islamophobische« Stimmung in Deutschland – der Komparativ von islamophob lautet »islamophobisch« –, sondern über die »Berichterstattung« über die »ausländerfeindlichen, islamophobischen Stimmen«. Wie schön, liebes Tagebuch, dass sprachliche Fehler uns tief ins Innere eines Sprechers blicken lassen: Das Problem sind also nicht die ausländerfeindlichen, islamophobischen Stimmen, das Problem ist die Berichterstattung über sie.

So hat Steinmeier das Unwort des Jahres, »Lügenpresse«,

vermieden, ist ihm aber so nahe gekommen wie kein Politiker vor ihm. Das hat er wirklich gefickt eingeschädelt, unser Außenminister, der Mann ist mehr als genial, er ist genialisch, beinahe schon genialistisch.

26. Januar

Liebes Tagebuch!

Eines der größten Schwindelprojekte aller Zeiten ist die »Rettung« Griechenlands durch die EU. Es ist, als würde man einem Menschen, der sich vom zehnten Stock eines Hauses in die Tiefe stürzen will, raten, er soll aus dem 20. Stock springen, damit er den Sturz etwas länger genießen kann. Von den 240 Milliarden Euro, die von der EU, der EZB und dem IWF »an Griechenland« überwiesen wurden, ist kein Euro dort angekommen. Das Geld ging an die Banken, die sich mit Krediten an Griechenland verspekuliert hatten. Alte faule Kredite wurden mit frischem guten Geld abgelöst. Ein klarer Fall von Konkursverschleppung, der jeden Unternehmer vor Gericht bringen würde. Griechenland ist immer noch pleite, die Banken drehen weiter das große Rad. »Athen jetzt weniger zahlungsfähig als vor der Rettung« titelte Welt Online am 18. Januar.

In einem Brief an die Leser des *Handelsblatts* hatte der Kandidat der vereinigten Linken, Alexis Tsipras, noch vor den Wahlen geschrieben: »Man ging das Problem an, als handle es sich beim drohenden Staatsbankrott um einen Liquiditätsengpass. Anders ausgedrückt: Man machte sich die Logik eines Bankers zu eigen, der, statt sich einzugestehen, dass sein an eine bankrotte Firma ausgezahlter Kredit ›geplatzt‹ ist, dieser einfach weitere Geldsummen verleiht und sich vormacht, die Kredite würden abbezahlt, wenn man die unabwendbare Pleite nur immer weiter hinauszögere. Es hätte nicht mehr als gesunden Menschenverstand gebraucht, um zu erkennen, dass das konsequente Festhalten am ›Extend and Pretend‹-Dogma für mein Land in einer Tragödie enden würde. Es hätte nicht mehr als gesunden Menschenverstand gebraucht, um zu verstehen, dass man, statt Griechenland zu stabilisieren, nur Öl ins Feuer einer sich immer wieder aufs Neue selbst entfachenden Krise goss, die Europa bis in seine Grundfesten bedroht. Die im Mai 2010 verabschiedete Kreditvereinbarung wurde von meiner Partei und mir entschieden abgelehnt. Nicht weil wir glaubten, Deutschland und unsere anderen Partner hätten uns nicht genügend Geld zur Verfügung gestellt, sondern weil wir der Auffassung waren, dass sie uns weit größere Summen haben zukommen lassen als angemessen, weit mehr, als anzunehmen wir berechtigt gewesen wären. Geldsummen, die weder der griechischen Bevölkerung zugutekommen würden, da sie nur dazu bestimmt waren, in ein Schuldenfass ohne Boden geworfen zu werden, noch das Anwachsen der Staatschulden, deren Last unsere Partner unweigerlich immer wieder auf ihre Bürger abwälzen würden, würden verhindern können.«

Liebes Tagebuch, wow! Ich kenne keinen anderen Politiker, der die Situation so klar und sachkundig beschrieben hätte, im Gegensatz zu jenen Amtsträgern, die den Griechen maßlose Gier und Undankbarkeit vorwerfen – nach allem, was »wir« für sie getan haben!

Am Tag der Wahl von Alexis Tsipras zum neuen griechischen Ministerpräsidenten gewährte der Präsident der EU-Kommission den *Tagesthemen* ein Interview. Mit der für ihn üblichen Mischung aus Arroganz, brachialer Rhetorik und Faktendreherei behauptete Jean-Claude Juncker, Griechenland habe in den vergangenen Jahren »erhebliche Fortschritte« gemacht. Eigentlich gebe es keine Krise und auch keine Notwendigkeit für einen

Schuldenschnitt, im Gegenteil, Griechenland werde bis 2020 von den günstigen Zinsen profitieren können. Das hörte sich an, als würde der Chef der Wasserwerke einem Kunden, dem das Wasser bis zum Hals steht, versprechen, man werde ihm Mengenrabatt einräumen. Das Interview, das Caren Miosga zu führen versuchte, verdient es, für alle Zeiten festgehalten zu werden.

Miosga: Herr Juncker, Sie haben heute Abend mit Alexis Tsipras gesprochen. Was haben Sie ihm gesagt?

Juncker: Also, wenn Sie schon wissen, dass ich mit ihm gesprochen habe, sollten Sie auch wissen, was ich ihm gesagt habe. Ich habe ihn zu seiner Wahl beglückwünscht, und wir haben uns für nächste Woche verabredet, ich habe ihm in Aussicht gestellt, was normal ist, dass er und ich konstruktiv zusammenarbeiten werden und zusammenarbeiten müssen im Interesse Griechenlands und im Interesse der Stabilität der ganzen Eurozone.

Miosga: Ich habe den Eindruck, schon den ganzen Tag, in Brüssel ist man betont gelassen über das, was in Griechenland passiert. Was macht Sie eigentlich so entspannt?

Juncker: Mich macht entspannt, andere auch, dass wir in demokratisch verfassten Systemen leben. Gestern war Wahl in Griechenland, die Wahl ist eindeutig zugunsten von Herrn Tsipras ausgegangen, es gibt eine zügige Regierungsbildung, es steht keine Hängepartie ins Haus, wie das nach der Wahl 2012 der Fall war, Griechenland hat eine neue Regierung, Griechenland wird sich an den Auflagen orientieren müssen, die Griechenland übernommen hat, und wir werden im konstruktiven Dialog mit Griechenland im gemeinsamen Interesse die Dinge weiter entwickeln.

Miosga: Seit Langem fürchten die Steuerzahler, Herr Juncker, am Ende müssen sie doch für die griechischen Schulden aufkommen, mit der Forderung aus Griechenland, wenn wir ganz ehrlich sind, nähern wir uns doch diesem Fall.

Juncker: Nein, das ist nicht mein Eindruck, und falls dies Ihr Eindruck wäre, würde ich diesen Eindruck gerne im Keim ersticken. Griechenland hat sich zu bestimmten Reformen verpflichtet, Griechenland hat sehr erhebliche Fortschritte in den vergangenen Jahren gemacht, es geht jetzt nicht darum, diese Fortschritte rückgängig zu machen, sondern auf dieser Basis aufzubauen, um weitere Fortschritte möglich zu machen, die Griechenland zu mehr Wirtschaftswachstum, zu mehr Arbeitsplätzen, zu mehr Investitionen verhelfen. Es geht jetzt nicht darum, dass wir vor einem Scherbenhaufen sitzen und den Preis für die zusammengetragenen Scherben zahlen müssen, nein, das wird nicht passieren.

Miosga: Zu den Fortschritten aus der Sicht von Herrn Tsipras gehört auch, dass er seinen Wählern versprochen hatte, es gebe einen Schuldenschnitt, und Sie haben den im vergangenen Jahr ausdrücklich nicht ausgeschlossen. Was sagen Sie ihm jetzt dazu?

Juncker: Es gibt keinen dringenden Handlungsbedarf in Sachen Schuldenschnitt, das steht deshalb nicht zur Debatte. Und ich habe den Schuldenschnitt für Griechenland auch nicht auf dem Radarschirm der Kommission. Ich glaube nicht, dass es eine Mehrheit in der Euro-Gruppe, überhaupt in der Euro-Zone, für einen Schuldenschnitt gäbe. Den braucht Griechenland zurzeit nicht, weil Griechenland wird bis 2020 von verlängerten Kreditlaufzeiten profitieren können, von niedrigen Zinsen profitieren können, es gibt keinen akuten Handlungsbedarf in Sachen Schuldenschnitt, deshalb, aber darüber reden wir ja mit unseren griechischen Kollegen, wird es aller Voraussicht nach auch keinen geben. Und wenn ich sage, aller Voraussicht nach, dann sollte das bestimmter klingen, als diese Formel vermuten lässt.

Miosga: Hmm. Tsipras will Löhne und Renten erhöhen und damit einen Sparkurs verlassen, der war aber Bedingung für die Kredite. Gibt es also kein Geld mehr, wenn Griechenland nicht mehr mitspielt?

Juncker: Wir werden mit den griechischen Kollegen nächste Woche und später über die Bedingungen der griechischen Programme reden, und die Zielmengen müssen eingehalten werden, wie Griechenland das im Detail macht, darüber können wir reden, aber es kann keinen Rückfall in frühere Irrungen und Wirrungen geben.

Miosga: Tja, und wenn doch, was dann? Vor Kurzem gab es Meldungen, dass die deutsche Regierung es gar nicht mehr so schlimm finden würde, wenn Griechenland den Euro verließe? Wie sehen Sie denn das?

Juncker: Ich glaube, die deutsche Regierung fände das immer noch schlimm, sowohl die Kanzlerin als auch der Finanzminister haben deutlich gemacht, dass dies nicht deutsches Ansinnen ist, niemand will den Ausschluss oder den Austritt Griechenlands, das haben wir unter viel schwierigeren Bedingungen vor zwei Jahren zu verhindern gewusst, deshalb stellt sich diese Frage auch nicht, das ist mehr Gerede als eine auf Tatsachen fundierte Analyse.

Miosga: Sagt ein immer noch gelassener Jean-Claude Juncker, vielen Dank für das Gespräch.

PS. Du weißt, liebes Tagebuch, dass ich beim Anblick dieses Junckers immer Sodbrennen bekomme, hat er doch rund 20 Jahre lang seinem Luxemburg ein »Geschäftsmodell« verpasst, das als »Steuerparadies« für große und kleine »Steuervermeider« auf Kosten seines ach so geliebten »Projektes Europa« funktionierte. In meinen Tagträumen frage ich mich, ob mir die griechische Schlitzohrigkeit, sich EU-Kohle unter den Nagel zu reißen, nicht tausendmal lieber ist als die Doppelzüngigkeit eines

EU-Junckers, der zwei Dezennien lang europäische Solidarität gepredigt und alles dafür getan hat, dass sich das Großherzogtum Luxemburg zu Lasten der anderen europäischen Staaten bereichern konnte.

27. Januar

Liebes Tagebuch!

Ich fasse es nicht: Josef Schuster, Präsident des Zentralrates der Juden in einem Interview mit der *Neuen Osnabrücker Zeitung*: »Ich wünsche mir, dass jeder Schüler ab der neunten Klasse verpflichtend eine KZ-Gedenkstätte besucht. Alle Bundesländer, in denen das noch nicht der Fall ist, sind gefragt, dies einzuführen. Theorie und Unterricht sind schließlich die eine Sache, das konkrete Erleben vor Ort, die plastische Anschauung die andere.«

Das ist wirklich die beste Idee seit der Erfindung des Feuers, des Rades und des Geschlechtsverkehrs. In der Theorie stellt sich in der Tat manches anders dar als in der plastischen Anschauung. Nichts kann das konkrete Erleben vor Ort ersetzen. Ich habe zwei schwere Erdbeben und einen Vulkanausbruch auf Island erlebt, und ich muss sagen, es war schöner als jeder Katastrophenfilm von Roland Emmerich.

Anders gesagt, liebes Tagebuch, und ein wenig beleidigt: Liest denn mein oberster Lobbyist meine Bücher nicht? Nicht einmal meinen Bestseller »Vergesst Auschwitz – Der deutsche Erinnerungswahn und die Endlösung der Israel-Frage«?

28. Januar

Liebes Tagebuch!

Der Kampf um Kobane sei entschieden, melden sowohl die ARD als auch das ZDF, die Kurden hätten die IS-Kämpfer vertrieben und die Stadt »befreit«. Allerdings um einen hohen Preis. 78 bis 80 Prozent von Kobane seien zerstört, fast alle Einwohner geflohen, jetzt müssten in den Ruinen die Blindgänger entschärft und die vielen Leichen geborgen werden.

In der Stadt an der syrisch-türkischen Grenze sieht es nach monatelangen Kämpfen wie in Gaza nach der letzten Intervention der Israelis aus. Nein, stimmt nicht. Verglichen mit Kobane sieht es in Gaza wie in Bad Schwartau nach einem Unwetter aus. Kobane dagegen erinnert an Dresden nach dem Bombardement der Alliierten im Februar 1945. Jetzt bin ich gespannt, wann eine internationale Geberkonferenz zusammenkommen wird, um Milliarden für den Wiederaufbau von Kobane in Aussicht zu stellen.

29. Januar

Liebes Tagebuch!

Gestern Abend im *Heute-Journal*. Marietta Slomka interviewt Martin Schulz, meinen speziellen Freund, den Ex-Bürgermeister von Würselen und Präsidenten des EU-Parlaments, über seine bevorstehende Reise nach Athen, wo zwei Tage vorher die neue Regierung unter Alexis Tsipras vereidigt worden ist.

Slomka: Tja, Herr Schulz, Sie fahren morgen nach Athen. Das wird ja eine in jeder Hinsicht interessante Reise.

Schulz: Ja, davon gehe ich aus. Ich glaube auch, dass das ein spannendes Treffen wird, ich treffe Herrn Tsipras, aber auch andere Politiker in Athen und, ja, ich bin gespannt.

Slomka: Sie haben unmittelbar nach der Wahl so noch die Hoffnung geäußert, dass ein Koalitionspartner Herrn Tsipras möglicherweise etwas einbremsen könnte, da haben Sie aber noch nicht damit gerechnet, dass er die Rechtspopulisten zum Partner wählt, oder?

Schulz: Nein, ganz sicher nicht, ich war auch sehr überrascht, ich muss sagen, ich bin da nicht nur überrascht, sondern schockiert. Die Koalition, die sich da in Athen anbahnt, ist eine Koalition, wie sie in Deutschland etwa die Partei Die Linke mit der AfD eingehen würde. Ich glaube nicht, dass das gut für das Land ist. Die beiden sind sich dahingehend einig, dass sie sehr europakritisch sind, um es mal milde auszudrücken.

Slomka: Was bedeutet das jetzt für die Griechenland-Politik der EU?

Schulz: Wenn ich genau hinschaue, glaube ich, ist der gemeinsame Nenner beider Parteien, die eigentlich ideologische Feinde sind, die Ablehnung der europäischen Integration. Und ich habe den Eindruck, dass das sicher zu Spannungen auch zwischen den Partnern innenpolitisch führt, auf Dauer aber ganz sicher ist es keine Entspannung im Verhältnis zu den Partnerländern und den europäischen Institutionen.

Slomka: Da geht's eigentlich auch um mehr als Kredite und um Währungsfragen.

Schulz: Ja, ganz klar, das haben wir heute gesehen, ich habe mit, ich will das offen sagen, mit Entsetzen gesehen, dass Griechenland heute die gemeinsame Position der europäischen Union in Sachen Russland aufgegeben hat, bin da wirklich überrascht, man kann nicht auf der einen Seite, wie der Herr

Tsipras, verlangen, dass Europa Einigkeit an den Tag legt, wenn es um das eigene Land geht, und als erste Amtshandlung dann die europäische gemeinsame Linie spalten, das wird auf Dauer meiner Meinung nach nicht funktionieren.

Slomka: Was wird das dann bedeuten, wenn Griechenland tatsächlich die Russlandsanktionen, eine Ausweitung der Sanktionen tatsächlich boykottieren würde im Rat?

Schulz: Nein, ich glaube, dass das nicht geht. Man wird sicher deshalb, und das werde ich morgen auch tun, und ich glaube, andere in den nächsten Tagen auch, mit Herrn Tsipras reden, die Regierung ist seit zwei Tagen im Amt, ich glaube nicht, dass diese Regierung schon in den Gleisen ist, sondern noch auf der Suche ist. Das ist ja auch einer der Gründe, warum ich hinreise, ich will mit Alexis Tsipras auch darüber reden, was erwartet er von uns, aber ihm auch sagen, was wir von ihm erwarten, und ich werde ihm morgen sagen, dass außenpolitische Alleingänge Griechenlands ganz sicher nicht das sind, was ihm helfen wird.

Slomka: Nun ist Herr Tsipras aber ja offenkundig gewählt worden, auch sehr deutlich gewählt worden, weil er eben sagt, er ist nicht mehr bereit, Erwartungen der EU zu erfüllen.

Schulz: Ich glaube nicht, Frau Slomka, dass die Griechen ihn gewählt haben, damit er Sanktionen gegen Russland boykottiert, das hat in diesem Wahlkampf überhaupt keine Rolle gespielt. Die Griechen haben ganz andere Sorgen, die haben Sorgen über ihren Alltag, die haben Sorgen nach der Schulversorgung ihrer Kinder, nach Arbeitsplätzen für junge Leute, da gibt's Regionen, da sind 50 Prozent der jungen Menschen arbeitslos, die haben Sorgen um ihre Einkommen, um ihre Renten. Das sind die Dinge, über die wir auch mit ihm reden sollten, ich finde aber auch, dass die ganze Debatte über einen Schuldenschnitt völlig überflüssig ist, zum jetzigen Zeitpunkt, viel wichtiger ist, wie können wir Griechenland helfen, dass es

Wachstum bekommt und dass junge Leute Arbeit bekommen, darüber würde ich gerne mit ihm reden, aber ich habe keinen Bock, ideologische Debatten zu führen mit einer Regierung, die gerade mal zwei Tage im Amt ist. Was wir brauchen, sind pragmatische Lösungen, das werde ich ihm vorschlagen.

Slomka: Dann sind wir gespannt, mit welchen Eindrücken Sie von dort zurückkommen werden, Herr Schulz, ich danke Ihnen für das Gespräch.

Und husch, weg war er ab nach Athen, um den Griechen zu erzählen, was für Sorgen sie haben. Und wie sie diese lösen sollen, weniger Ouzo und Retsina, mehr Wachstum und Arbeit für junge Leute. Was aber qualifiziert Schulz für eine Mission? Er ist, um es ganz banal zu sagen, der Grüßaugust des Europäischen Parlaments. Auf der Präsidenten-Homepage wird seine Aufgabe so beschrieben: »Der Präsident führt in den Plenarsitzungen des Parlaments den Vorsitz und leitet die Sitzungen der Konferenz der Präsidenten (7 Fraktionsvorsitzende) und des Präsidiums des Parlaments (14 Vizepräsidenten). Der Präsident ist für die Anwendung der Geschäftsordnung des Parlaments verantwortlich und leitet folglich sämtliche Arbeiten des Parlaments und seiner Organe.«

Das EU-Parlament hat also acht Präsidenten und 14 Vizepräsidenten. Diese 22 Amtsträger bilden das kleine EU-Parlament. Dieses Nadelöhr muss alles passieren, bevor es ins Plenum kommt. Die Abstimmungen sind dann reine Formsache, wie früher im Parlament der DDR. Man könnte auf die Wahl des großen Parlaments verzichten und den Präsidenten, seine 14 Vizepräsidenten und die sieben Fraktionsvorsitzenden zum Parlament ernennen. Das wäre billiger und effektiver, sähe aber irgendwie komisch aus. 22 Apparatschiks, die 500 Millionen Europäer vertreten. Der Präsident seinerseits »vertritt das Parlament in seinen internationalen Beziehungen und unternimmt in diesem Rahmen offizielle Reisen innerhalb und außerhalb der EU.« Zum Beispiel, wenn er mit einer Delegation des EU-Parlaments an einer Konferenz der Parlamentarischen Versammlung der Union für den Mittelmeerraum teilnimmt, das ist einer jener Monde der EU, die um eine eigene Bahn kreisen.

Kurzum, »der Präsident« repräsentiert das Parlament, für das operative Geschäft sind die 28 Kommissare unter der Führung des anderen »Präsidenten«, Jean-Claude Juncker, zuständig. Theoretisch. Da es aber in der EU keine Gewaltenteilung gibt, kann »Präsident« Schulz praktisch machen, wonach ihm grade der Sinn steht. Er vertritt nicht nur das Parlament, sondern auch einen Dilettantismus, dem nichts, absolut nichts peinlich ist.

Stell dir einmal vor, liebes Tagebuch, aus Deutschland würde nach der Wahl des italienischen Ministerpräsidenten nicht die Kanzlerin als Erste nach Rom reisen, um ein Gespräch zu führen, oder ein anderes hochrangiges Mitglied der Regierung, sondern Bundestagspräsident Norbert Lammert. Anmaßung wäre noch der geringste Vorwurf, den man ihm zu Recht machen würde.

Doch damit nicht genug: Zwei Tage, bevor er nach Griechenland aufbrach, um dort dem frisch gewählten Ministerpräsidenten ins Gewissen zu reden, besuchte il Presidente Prag und Theresienstadt, wo er an einer Feier anlässlich des »Internationalen Tages des Gedenkens an die Opfer des Holocaust« teilnahm und eine Ansprache beim vierten Welt-Holocaust-Forum unter dem Motto »Let my people live!« hielt. Bis zu diesem Zeitpunkt wusste ich nicht, dass es so etwas wie ein Welt-Holocaust-Forum überhaupt gibt. Seitdem frage ich mich, worum es beim Welt-Holocaust-Forum geht: Wie man einen Holocaust organisiert oder wie man ihm entkommt?

Schulz, so lese ich in einer Mitteilung seines Büros, »hob die Bedeutung des Vermächtnisses des Holocaust hervor, insbesondere im gegenwärtigen Kontext, in dem Europa zunehmend mit

Hass und Rassismus konfrontiert sei. Er betonte, dass Einigkeit heute wichtiger sei denn je und wir verpflichtet seien, der Bedrohung durch Antisemitismus und Fremdenfeindlichkeit Tag für Tag entgegenzutreten. Abschließend wandte er sich mit dem Versprechen an die Überlebenden des Holocaust, dass er immer dafür kämpfen werde, dass die Geschichte sich nicht wiederhole.«

Witzischkeit kennt keine Grenzen. Schamlosigkeit auch nicht.

30. Januar

Liebes Tagebuch!

Ich frage mich, wozu in den Ländern der EU überhaupt noch Wahlen abgehalten werden. Es wäre doch viel einfacher, Angela Merkel entscheiden zu lassen, wer als Wahlsieger gelten darf. Oder Martin Schulz. Oder Angela Merkel im Wechsel mit Martin Schulz. So würde man wahnsinnig viel Geld sparen, das man für die Aufklärung der Bevölkerung über den Nutzen der europäischen Integration ausgeben könnte. Und es gäbe nicht dieses schreckliche Gejammer, wenn die Falschen die Wahlen gewinnen. Geert Wilders in Holland, der Vlaams Belang in Belgien, die Volkspartei in Dänemark, die Schwedendemokraten im Schweden, der Front National in Frankreich, die Fünf-Sterne-Bewegung in Italien, die Wahren Finnen in Finnland, die Alternative für Deutschland in der Bundesrepublik, die Syriza in Griechenland und demnächst Podemos in Spanien.

Was glauben diese Griechen, wer sie sind? Nur weil sie eine Arbeitslosigkeit von 25 Prozent haben, bei den Jugendlichen sind es über 50 Prozent, weil die Kindersterblichkeit und die Selbstmorde rasant angestiegen sind, weil die Suppenküchen den Ansturm kaum bewältigen können, denken sie, sie könnten Forderungen stellen?

Nein, liebe Hellenen, nicht mit uns! Wir wissen, was wir euch verdanken. Die Zahlentheorie von Euklid, den Eid des Hippokrates, den Satz des Pythagoras, Vicky Leandros, Alexis Sorbas, die platonische Liebe und frittierten Tintenfisch. Aber das verpflichtet uns zu nichts! Wolfgang Schäuble hat recht, wenn er sagt: »Wir lassen uns nicht erpressen« und »Wir werden unsere Hilfe niemandem aufdrängen«. Und Günther Oettinger, der charismatische EU-Kommissar für die digitale Agenda, trifft voll ins Schwarze, wenn er den Griechen »freches und unverschämtes Auftreten« bescheinigt. Frech und unverschämt. Das, liebes Tagebuch, ist eine rhetorische Formel, »die einen Wortreichtum ohne Informationsgewinn beschreibt«, also so etwas wie kaltes Eis, runde Kugel oder La-Ola-Welle. Die Etymologen sprechen von einem Pleonasmus. Und woher kommen sowohl Etymologie als auch Pleonasmus? Aus dem Griechischen! Siehste!

31. Januar

Liebes Tagebuch!

Ich bin, der Herr ist mein Zeuge, ein einfacher und genügsamer Esser. Ich bin mit Klappstullen, Buletten aus Blumenkohl und Kartoffelgulasch groß geworden, und es hat eine Weile gedauert, bis ich mich so weit akkulturiert hatte, dass ich Mozzarella von Mortadella unterscheiden konnte. Ich gehe gerne in gute und schöne Restaurants, die *Kronenhalle* in Zürich, die *Perle* in Reykjavík und das *Schwarze Kameel* in Wien, aber eine Falafel-Pita auf dem Carmel-Markt in Tel Aviv kann auch eine Delikatesse sein. Oder ein paar Weißwürstl mit Senf auf dem Münchner

Viktualienmarkt. Wenn ich dagegen höre, irgendwo gibt es ein »Schulterscherzel geröstet auf dem Holzkohlengrill mit Schaum von Champignons und brauner Butter, Kürbis und Zwiebel in Süßmolke pochiert und Vinaigrette von gerösteten Linsen und Balsam«, dann mache ich sofort einen U-Turn.

Ich gebe dir, liebes Tagebuch, mein Ehrenwort: Es war nicht meine Entscheidung, dass es mich vor Kurzem in eines jener Lokale verschlagen hat, dessen Name von Feinschmeckern nur im Flüsterton ausgesprochen wird, als wäre es eine Gottheit. Freunde aus den USA, die ich lange nicht gesehen hatte, waren auf der Durchreise von Prag nach Paris und hatten mich angerufen, ob ich mitkommen möchte. Gerne, sagte ich, trug doch das Restaurant, das ihnen vom Concierge im Hotel empfohlen worden war, den Namen eines berühmten Dichters aus der Zeit, als Österreich noch eine Monarchie war. Fein, dachte ich, da gibt's bestimmt Frittatensuppe, Gulasch mit Serviettenknödeln und Kaiserschmarrn oder Millirahmstrudel zum Nachtisch. Nichts wie hin!

Selber schuld, kann ich rückblickend nur sagen. Es gab weder Frittatensuppe noch Gulasch mit Serviettenknödeln, auch keinen Kaiserschmarrn oder Millirahmstrudel. Auf der Abendkarte stand ein Zehn-Gänge-Menu zum Preis von 119 Euro. Man konnte sich daraus auch ein eigenes Menü mit weniger Gängen zusammenstellen. Aber dann konnte es passieren, dass man für weniger mehr bezahlen musste. Ich fragte die junge Frau, die uns bediente, ob ich vielleicht eine ordentliche Portion Pasta bekommen könne, und erntete dafür einen Blick, als hätte ich sie gefragt, wo es zu den Separees gehe. Ob ich dann vielleicht ein Wiener Schnitzel haben könne? Sie tat, als hätte sie meine Frage überhört.

Ich kam mir vor wie Ekel Alfred, der seine Familie eines Tages zum Essen ausführt. Else hat Geburtstag, und da darf es schon etwas Besseres sein als der Imbiss an der Ecke. Alfred bestellt als Erstes ein großes Bier. »Bier führen wir nicht«, sagt der Kellner, »wir haben nur Weine«. Meinetwegen, sagt Alfred, und bestellt eine Flasche Wein. Der Ober kommt wieder, entkorkt die Flasche, gießt einen Fingerhut voll in Alfreds Glas und bleibt regungslos neben Alfred stehen. Der schaut zuerst das Glas an, dann den Kellner, dann wieder das Glas. So geht es weiter hin und her, endlose zehn Sekunden. Bis Alfred schließlich sagt: »Entschuldigen Sie bitte, Herr Ober, wann hat Ihnen zuletzt ein Gast die Fresse poliert?« Das hatte Stil, fand ich, aber mit Rücksicht auf meine Freunde aus den USA wollte ich die Szene nicht wiederholen. Ich sagte nur: »Entschuldigen Sie bitte, mir sind schon die Zehn Gebote zu viel, ein Menü mit zehn Gängen schaffe ich nicht, würde es Ihnen etwas ausmachen, wenn ich nur einen Gang bestelle?«

Was ich zu diesem Zeitpunkt nicht wusste, weil ich es versäumt hatte, mich im Netz kundig zu machen, war, dass »die Portionen so winzig sind, dass sie auf einen Suppenlöffel passen«, wie ich später in einer Restaurantkritik lesen konnte. Während ich auf mein Hauptgericht wartete, das aus drei jeweils daumengroßen Fischstückchen bestand, absolvierten meine Freunde das Vorspeisenprogramm. Die wurden auf Tellern gereicht, die für texanische T-Bone-Steaks konzipiert worden waren. »Lost in Transition«, dachte ich. Zu jedem Gericht gab es einen kleinen »Spickzettel« mit der Beschreibung dessen, was da vor einem lag und darauf wartete, mit den Augen verschlungen zu werden. Zwischen den Gerichten brachte unsere Bedienung immer wieder Brot – gegen den Hunger und um die langen Pausen zu überbrücken.

Die ganze Vorstellung – von Tafeln oder Speisen kann man in diesem Zusammenhang wirklich nicht reden – zog sich über drei Stunden hin. Würde so etwas in China passieren, wäre es ein Fall für Amnesty International. In Berlin aber, wo die Currywurst erfunden worden ist, war es ein Nachweis von kulinarischer Hochkultur, bei der es nicht auf das Essen, sondern auf die Haltung zum Essen ankommt. Dabei muss man nach jedem Gang in lauten Jubel ausbrechen, wie toll alles schmecke und wie großartig es arrangiert sei.

Liebes Tagebuch, du weißt, Hunger führt bekanntlich zu Halluzinationen. Mir kam es jedenfalls so vor, als würde ich aus der Küche ein herzhaftes Lachen hören, wann immer die Bedienung eine Bestellung durchgab. »Wo gehen die essen, wenn sie mit der Arbeit fertig sind?«, dachte ich, traute mich aber nicht, die Frage der jungen Frau zu stellen, die uns bediente.

Auf dem Heimweg, den ich in Begleitung meines knurrenden Magens antrat, dachte ich dann über die Dekadenz in unserem Gemeinwesen nach. Nicht, weil man mit dem Geld, das unser Essen gekostet hat, ein Dorf in Afrika einen Monat lang ernähren könnte, sondern weil ich finde, dass man mit Essen keinen Unfug treiben soll. Man soll sich bei einem »All-you-can-eat«-Buffet die Teller nicht vollladen, man soll nicht in den Resten rumstochern, und man soll nicht so tun, als wäre ein Nachtessen die Alternative zum Abendmahl. Das ist alles reine Dekadenz.

Zu Hause angekommen, machte ich mir erst einmal eine Klappstulle mit Gouda, schaltete das Fernsehen ein und schaute mir das Geschehen im Dschungelcamp an.

Und so wurde es doch noch ein schöner Abend.

1. Februar

Liebes Tagebuch!

Letzte Nacht ganz schlecht geschlafen. Habe zuerst auf Pro7 »A History of Violence« von David Cronenberg gesehen, dann auf *Zeit Online* eine Rechtfertigung von Claudia Roth für ihre Reise nach Teheran gelesen. Eindeutig zu viel für einen Abend.

2. Februar

Liebes Tagebuch!

Kann wieder einen klaren Gedanken fassen. Claudia Roth ist der Meinung, dass man »mit dem Iran reden« müsse. Deswegen hat sie sich extrem züchtig angezogen, eine Kollektion an Kopftüchern mitgenommen und ist nach Teheran geflogen. Dort hat sie unter anderem Gespräche mit Ali Laridschani geführt, dem Sprecher des iranischen Parlaments und einem bewährten Holocaustleugner. Dafür wurde Frau Roth in der Bundesrepublik kritisiert, was sie wiederum veranlasste, gleich nach ihrer Heimkehr einen »Gastbeitrag« auf *Zeit Online* zu veröffentlichen, in dem sie ausführlich darlegte, warum man mit dem Regime Gespräche führen muss. Darum nämlich: »Man spürt es vor Ort regelrecht körperlich: Im Iran findet aktuell ein Kampf um die künftige Ausrichtung des Landes und dessen Rolle in der Region statt. Dabei geht es um die Frage, ob sich der Iran weiter international isolieren oder ob er bei den Atomverhandlungen eine konstruktive Rolle spielen soll und damit künftig einen Weg in Richtung Öffnung einschlagen kann. Konservative und reformorientierte Kräfte ringen im Vorder- wie im Hintergrund unerbittlich um diese zentralen Fragen, und das spiegelt sich auch im gesellschaftlichen Klima des Landes wider.«

Frau Roth ist eine echte Schnellmerkerin. Konservative und reformorientierte Kräfte, die sich so sehr voneinander unterscheiden wie der rechte vom linken Flügel der NSDAP, ringen miteinander, seit Ajatollah Ruhollah Khomeini am 1. Februar 1979 nach mehr als 14 Jahren im Exil wieder iranischen Boden betrat. Da war Claudia Roth immerhin schon 23 und arbeitete als Dramaturgin an *Hoffmanns Comic Theater* in Unna. Drei Jahre später wurde sie Managerin der Band *Ton, Steine, Scherben*. Zu diesem Zeitpunkt waren schon Zehntausende von Iranern beim Ringkampf der konservativen und reformorientierten Kräfte in Teheran ums Leben gekommen.

Auch 36 Jahre nach der »Islamischen Revolution« ist der Iran nicht befriedet. Frau Roth weiß es: »Der Iran ist hinter China das Land, das die meisten Menschen weltweit hinrichtet, in dem politische Aktivisten und Journalisten verfolgt werden, wo es keine freien und fairen Wahlen gibt, in dem Frauen sich immer noch einem Kleiderzwang beugen müssen oder ihnen der Besuch eines Fußballstadions verboten ist.« Das stimmt, auch wenn es nicht »hinter China«, sondern »nach China« heißen muss. Was also will Frau Roth in diesem Land, warum muss man »mit dem Iran« reden?

Darum: »Es gibt nicht den Iran, den iranischen Staat oder die iranische Politik. Auch wenn wir uns in Europa bzw. im Westen das Bild vom Iran gerne so einfach machen. Es gibt unterschiedliche Lager und Interessengruppen innerhalb jedes Ministeriums, im Parlament, zwischen den zahlreichen Sicherheitsapparaten, ja sogar innerhalb des Klerus. Diese Lager beäugen sich gegenseitig misstrauisch und sind immer auf dem Sprung, der Gegenseite eine Niederlage zuzufügen.«

Solche Sätze machen einen mindestens so atemlos wie Helene Fischer beim Empfang der deutschen Weltmeisterelf. Es gibt nicht *den* Iran, aber man muss mit *dem* Iran reden. Ja, liebes Tagebuch, konsistentes Denken ist eben Glücksache. Unterschiedliche Lager und Interessengruppen gibt es in jedem Land. In Diktaturen meucheln sie sich hinter der Bühne, in Demokratien agieren sie offen gegeneinander, wie die CDU und die CSU in der Mautfrage, bis irgendein Kompromiss gefunden wird. Dennoch käme niemand auf die Idee zu sagen, es gäbe *die* Bundesrepublik nicht, nur unterschiedliche Lager und Interessengruppen. Und wenn es *den* Iran nicht gibt, warum hat sich dann Frau Roth mit *dem* führenden Repräsentanten eines nicht existenten Staates getroffen?

Zu sagen, Frau Roths Stellungnahme, mit der sie ihren Ausflug in den Iran zu rechtfertigen versuchte, sei dumm, peinlich und voller Widersprüche, außerdem ein weiterer Beleg dafür, dass es nicht genüge, keinen Gedanken zu haben, sondern dass man auch unfähig sein müsse, ihn zu artikulieren, wäre noch ein Kompliment. Es ist schlimmer. Nicht nur, dass Frau Roth der Regierung unter Präsident Ruhani bescheinigt, dass diese »halbwegs rational und moderat« handelt – als ob jemand halbwegs rational und moderat sein könnte, so wie man halbtags arbeiten kann. Sie sagt auch, der »lang ersehnte Abschluss der Atomverhandlungen« könne »zu einem Ende der Sanktionen« führen, »die jeden im Iran massiv betreffen«, und für eine »Öffnung nach außen« sorgen, die dabei helfen könne, »die Lage in Syrien und im Irak zu verbessern«, und für Israel »wohl eher mehr als weniger Sicherheit bedeuten« würde.

Das ist irre. Nicht mehr oder weniger irre, sondern total irre. Daheim in Deutschland kämpft Frau Roth für den völligen Ausstieg aus der Atomkraft, dem Iran aber möchte sie »eine zivile

Nutzung der Atomkraft« ermöglichen. Weil das die Lage in Syrien und im Irak verbessern und für Israel eher mehr als weniger Sicherheit bedeuten würde. Da ist sie sich ganz sicher.

Das muss ihr Ali Laridschani fest in die Hand versprochen haben.

Und wenn dieses Thema vom Tisch ist, wird Frau Roth wieder Zeit und Muße haben, sich um etwas zu kümmern, das ihr mindestens ebenso am Herzen liegt wie das Recht des Iran auf eine zivile Nutzung der Atomkraft – den Ausbau der alternativen Energien in Deutschland.

3. Februar

Liebes Tagebuch!

Ist es zu fassen? Kaum hat Frau Roth den Iran verlassen, schon starten die reformorientierten Kräfte eine Offensive gegen die konservativen. Das »Haus der Karikaturen« in Teheran ruft zu einem internationalen Wettbewerb auf, an dem sich Karikaturisten beteiligen sollen, die den Holocaust leugnen. Der Sieger bekommt 12 000 Dollar, die Nächstplatzierten 8 000 beziehungsweise 5 000 Dollar. Der Direktor des Hauses sagt, der Wettbewerb sei ein Protest gegen die Mohammed-Karikaturen von *Charlie Hebdo*, man wolle die »Doppelmoral« des Westens aufzeigen, wo Gotteslästerung erlaubt, die Leugnung des Holocaust aber strafbar sei.

Das gab's schon einmal, 2006, als Retourkutsche auf die Mohammed-Cartoons in der dänischen Zeitung *Jyllands Posten*. Die Sache floppte, weil ein paar israelische Künstler beschlossen, den Iranern zu zeigen, wie man es richtig macht. Was es dann in Tel Aviv zu sehen gab, stellte die Arbeiten der Teheraner

Amateure in den Schatten, die nicht begriffen hatten, dass aus dem Antisemitismus nur dann etwas werden könnte, wenn sich die Juden seiner annähmen.

Jetzt möchte ich gerne wissen, ob Frau Roth plant, zum Abschluss des Wettbewerbs bei der Preisverleihung eine kleine Ansprache zu halten, um den reformorientierten Kräften den Rücken zu stärken. Immerhin, mit einem Karikaturenwettbewerb leisten sie einen halbwegs rationalen Beitrag zur Meinungs- und Kunstfreiheit.

4. Februar

Liebes Tagebuch!

Der Berliner als solcher gibt sich mit wenig zufrieden. Alles, was er zum Glück braucht, ist ein Bier, eine Bulette, eine Currywurst und eine Portion Spareribs beim deutsch-amerikanischen Volksfest. Recht beliebt sind auch die »Tage der offenen Türen« – bei der Feuerwehr, der Bundeswehr, der Polizei, der Bundesregierung – und der »Tag des Hundes« im Tierheim Berlin; ebenso die »Langen Nächte« der Theater, der Museen, der Moscheen, der Wissenschaften und der Märchenerzähler.

Gestern gab es einen »Tag der offenen Tür« im ersten Containerdorf für Flüchtlinge in Köpenick. Die dreigeschossigen Gebäude sehen aus wie die Schuhschachtelkonstruktionen am Rande großer Baustellen, in denen die Bauleiter ihre Büros haben. Nur dass sie farbig sind. Gelb, rot, blau und orange.

Die Menschen, die vor dem Containerdorf darauf warten, die Anlage betreten zu dürfen, sind keine Flüchtlinge, sie wohnen in Köpenick. Und wollen nur sehen, was den Flüchtlingen geboten wird. 15 Quadratmeter kleine Doppelzimmer und doppelt so große Familienzimmer für vier Personen und mehr. Zweckmäßig möbliert. Dazu Gemeinschaftsküchen und Gemeinschaftsduschen. Hier sollen Flüchtlinge aus Kriegsgebieten ein neues Leben anfangen. Wir haben nichts getan, um zu verhindern, dass sie flüchten mussten. Nun aber, da sie mitten unter uns sind, führen wir sie vor, wie früher die Hottentotten auf den Völkerschauen. Hat es eigentlich in Dachau und Sachsenhausen auch »Tage der Offenen Tür« gegeben, liebes Tagebuch? Nein? Seltsam. Dafür ist Berlin seit heute um eine Attraktion reicher. Reichstag, Holocaust-Mahnmal, Topographie des Terrors und ein Containerdorf für das Strandgut unseres Versagens. Irre, gell?

5. Februar

Liebes Tagebuch!

Wieso spricht eigentlich niemand das Wort »Kollektivstrafe« aus, wenn von den Griechen die Rede ist? Es heißt immer nur, wir würden den Griechen »helfen«, als bekämen sie von uns statt alter Fischkonserven nagelneue Fischerboote, mit denen sie für ihren Lebensunterhalt selbst sorgen können. Obwohl es sich eigentlich herumgesprochen haben müsste, dass die Milliarden, die »wir« angeblich nach Griechenland pumpen, nicht »den Griechen«, sondern allein einer griechischen Elite und den Banken zugutekommen, die sich mit griechischen Geschäften verspekuliert haben. Wir geben »den Griechen« Geld, damit sie die Schulden, die sie »bei uns« haben, zurückzahlen können. Damit wird der Schuldenberg nicht kleiner, sondern immer größer. Das ist so, als würde mir der Krämer an der Ecke, bei dem ich tief in der Kreide stehe, Geld leihen, damit ich weiter bei ihm einkaufen kann. Unter anderem Panzer der Firma Krauss-Maffei.

Und je mehr den Griechen geholfen wird, umso mieser geht es ihnen. Dritte Welt im Südosten Europas. Über 50 Prozent der Jugendlichen haben keine Arbeit, obwohl irgendwo in Brüssel Milliarden von Euros liegen sollen, dazu bestimmt, Arbeitsplätze für Jugendliche zu schaffen. Wo? Bei der Vertretung der EU in Athen? Dafür, dass wir den Griechen erlaubt, sie geradezu genötigt haben, der EU und der Eurozone beizutreten, strafen wir sie jetzt ab. Jetzt haben sie auch noch die falsche Regierung gewählt, und da hört der Spaß dann wirklich auf!

Wenn aber gegen den Iran Sanktionen verhängt werden, weil die Ajatollahs gerne dem Club der Atommächte beitreten möchten, dann heult die ganze Moralmafia von Käßmann bis Todenhöfer auf. Man könne doch nicht ein ganzes Volk für die Fehler und Missetaten der Regierung bestrafen! Das sei unfair und unmenschlich. Was kann der Teppichhändler in Isfahan dafür, was die Knalltüten in Teheran so treiben?

Seltsam, mein liebes Tagebuch, dass es kein Erbarmen mit den Griechen gibt, nicht mal einen Hauch von Mitleid, als wären alle Superreiche und Reeder, die keine Steuern zahlen und ihre Vermögen längst in Sicherheit gebracht haben. Wenn sich die Welt nach 1945 so gegenüber den Deutschen verhalten hätte, würden sie immer noch Zuckerrübensirup statt Nutella aufs Brot schmieren. Und sich nach jeder Kippe bücken, die ein Tourist aus Griechenland fallen lässt.

6. Februar

Liebes Tagebuch!

Du erinnerst dich: Es ist erst ein paar Tage her, seit sich der Präsident des Zentralrates der Juden, Josef Schuster, in einem Gespräch mit der *Neuen Osnabrücker Zeitung* gewünscht hat, »dass jeder Schüler ab der neunten Klasse verpflichtend eine KZ-Gedenkstätte besucht«.

Eine noch bessere Idee, was sage ich, ein ganzes Bündel von Ideen hatte der junge österreichische Außenminister Sebastian Kurz. In einem Gespräch mit dem Präsidenten der Wiener Israelitischen Kultusgemeinde, Oskar Deutsch, über den zunehmenden »islamistischen (!) Antisemitismus« in Österreich kündigte Kurz an, er werde die Problematik »auf EU-Ebene stärker thematisieren«; außerdem tourten in Österreich jüdische Jugendliche durch die Schulen, um – jawoll! – »Vorurteile zu beseitigen«. Es sollten auch vermehrt »Integrationsbotschafter« mit jüdischen Wurzeln ins »Projektteam« des Ministers geholt werden. Wozu auch immer.

Blödheit ist wirklich grenzenlos. Und konfessionsübergreifend. Die Idee, Juden loszuschicken, damit sie antijüdische Vorurteile beseitigen, und irgendwelche depperten Wichtigtuer mit jüdischen Wurzeln zu Integrationsbotschaftern zu berufen, kann nur von jemandem kommen, der davon überzeugt ist, dass die Juden für den Antisemitismus verantwortlich sind. Also sollen sie auch dafür sorgen, dass er wieder verschwindet. You break it, you pay for it, sagen die Amis.

Insofern kann ich den Minister verstehen. Ich verstehe nur nicht, warum sich Juden für so etwas hergeben. Vermutlich deswegen, weil auch sie sich für die Verursacher der antisemitischen Aufwallungen halten und den Antisemiten helfen wollen. So wie

Kinder, die von ihren Eltern geprügelt werden und sich noch dafür schämen, dass sie Vati und Mutti so weit gebracht haben. So bilden Antisemiten und Juden ein sadomasochistisches Erlebniskollektiv, wobei man nicht genau sagen kann, wer sado und wer maso ist. Um Heine zu paraphrasieren: Es will mich dünken, dass alle beide stinken.

7. Februar

Liebes Tagebuch!

Man muss wirklich die Mentalität eines Bluthundes haben, um auf die Nachricht von einem Verbrechen mit einer Verniedlichung zu reagieren. Laut Peter Sloterdijk war der 11. September 2001 ein »Zwischenfall in amerikanischen Hochhäusern«, der mit Blick auf die »Katastrophenlandschaft des 20. Jahrhunderts« zu den »schwer wahrnehmbaren Kleinzwischenfällen« gezählt werden müsse. Ein Großzwischenfall, eine Katastrophe, ein Unglück für die ganze Menschheit wäre 9/11 wohl nur dann gewesen, wenn Sloterdijk zur Zeit der Anschläge in der Bar *Windows On The World* im 106. Stock des Nordturms gesessen hätte. So ähnlich stellt sich für Jakob Augstein die »Hinrichtung« des jordanischen Piloten dar, der von den Gottesdienern des Islamischen Staates bei lebendigem Leib verbrannt wurde. »Barbarisch? Ja. Unmenschlich? Leider nein. Wir alle sind Lehrmeister des Grauens.«

Irre, oder? Liebes Tagebuch, ich lasse die Tastatur einen Moment in Ruhe, um diesen Gedanken eines sogenannten Linksintellektuellen nachwirken zu lassen: »Barbarisch? Ja. Unmenschlich? Leider nein. Wir alle sind Lehrmeister des Grauens.«

Wir alle werden von Vätern gezeugt und von Müttern geboren,

die wir uns nicht ausgesucht haben. Wir alle essen, trinken, verdauen und müssen eines Tages so sterben, wie wir geboren wurden: ohne gefragt zu werden. Mehr möchte ich mit Jakob Augstein nicht gemein haben. Und ich möchte von ihm nicht in ein virtuelles »Wir« einbezogen werden. Wenn er sich als »Lehrmeister des Grauens« empfindet, so ist das seine Sache. Meine ist es nicht.

Beim Gedanken an den verbrannten jordanischen Piloten fallen ihm sofort Hiroshima und Nagasaki ein. Für die Begriffsstutzigen unter seinen Lesern, die ein wenig länger brauchen, bis der Speichel fließt, erklärt Augstein sogleich die Analogie: »Der IS verfolgt die gleiche Strategie mit sparsameren Mitteln: nicht ganze Städte und Landstriche werden vernichtet. Sondern einzelne Menschen.« Von der Strategie des IS, mit sparsamen Mitteln auszukommen, zeugen auch die Massengräber, die vor Kurzem im Sindschar-Gebirge entdeckt wurden, wohin Tausende von Jesiden geflohen sind.

Dann zitiert er zustimmend Sahra Wagenknecht, die nach dem »Angriff« auf die Redaktion von *Charlie Hebdo* (zwölf Tote) gesagt hat: »Wenn eine vom Westen gesteuerte Drohne eine unschuldige arabische oder afghanische Familie auslöscht, ist das ein genauso verabscheuenswürdiges Verbrechen wie die Terroranschläge von Paris, und es sollte uns mit der gleichen Betroffenheit und dem gleichen Entsetzen erfüllen. [...] Auch die Bundeswehr ist für den Tod unschuldiger Menschen in Afghanistan verantwortlich.«

Für Wagenknecht wie für Augstein gilt unausgesprochen der Umkehrschluss. Weil »uns« die Opfer der »vom Westen« gesteuerten Drohnen nicht mit der gleichen Betroffenheit und dem gleichen Entsetzen erfüllen wie die Anschläge von Paris, sollten wir zu *Charlie Hebdo* die Klappe halten. Mit Wagenknechts Hilfe und im Schutze des Pluralis Majestatis versucht Augstein, dem Anschlag von Paris etwas Menschliches abzugewinnen. Was nicht ganz daneben ist, denn alles, was Menschen tun, ist menschlich. Auch die Barbarei. Lange bevor Jakob Augstein Kolumnist wurde, hatte ein anderer »Lehrmeister des Grauens« die Bedeutung des Menschlichen im Unmenschlichen erkannt. Von ihm stammen diese Sätze, die er im Oktober 1943 an seine Nachlassverwalter gerichtet hat: »Von Euch werden die meisten wissen, was es heißt, wenn 100 Leichen beisammen liegen, wenn 500 daliegen oder wenn 1000 daliegen. Dies durchgehalten zu haben, und dabei – abgesehen von Ausnahmen menschlicher Schwächen – anständig geblieben zu sein, das hat uns hart gemacht und ist ein niemals geschriebenes und niemals zu schreibendes Ruhmesblatt unserer Geschichte.«

Wer das gesagt hat, willst du wissen? Himmler.

8. Februar

Liebes Tagebuch!

Ein paar Tage ohne Claus Kleber und Marietta Slomka, ohne Michel Friedman und Sandra Maischberger, ohne Volker Kauder und Thomas Oppermann, ohne *Panorama* und *Kulturzeit* tun mir gut. Es ist in Reykjavík auch nicht so kalt wie in Berlin. Meine Rückenschmerzen sind weg, ich schlafe gut, obwohl ich spätabends, einer alten isländischen Tradition folgend, noch eine große Schale Kjötsupa zu mir nehme. Mein einziges Problem ist, ob ich den Tag im *Cafe Babalu*, im *Cafe Mokka* oder im *Cafe Paris* anfangen soll.

Gestern Abend war ich in der *Harpa*, der Mega-Konzerthalle am Hafen. Es gab ein »Tribute To Meat Loaf«, die legendäre Rockband der Siebzigerjahre um den schwer übergewichtigen texanischen Musiker Marvin Lee Aday. Erst dachte ich, die

Originaltruppe tritt auf, dann wurde mir klar, es ist ein Remake. Acht Musiker, fünf Sänger, drei Sängerinnen spielten Meat Loafs bekannteste Produktion *Bat Out of Hell* nach, von der weltweit rund 43 Millionen Kopien verkauft wurden.

Ich bin kein Musikexperte, ich habe von Musik gerade so viel Ahnung, dass ich Glenn Miller von James Last und Nina Simone von Andrea Berg unterscheiden kann. Aber ich zittere immer noch. Zwei Stunden lang spielten 16 Isländer sich und Meat Loaf an die Wand, mit einer Begeisterung und einer Professionalität, die man nicht erlernen kann, die man im Blut haben muss. Es ist die Frage, die ich mir immer wieder stelle, wenn ich nach Island komme: Wo kommen all die Talente her? Die Schriftsteller, die Filmemacher, die Musiker? In einem Land mit 320 000 Menschen, so viele, wie in Bielefeld leben. Ein irres Volk. Das nächste Mal will ich als Isländer geboren werden, bitte, lieber Gott, bitte!

9. Februar

Liebes Tagebuch!

Übermorgen wollen der russische Präsident Wladimir Putin, der ukrainische Präsident Petro Poroschenko, der französische Präsident François Hollande und die deutsche Kanzlerin Angela Merkel in Minsk, der Hauptstadt von Weißrussland, zusammenkommen, um einen Waffenstillstand in der Ostukraine auszuhandeln. Der wievielte Waffenstillstand seit Beginn der Kämpfe im April 2014 und seit der Unterzeichnung des *Minsker Protokolls* vom 5. September 2014 wird es sein? Einstein hätte dazu gesagt: »Die Definition von Wahnsinn ist, immer wieder das Gleiche zu tun und andere Ergebnisse zu erwarten.«

Martin Schulz aber – der mächtige Präsident der machtlosen EU-Duma, ohne den, wie er selbst glaubt, in Europa nichts geht – mahnt zu Geduld. Im ARD-*Morgenmagazin* sagt er, wenn eine diplomatische Initiative innerhalb von drei Tagen keinen Erfolg habe, müsse man ihr mehr Zeit geben. »Sonst landen wir irgendwann im Krieg.« Irgendwann? Und was war das bis jetzt? Ein Tischfußballturnier in Luhansk? Eine Runde Sackhüpfen in Donezk? Eine Tupperware-Party bei den Steinmeiers? Jedenfalls kein Krieg. Denn an einen Krieg werden andere Anforderungen gestellt. Er fängt mit einem getürkten Überfall auf einen Sender an, und dann muss ab 5.45 Uhr zurückgeschossen werden. Und außerdem, so Schulz: »Allein die Tatsache, dass verhandelt wird, zeigt: Wer miteinander redet, ist auch bereit, nicht aufeinander zu schießen.« Jetzt muss nur noch möglichst lange miteinander geredet werden, damit die Bereitschaft, nicht aufeinander zu schießen, sich voll entfalten kann, während in der Ukraine vollendete Tatsachen geschaffen werden und Martin Schulz jede Gelegenheit nutzt, um vor dem Ausbruch eines Krieges zu warnen.

Schulzens Parteifreund Sigmar Gabriel tritt derweil vor die Presse und erklärt mit dem Gesichtsausdruck eines Vollzugsbeamten, der einem zum Tode Verurteilten verkündet, sein Gnadengesuch sei abgelehnt worden, Deutschland werde keine Reparationszahlungen an Griechenland für die während der deutschen Besatzung erlittenen Schäden leisten. »Die Wahrscheinlichkeit ist null. Weil wir eine klare rechtliche Antwort auf solche Forderungen haben. Nämlich, dass spätestens mit den Zwei-plus-vier-Verhandlungen in den Ergebnissen alle diese Themen rechtlich beendet worden sind.« Mit dem Vertrag, der die deutsche Teilung beendet hat, seien auch alle Kriegsfolgelasten abgelöst worden. Sagt der Vizekanzler, der ansonsten schrecklich darunter leidet, dass sein Vater ein Nazi war.

Denn irgendwann muss doch Schluss sein. So, wie wir damals

den Krieg begonnen haben, ohne die Polen um ihre Meinung zu fragen, so erklären wir jetzt »alle diese Themen« für rechtlich beendet, egal, was die Griechen davon halten. Auch für Geschichte gibt es eine Verjährungsfrist. Die sollen sich nicht so anstellen, diese Bonsai-Hellenen. Wir waren mit unserer Diktatur 1945 durch, die Griechen wurden noch in den Siebzigerjahren von einer Militärjunta regiert. Und wenn die noch einmal aufmucken, werden wir von ihnen Reparationszahlungen verlangen, für den grauenhaften Retsina und das schreckliche Moussaka, mit denen sie sich an uns für die Besatzung rächen.

10. Februar

Liebes Tagebuch!

Morgen ist es so weit, da wollen sich Poroschenko, Putin, Merkel und Hollande tatsächlich in Minsk treffen, um über eine Friedenslösung für die Ukraine zu verhandeln. Natürlich darf man sich das nicht so vorstellen, als würden sie zu einem Mediationsgespräch zusammenkommen. Deren Delegationen sind schon in Minsk, um darüber zu reden, worüber sie reden wollen. Und erst wenn die irgendeine Erklärung ausgearbeitet haben, die allen Beteiligten die Möglichkeit gibt, ihr Gesicht zu wahren, werden die drei Staatschefs und die Kanzlerin an einem Tisch Platz nehmen und ihre Montblanc-Füller zücken, um ein neues *Protokoll von Minsk* zu unterzeichnen. Danach werden die Kämpfe in der Ostukraine weitergehen, ebenso wie die internationalen Bemühungen um eine Lösung des Konflikts.

Vor fast genau einem Jahr, am 21. Februar 2014, hat Außenminister Frank-Walter Steinmeier in seiner Eigenschaft als Vermittler zwischen dem damaligen ukrainischen Präsidenten Viktor Janukowitsch und Vertretern der ukrainischen Opposition eine »Vereinbarung zur Lösung der Krise in der Ukraine« unterzeichnet. Das Auswärtige Amt gab daraufhin umgehend bekannt: »Die vorläufige Vereinbarung zwischen Regierung und Opposition in der Ukraine sieht eine Rückkehr zur Verfassung von 2004 innerhalb von 48 Stunden nach Unterzeichnung vor. Außerdem soll innerhalb von 10 Tagen eine Übergangsregierung der Nationalen Einheit gebildet und bis September 2014 die Verfassung reformiert werden.« Wie wir inzwischen wissen, kam alles ganz anders.

Was Steinmeier nicht davon abgehalten hat, heute vor die Kameras zu treten und zu sagen: »Alle Beteiligten sollten wissen *(lange Pause)*, dass wir morgen noch einmal eine große Chance haben, einen ersten und wichtigen Schritt hin *(Pause)* zur Entschärfung des Konfliktes, hoffentlich *(Pause)* zum Schweigen der Waffen *(Pause)*, zu gehen.«

Das soll dem Steinmeier einer nachmachen: den ersten Schritt ein zweites Mal zu gehen.

11. Februar

Liebes Tagebuch,

heute schon früh vor dem Fernseher!

Tagesschau, **17.00 Uhr**

Claus-Erich Boetzkes moderiert einen Beitrag aus Minsk an, wo »zurzeit der Krisengipfel« beginnt.

Boetzkes: In Minsk ist jetzt Udo Lielischkies zugeschaltet. Herr Lielischkies, in welcher Stimmung, in welcher Atmosphäre haben die Verhandlungen begonnen?

Lielischkies: Nun, bis jetzt haben wir nur gesehen, dass Petro Poroschenko als Erster in diesen Präsidentenpalast kam, es gab eine Umarmung mit dem Gastgeber, mit Präsident Lukaschenko, nun warten wir auf das Eintreffen von François Hollande und Angela Merkel. Die Stimmung hier ist, wie Sie sich vorstellen können, extrem angespannt, es gibt mehrere Hundert Journalisten, die darauf warten, dass auch Putin ankommt, er soll inzwischen auch gelandet sein, mit etwas Verspätung, wir haben das fast nicht anders erwartet, ja, und dann müssen wir abwarten, wie es hier weitergeht.

Boetzkes: Nach Ihrer Einschätzung, nach Ihrer Erfahrung: Wie hart dürften diese Verhandlungen werden?

Lielischkies: Nun, ich glaube, wir haben es auch vom Sprecher Angela Merkels gehört, es gibt einen Hoffnungsschimmer, dass hier ein Durchbruch gelingt, aber viel mehr ist es auch nicht, die Positionen sind nach wie vor sehr hart, wir wissen, dass die russische Seite immer noch sich wünscht, eine Föderalisierung der Ukraine, das steht zwar in dem Papier der Separatisten jetzt nur als Autonomie, aber es ist wohl eine sehr weitgehende gemeint, das hat Poroschenko in Kiew heute massiv zurückgewiesen in einer Kabinettssitzung, man werde dezentralisieren, jawohl, ich könnte mir sogar vorstellen, dass man einen Sonderstatus noch einmal einräumt, aber mehr auch nicht, keinen Einfluss auf die Kiewer Außenpolitik etwa, da liegt vieles auseinander, und das ist nicht der einzige Punkt, wie ja auch Roland Fabius heute Vormittag noch sagte, es ist wirklich völlig offen, ob es hier gelingen wird, diesen vier Staats- und Regierungschefs, diese noch diversen konträren Punkte zu lösen in einer wahrscheinlich langen und dramatischen Nachtsitzung.

Boetzkes: Herr Lielischkies, wie muss man sich diese Verhandlungen vorstellen? Sitzen die zu viert an einem Tisch? Mit Dolmetschern zusammen? Wie läuft das ganz konkret ab?

Lielischkies: Nun, Sie wissen, dass im Kreml gab es durchaus ein Treffen unter sechs Augen in Putins Arbeitszimmer, das muss man sich so ähnlich vorstellen, es sind ja sehr brisante Themen, im Vorfeld war davon die Rede gewesen, dass sich die Außenminister noch einmal treffen, der gesamte Ablauf ist ja über den Haufen geworfen worden, es hieß ja zuerst, Diplomaten bereiten was vor, dann kommt die Kontaktgruppe und dann, wenn alles sozusagen zubereitet ist, kommen die Staats- und Regierungschefs und lösen die letzten Probleme. Das scheint jetzt nicht so zu sein. Sie kommen, obwohl hier noch so viel unklar ist, obwohl auf dem Boden noch so viel passiert in der Ukraine, es wird gekämpft an allen Fronten, in verschiedenen Richtungen, auch die Ukrainer haben Landgewinne gemacht jetzt, von daher ist es völlig unabsehbar, was hier in welchem Umfeld passieren wird, ob auch die Kontaktgruppe noch eingebunden wird, auch die Separatisten müssen ja noch mitreden, da es ja jetzt nicht ihren Vorschlag gibt, dieser Kontaktgruppe, kurzum, viele offene Fragen, die ich hier nicht beantworten kann.

Boetzkes: Und das war Udo Lielischkies. Herzlichen Dank nach Minsk.

Heute, **19 Uhr**

Christian Sievers: Die Welt guckt heute gespannt nach Minsk. Es ist eine Mission mit ungewissem Ausgang und mit hohem Risiko, grade die Bundeskanzlerin versucht eine Friedenslösung zu finden, für die Ukraine. Seit einer Stunde sitzt sie mit den Präsidenten von Russland, der Ukraine und Frankreichs zusammen, das Treffen sei ein Wendepunkt, sagen viele, Krieg oder Frieden. [...] Und live weiter nach Minsk, wo Winand Wernicke den Krisengipfel beobachtet. Winand, was können Sie jetzt schon sagen, gibt es irgendwelche positiven Anzeichen?

Winand Wernicke: Na ja, das einzig Positive bis jetzt ist, es sind alle da. Es sind alle gekommen. Das ist ja auch nicht ganz klar gewesen bis heute Vormittag und insofern, man fängt an zu verhandeln, und das ist die Hauptsache. Wie weit man wirklich zusammenkommt, das ist im Moment noch völlig unklar, denn die Positionen sind extrem auseinander, ob da heute Abend was eingerissen werden kann, wir sind sehr gespannt.

Christian Sievers: Jetzt gibt's ja bereits eine Vereinbarung. *Minsk 1*, die eigentlich für Frieden sorgen sollte, hat nicht geklappt. Was sind jetzt die Knackpunkte, die geregelt werden müssen, damit es überhaupt eine Chance gibt auf Waffenruhe?

Winand Wernicke: Das größte Problem ist, seit *Minsk 1*, seit September, als es dieses Abkommen hier gab, dass es mittlerweile eine große Verschiebung gab, nämlich dass die Separatisten in der Zwischenzeit große, große Landgewinne gemacht haben, die haben militärisch im Moment einen Lauf und haben da Dorf um Dorf eingenommen, das heißt, die Linie, die man eigentlich ziehen wollte, die man dann entmilitarisieren wollte, die gibt es so schon lange nicht mehr, und da müsste jetzt neu verhandelt werden, da kann aber die Ukraine eigentlich nicht sagen, okay, wir geben diese tausend Quadratkilometer noch drauf, das würde eigentlich das politische Ende von Präsidenten Poroschenko bedeuten, wie das gelöst werden soll, das Problem, das ist im Moment noch völlig unklar.

Christian Sievers: Also viele Fragen, große Erwartungen, große Hoffnungen, Winand Wernicke nach Minsk, herzlichen Dank.

Tagesschau, **20 Uhr**

Udo Lielischkies live aus Minsk: Ja, in diesen Minuten sehen wir auf einem Monitor, dass die vier Staats- und Regierungschefs rauskommen, vor die Kameras und Fotoapparate für ein sogenanntes Familienfoto, davor haben sie recht lange zu viert zusammengesessen, im kleinen Kreis, da hier nicht gelungen zu sein scheint, im Vorfeld durch die Kontaktgruppe und die diplomatischen Delegationen einige wichtige Konflikte zu lösen, scheint im Moment noch alles möglich, ein überraschender Durchbruch, aber auch ein dramatisches Scheitern. Wie schwierig die Lage nach wie vor ist, wurde eben deutlich durch ein Statement eines Separatistenführers, der meinte, eine politische Lösung könne nur gefunden werden, wenn die Ukraine sich verbindlich blockfrei erkläre, keinem Militärbündnis beitreten werde, und es gibt andere Punkte wie die Autonomie der Separatistengebiete, die gefordert wird, auch das für Kiew schwer zu leisten, und so ist die Befürchtung, dass die Kompromisse, die Vladimir Putin hier zufriedenstellen würden, Petro Poroschenko in Kiew überfordern würden, politisch, und sein politisches Ende gar bedeuten könnten, und daher ist der Ausgang nach wie vor hochdramatisch und ungewiss. Und damit zurück zu Susanne Daubner in Hamburg.

Das ist Nachrichtenjournalismus heute, liebes Tagebuch. Wer nichts zu sagen hat, außer dass er sehr gespannt ist, wie es weitergeht, der sollte eigentlich die Klappe halten, es sei denn, er ist Reporter von ARD oder ZDF und »live« am Ort des Geschehens, wo er das von sich gibt, was gerade auf einem Monitor hinter ihm zu sehen ist. Dabei tut er der deutschen Sprache das Gleiche an, was die Russen derzeit der Ukraine antun. Er vergewaltigt sie. Und vor lauter Eifer, mit vielen Worten nichts zu sagen, kommt er nicht auf die Idee zu fragen, warum Angela Merkel es auf sich nimmt, den Konflikt um die Ukraine zu lösen, wobei der arme François Hollande ein Sidekick ist, der in ihrer Show so viel zu sagen hat wie einst Maren Gilzer beim »Glücksrad«. Vermutlich hat die Kanzlerin so oft gehört und gelesen, sie sei die »mächtigste Frau der Welt«, dass sie es inzwischen selbst glaubt. Bei ihrer Vereidigung hat sie freilich nur geschworen, dass sie ihre Kraft »dem Wohle des deutschen Volkes widmen, seinen Nutzen mehren, Schaden von ihm wenden, das Grundgesetz und die Gesetze des Bundes wahren und verteidigen« werde. Vom russischen oder ukrainischen Volk war dabei keine Rede.

Dass diese Frage niemand stellt, oder wie man heute sagt: andenkt, hat wohl damit zu tun, dass Politik und Medien inzwischen eine symbiotische Einheit bilden, bei der man nicht sagen kann, wer der Wirt und wer der Parasit ist. Ein Mann wie Steffen Seibert, der aus der Nachrichtenredaktion des ZDF in das Bundespresseamt gewechselt ist, zeigt nur, wie fließend die Übergänge sind. Um mit der Regierung synchron zu schwingen, muss man nicht einmal auf ihrer Payroll stehen. Es reicht die innere Verbundenheit, die sich dann einstellt, wenn man zu dem Kreis der Auserwählten gehört, denen ab und zu ein »Exklusiv-Interview« gewährt oder in einem Gespräch »unter dreien« eine Information zugesteckt wird, von der man keinen Gebrauch machen darf. So was schafft Vertrauen – und Abhängigkeiten.

Das Ergebnis des 16-stündigen Verhandlungsmarathons in Minsk fasste Martin Schulz am Tag danach beim EU-Gipfel in Brüssel in einem Satz zusammen. »Ich hoffe, dass der Waffenstillstand hält. Wenn er nicht hält, dann sind wir in einer tiefen Krise.« Wollen wir wetten, dass er nicht hält?

Okay, okay, liebes Tagebuch, du meinst, wenn ich das mündliche Gestammel von Journalisten oder Politikern protokolliere, täte ich denen unrecht. Das sei polemisch, ich könne es auch nicht besser – allenfalls schriftlich. Ich halte dagegen: Keiner wird gezwungen, Korrespondent oder Politiker zu werden. Wenn er es aber tun will, sollte er auch die entsprechenden Voraussetzungen mitbringen. Die unfallfreie mündliche Rede gehört nun mal dazu wie der süße Senf zur Weißwurst.

12. Februar

Liebes Tagebuch!

Ursula von der Leyen auf der Münchner Sicherheitskonferenz: »Verstehen wir alle dasselbe unter dem Wort Führung? Ein Wort, das im Deutschen einen so anderen Klang hat als seine englische Übersetzung *leadership*. Verstehen wir unter Führung das Führen mit Pickelhaube? Nein! Führen in der Form, dass Deutschland das Lenkrad an sich reißt und die Richtung vorgibt? Nein! Führung, indem Deutschland voranstürmt, weil es glaubt, Nummer eins unter den Europäern sein zu müssen? Nein. Das alles entspricht nicht der politischen Kultur Deutschlands im 21. Jahrhundert. Ich möchte sagen, zu welcher Art Führung Deutschland sehr wohl bereit ist: Es ist die Führung aus der Mitte.«

Wer schreibt unserer Verteidigungsministerin die Reden? Ihr tibetanischer Yoga-Lehrer? Ihre Stylistin? Atze Schröder? Deutschland führt also aus der Mitte. Über die rechte Flanke stürmen die Bayerischen Gebirgsschützen, über die linke Flanke die Kölsche Karnevalsgesellschaft Treuer Husar von 1925. In der Etappe wartet die Freiwillige Feuerwehr von Dummerstorf in Mecklenburg-Vorpommern auf den Marschbefehl. Und die Verteidigungsministerin wundert sich, dass »Führung« ganz anders klingt als »Leadership«. Merde! Hört sich doch viel besser an als »Scheiße«.

13. Februar

Liebes Tagebuch!

Kaum war das *Protokoll von Minsk* zur Implementierung des *Minsker Abkommens* vom 5. September 2014 in trockenen Tüchern – die Kanzlerin sprach von einem »Hoffnungsschimmer« –, machte sich Außenminister Steinmeier auf den Weg nach Brasilien, um dort einen Konflikt zwischen zwei Stämmen am Oberlauf des Amazonas zu schlichten. Und um sich, wie bei allen seinen Auslandsreisen, mit Vertretern der »Zivilgesellschaft« zu treffen. Kurz vor dem Abflug gab er dem *Heute-Journal* ein Interview. Und weil er es eilig hatte, musste das Interview auf dem Flughafen geführt werden, vor dem abflugbereiten Flieger der Bundesregierung. Es kann sich allerdings auch um eine Attrappe gehandelt haben oder eine Leinwand, auf die das Bild der Maschine projiziert worden ist.

Er habe, so leitete Claus Kleber das Gespräch ein, noch keinen politischen Deal erlebt, der so zurückhaltend verkauft worden sei, allenfalls als ein Einstieg in eine Lösung, ob er, Steinmeier, der Sache nicht traue?

Man sei deshalb so vorsichtig, hob Steinmeier an, »weil wir wissen, dass auch ein vereinbarter Waffenstillstand wieder aufgebrochen werden kann«; deshalb habe man jetzt »Vorsorge getroffen, dass Durchbrechungen und Verletzungen nicht ohne Weiteres zum Wegfall des ganzen Ergebnisses führen« würden; aber ganz sicher könne man sich »nach dieser konfliktreichen Nacht nicht sein«.

Wie könnte es denn gelingen, setzte Kleber nach, »jetzt Leitplanken einzubauen, die dafür sorgen, dass der Waffenstillstand auch wirklich hält«, gebe es »irgendein Plus an Sicherheit gegenüber *Minsk 1*«?

Darauf Steinmeier im Tonfall eines Feldwebels, der die Kompanie um drei Uhr morgens aus dem Schlaf brüllt, damit die Jungs Zeugen einer Mondfinsternis werden: Es hänge alles daran, »dass die Konfliktparteien, die heute Nacht am Tisch saßen, nicht nur in guter Absicht verhandelt haben, sondern auch die Absicht haben, das Vereinbarte, das, wofür sie Verantwortung übernommen haben, jetzt in die Tat umzusetzen«. Außerdem habe man sich bemüht, »durch den Inhalt des Vereinbarten eine Sequenz, eine Reihenfolge, vorzugeben, in der wir nach und nach die Konfliktparteien stärker miteinander in den Kontakt bringen«.

Ich hatte bis dahin angenommen, in der langen Nacht von Minsk sei es vor allem darum gegangen, die Konfliktparteien nicht stärker miteinander in den Kontakt zu bringen, sondern sie zu entflechten. Aber da muss ich irgendetwas missverstanden haben. Steinmeier stellte klar: Zuerst sei da »der Beginn des Waffenstillstandes«, dann komme »der Rückzug schwerer Waffen« und »im dritten Schritt dann die Einrichtung von OSZE-Beobachtern, die eine Pufferzone überwachen, bis hin zu den dann ferneren Fragen wie der Durchführung von Lokalwahlen in der Ostukraine«. Das sei »ein Mechanismus, in dem nach und nach mehr Stabilität entstehen soll«. Das alles sei »keine Garantie, aber jedenfalls der wichtigste erste Schritt, ohne den der zweite und dritte nie gegangen werden wird«.

Es liegt doch in der Natur der Sache, dachte ich, liebes Tagebuch, dass der erste Schritt vor dem zweiten und dritten gegangen werden muss und nicht umgekehrt. Wenn *Minsk 2* der erste Schritt war, was war denn *Minsk 1*? Schritt null oder minus eins? Auch Claus Kleber schien von Steinmeiers Sequenz nicht ganz überzeugt. Sei das wenigstens so viel Fortschritt, fragte er nach, dass das Thema »Waffenlieferungen an die Ukraine« jetzt vom Tisch sei? Steinmeier entgegnete: »Solange diese Vereinbarung von heute Nacht eine Chance hat, die Realität der nächsten Tage zu gestalten, so lange wird die Diskussion um Waffenlieferungen vielleicht nicht mit der Prominenz geführt werden wie in den letzten zwei Wochen.«

Kleber machte ein Gesicht, als hätte er in eine Stachelbeere gebissen, die er für eine Mon-Chéri-Kirsche gehalten hatte. »Und wenn das schiefgeht, ist dann die Diplomatie am Ende?«

Diesen Gedanken mochte Steinmeier nicht an sich ranlassen. »Wir werden einfach jetzt in den nächsten Tagen viel, viel Arbeit brauchen, um aus dem, was auf dem Papier steht, tatsächlich etwas zu machen, was den Konflikt entschärft. Ich wünsche mir sehr, und ich weiß, dass viele, nicht nur in Deutschland, darauf hoffen, dass wir einen Schritt weiter sind, weg vom Konflikt, und nicht etwa hin zu weiteren Eskalationen ...«

Jetzt entglitt Claus Kleber völlig die Herrschaft über seine Gesichtsmuskeln. Er machte Steinmeier darauf aufmerksam, dass Putin letzte Nacht eine Erklärung unterschrieben habe, »nach der die Einheit der Ukraine bestätigt wird«. Ob das auch »die Krim« einschließe, wollte er wissen.

Darauf Steinmeier: »Die Einheit der Ukraine ist die Einheit der Ukraine.« Deutschland habe immer gesagt, »dass die Annexion der Krim eine Verletzung des Völkerrechts ist«, es gebe keinen Grund »von dieser Auffassung abzugehen«, dennoch könne man sich »manchmal nicht aussuchen, in welcher Reihenfolge man Konflikte zu lösen versucht«. Im Vordergrund stehe im Augenblick »die neue Explosion von Gewalt, die es in den letzten beiden Wochen gegeben hat«. Diese neue Explosion der Gewalt gelte es nun »langsam zu entschärfen und dafür zu sorgen, dass dieser Konflikt sich nicht so entwickelt, wie wir es befürchten mussten in diesen letzten zwei Wochen, und komplett außer Kontrolle gerät«.

Von einem Politiker zu erwarten, dass er erstens die Wahrheit sagt und zweitens so redet, dass er auch von den Angehörigen der einfachen Stände verstanden wird, wäre so naiv, als würde man ein Stinktier mit nach Hause nehmen, in der Hoffnung, es würde Lavendelduft verbreiten. Nein, so naiv darf man nicht sein. Aber man könnte wenigstens hoffen, nicht so schamlos hinters Licht geführt zu werden, wie es kein Gebrauchtwagenhändler wagen würde, der seine uralten Mantas loswerden möchte.

Steinmeier weiß, was Putin unter »Einheit der Ukraine« versteht, nämlich eine Ukraine von Russlands Gnaden. Wenn er dennoch der Ansicht ist, dass die Annexion der Krim eine Verletzung des Völkerrechts war, ohne auch nur anzudeuten, wie er die Geltung des Völkerrechts wiederherstellen möchte, dann verhält er sich wie die Bundesregierung in den Fünfziger- und Sechzigerjahren, die darauf bestanden hat, die Gebiete jenseits von Oder und Neiße stünden »derzeit unter polnischer Verwaltung«. So steht auch die Krim derzeit unter russischer Verwaltung, und nur weil man sich nicht immer aussuchen kann, in welcher Reihenfolge man Konflikte zu lösen versucht, versucht Steinmeier die Explosion der Gewalt in der Ukraine einzudämmen, um sich danach wieder ganz der Krim zu widmen. Das ist die Essenz seines Geschwurbels, mit dem er Gedanken vortäuscht, wo nur Ratlosigkeit wie Unkraut wuchert.

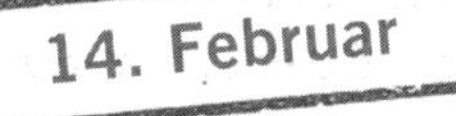

Liebes Tagebuch!

Schon wieder schlecht geschlafen und wirres Zeug geträumt, obwohl ich vor dem Einschlafen nur *Arte* geschaut habe. Ich träumte, ich wäre bei Angela Merkel zu Besuch. Bei ihr zu Hause oder im Kanzleramt, ich weiß es nicht mehr. Jedenfalls hatte sie für mich in ihrem Arbeitszimmer ein Bett bezogen und kam vorbei, um mir eine »gute Nacht« zu wünschen. Sie hatte einen ihrer schicken Hosenanzüge an und eine Fernbedienung in der Hand. Damit versuchte sie, die diversen Lampen im Zimmer auszuschalten. Aber wann immer sie auf einen der Knöpfe der Fernbedienung drückte, ging eine Lampe aus und eine andere an. »Lassen Sie es gut sein, Frau Kanzlerin«, sagte ich, »ich kann sowieso nicht schlafen«. Irgendwann schlief ich dann doch ein, wurde aber mitten in der Nacht von Angela Merkel geweckt, die wieder in das Zimmer kam. Diesmal hatte sie eine Kittelschürze an. »Wie wäre es mit einer Suppe?«, rief sie und eilte in die Küche, die direkt nebenan lag. Dann roch der Traum so stark nach Hühnerbrühe, dass ich aufwachte. Lucy lag zu meinen Füßen und schnarchte. Ich ging in die Küche und machte mir einen Tee. Albträume sind auch nicht mehr das, was sie mal waren.

15. Februar

Liebes Tagebuch!

Ich schaue mir keine Kabarett- und keine Comedy-Programme im deutschen Fernsehen an, ich gucke nur noch *Tagesschau* und *Tagesthemen*, *Heute* und *Heute-Journal*. Vorgestern kam die bayerische Europa-Ministerin Beate Merk von einer »eiligen Reise« nach Pristina zurück, der Hauptstadt des souveränen und von der EU mit Milliarden Euro gepäppelten Staates Kosovo, wo sie herausfinden wollte, was getan werden müsse, um die Flüchtlingswelle aus dem Kosovo in die EU, das heißt nach Deutschland, zu stoppen. »Was haben Sie herausgefunden?«, fragt Claus Kleber, und die Ministerin antwortet.

»Die Regierung [des Kosovo] hat mich gebeten zu helfen. Ihr

Appell ist, dass wir sehr deutlich sagen, die Menschen, die aus dem Kosovo nach Bayern kommen, nach Deutschland kommen, werden hier kein Asyl bekommen können. [Das Kosovo] ist ein sicherer Staat, und deswegen ist kein Asyl für diese Menschen vorgesehen, wir müssen dafür sorgen, dass nach einer Entscheidung sie sofort in ihr Heimatland zurückgebracht werden, und für die Menschen bedeutet dass, dass sie sehr viel Geld aufwenden für nichts und wieder nichts und dass sie deswegen, auch wenn sie in den Kosovo zurückgeführt werden, vor den Scherben ihres Lebens stehen, sozusagen.«

Claus Kleber interveniert. »Das ist aber schon auch eine eigenartige Situation. Da bittet Sie eine Regierung in Pristina um Hilfe sozusagen, die Leute festzuhalten, das ist die Regierung eines Landes, das ein Geschöpf des Westens ist, das ohne die USA und Europa gar nicht existieren würde, und da hat offensichtlich eine Regierung geherrscht, die zehn Jahre lang nicht in der Lage war, Lebensbedingungen herzustellen, wo die Menschen bleiben wollen, und jetzt soll Deutschland sozusagen helfen, die Menschen im Land zu halten?«

Frau Merk tut so, als habe sie Klebers Frage nicht verstanden. »Diese Regierung ist sozusagen noch ganz jung im Amt. Und mir hat der Premierminister gesagt, natürlich haben wir eine Informationskampagne gestartet, aber es ist wichtig, dass auch aus dem Land, das das Ziel unserer Mitbürgerinnen und Mitbürger ist, ganz klare Appelle und ganz klare Fakten noch mal transportiert werden, denn hier werden, über welchen Weg auch immer, teilweise über soziale Netzwerke, die Menschen schlichtweg fehlinformiert, da müssen wir gegenhalten.«

Claus Kleber greift wieder ein. »Aber sie haben ja auch Gründe wegzugehen, sie gehen ja nicht nur nach Deutschland, sondern sie gehen auch weg von dort. Haben Sie nicht auch Verständnis für jemand, der jetzt Ende 20, Anfang 30 ist, eine Familie aufbauen will und merkt, der ist arbeitslos und wird es immer bleiben? Er hat keinerlei Perspektive, und die Flucht nach Deutschland ist dann für viele die einzige Chance, die sie in diesem maroden Land sehen.«

Frau Merk: »Dieses Land ist dabei aufzuarbeiten. Die Regierung ist dabei, die Wirtschaft zu erstärken. Da braucht man natürlich auch die Menschen im Land, wenn das Land ausblutet, dann kann man politisch nichts mehr bewirken, deswegen ist es wichtig, dass die Menschen auch Solidarität zu ihrem Land zeigen und jetzt mitkämpfen.«

Spätestens an dieser Stelle denke ich, das ist nicht Beate Merk, das ist Carmen Geiss. Oliver Welke hat sich als Claus Kleber verkleidet, und ich sehe nicht das *Heute-Journal*, sondern die *Heute-Show*. Der Mann, der so tut, als wäre er Claus Kleber, fragt: »Ist Bayern denn darauf eingestellt, so wie jetzt, Tausende kommen innerhalb eines Monats, genauso schnell Tausende wieder zwangsweise zurückzuschaffen?«

»Wir haben sehr große Schwierigkeiten gehabt, die Menschen überhaupt unterzubringen«, antwortet die Frau, die Beate Merk so täuschend ähnlich sieht, »wir mussten unseren Winternotfallplan in Kraft setzen, und wir müssen jetzt nach und nach, und es geht ja nicht von heute auf morgen, dass die Asyl-Entscheidungen kommen, die Menschen wieder zurückbringen.«

Die Menschen. Und ich hatte schon gedacht, es würde sich um Stückgut handeln. Welke-Kleber vermutlich auch: »Nun gibt es ja den Drang, dass man nun Kosovo auch als sicheres Herkunftsland definiert und damit die Abschiebeverfahren beschleunigt. Nun liegt aber die Erfahrung vor, das hat man mit Serbien gemacht, und die Asylbewerberzahlen von Serbien sind weiter angestiegen. Ist das nicht ein politisches Feigenblatt, was da heute angestrebt wurde?«

Ich wäre wirklich der Letzte, der sehen möchte, was sich unter dem Feigenblatt von Frau Merk verbirgt, aber auf die Antwort war ich schon gespannt: »Ich glaube das nicht so. Ich glaube, dass es ein ganz wichtiges Signal ist und dass es noch mal ein Signal ist, das wir den Menschen im Kosovo zurufen: Euer Land ist sicher, und Asylrecht ist etwas anderes! Asylrecht ist wirklich für die Länder, wo man sagen muss, in diesem Land kann man nicht bleiben, ohne Angst zu haben, dass Familie verloren geht, dass das Leben in Gefahr ist und vieles andere mehr. Für diese Fälle ist das Asylrecht da, und das muss man, meine ich, sehr stark differenzieren, und deswegen ist es, meines Erachtens, ein sehr wichtiges Signal.«

Nach dieser Definition des Asylrechts, das nicht für die Menschen, sondern für die Länder da ist, in denen man Angst haben muss, dass das Leben in Gefahr ist und vieles andere mehr, könnten zum Beispiel alle belgischen und französischen Juden Asyl in Bayern beantragen, demnächst auch die dänischen, schwedischen und österreichischen. Claus Kleber setzt zum Endspurt an: »Die Menschen dort werden das vielleicht als erbarmungslos empfinden. Denn sie wissen, wie miserabel die wirtschaftliche Lage in dem Land ist und dass so wenig Hoffnung ist. Nun sagt Deutschland, bei uns gibt's auch keine.«

Das bayerische Carmen-Geiss-Double weist Welke-Kleber zurecht: »Ich sehe doch Firmen, die hier expandieren, ich sehe die Möglichkeiten, ich sehe auch die Möglichkeit, endlich auch wieder junge Menschen auszubilden in den Firmen. Langsam, ganz langsam wächst hier ein Pflänzchen heran, und deswegen meine ich, muss man das auch unterstützen. Es ist viel wichtiger, sich dort aktiv zu betätigen und zu helfen, dass junge Menschen in Arbeit kommen, dass junge Menschen Bildung bekommen, dass die Infrastruktur stärker ausgebaut wird, dass die Energie sicherer gegeben werden kann.«

Jetzt sind alle Zweifel verflogen. Das muss Carmen Geiss sein! Gleich wird sie »Robert, wo bleibt der Heli? Wir müssen nach Kosovo, die brauchen dort Energie!« rufen, und dann wird Robert auftauchen und sagen: »Aber Schatzi, wir müssen vorher noch nach Cannes, ich hab ’nen neuen Ferrari bestellt!« Claus Kleber aber, den ich in diesem Moment wirklich bewundere, will es noch einmal wissen. »Wird Bayern dabei helfen? Wird Europa dabei helfen, mehr als bisher?«

»Ja«, sagt Carmen-Beate Geiss-Merk, »Europa hilft dabei, Bayern hilft dabei auch, wir haben Projekte, und ich bin überzeugt, dass wir hier noch mehr tun können, ja!« – »Danke schön«, sagt Claus Kleber.

Liebes Tagebuch, und dann wollte ich noch wissen, um welche »Projekte« es sich handelt, und habe einfach die Homepage der EU-Vertretung in Kosovo besucht: http://eeas.europa.eu/delegations/kosovo/index_en.htm. Sehr zu empfehlen. Dort habe ich erfahren, dass es nicht nur einen »European Union Special Representative in Kosovo« gibt, sondern dass 18 EU-Staaten Vertretungen in Kosovo unterhalten, außerdem seien »zahlreiche NGOs aus EU-Staaten in Kosovo aktiv«. Das heißt, Kosovo ist ein Projekt der EU, das die Mitarbeiter der staatlichen Vertretungen und der NGOs mit gut bezahlten Arbeitsplätzen versorgt. Seit 1999 habe Kosovo mehr als zwei Milliarden Euro von der EU erhalten. Ist das nicht irre?

Wofür das Geld ausgegeben wurde, wird nur angedeutet, unter anderem für die Förderung einer »nachhaltigen ökonomischen Entwicklung« und die Absicherung der »europäischen Zukunft des Kosovo«. Denn wenn die Kosovaren die Wahl hätten, würden sie sich möglicherweise für eine amerikanische oder asiatische oder gar russische Zukunft entscheiden. Und das will die EU verhindern. Daneben gibt es auch andere Projekte, die von der EU unterstützt werden. Unter anderem »Kultur für alle – Phase III«. Oder einen Videowettbewerb für 13- bis 15-Jährige zum Thema: »Was bedeutet ein vereintes Europa für Dich?«

Doch statt sich an diesen Projekten zu beteiligen und die europäische Zukunft des Kosovo zu sichern, machen sich Tausende von Kosovaren auf den Weg nach Deutschland, um dort ihr Glück zu finden, nicht an der Peripherie, sondern im Herzen der EU oder, genauer, in deren Schatzkammer. Was man den Kosovaren nicht verdenken kann, denn die EU stellt sich als eine Art irdisches Paradies dar, in dem rund um die Uhr Milch und Honig fließen und Esel Dukaten scheißen. Und weil 18 Vertretungen der EU-Staaten und der »European Union Special Representative in Kosovo« nicht in der Lage sind, dieses Bild zu korrigieren, muss Beate Merk aus Bayern einfliegen, um den Kosovaren zuzurufen, dass das Kosovo »ein sicherer Staat« ist und dass sie »Solidarität zu ihrem Land« und zu ihrer Regierung zeigen sollen, zumal diese »noch ganz jung im Amt« und deswegen für die Misswirtschaft ihrer Vorgängerinnen nicht verantwortlich ist.

Das ist so irre, wie es zuvor der Versuch war, die Armutswanderung zu leugnen und zu behaupten, aus Bulgarien und Rumänien kämen vor allem qualifizierte Kräfte wie Ärzte, Krankenschwestern und IT-Experten. Der einzige Unterschied zwischen den Migranten aus Bulgarien und Rumänien und dem Kosovo ist, dass die einen aus Ländern kommen, die schon in der EU sind, und die anderen aus einem Land, das in die EU reinwill. Die Regierung des Kosovo hat zwar noch keinen offiziellen Antrag auf Aufnahme in die Union gestellt, das Land gilt aber als »potenzieller Beitrittskandidat«. Und das gesetzliche Zahlungsmittel ist der Euro.

16. Februar

Liebes Tagebuch!

Wenn es um Humor geht, und worum soll es sonst gehen an Karneval, Fasching, Fasnacht, verstehen die Deutschen keinen Spaß. Schließlich haben sie 1933 den größten Komiker aller Zeiten (GröKoz) zum Kanzler gewählt, und wenn er sich eines Tages beim Ausblick auf das von ihm umgestaltete Berlin nicht totgelacht hätte, würde er möglicherweise noch immer regieren. Oder er wäre EU-Kommissar für Osterweiterung geworden. Zwar war die Große Nationale Komödie 1945 vorbei, aber auch danach ging es durchaus humorvoll weiter. Unter anderem mit Heinrich Lübke im Westen (»Sehr geehrte Damen und Herren, liebe Neger!«) und Walter Ulbricht im Osten (»Niemand hat die Absicht, eine Mauer zu errichten!«). Auch die jetzige Kanzlerin hat viel Sinn für Humor, obwohl sie eine Frau und ostdeutsche Protestantin ist. »Ich ahne, wovon ich spreche, meine Damen und Herren.«

In Deutschland gibt es sogar eine »fünfte Jahreszeit«, die ganz dem Humor gewidmet ist. Es sind die Wochen zwischen dem 11. November und Aschermittwoch. Da wird getanzt und geschunkelt, und da werden lustige Geschichten erzählt, die immer mit einem Tusch enden, damit die Zuhörer wissen, dass sie lachen und applaudieren dürfen. Diese Art des Humors, so liest man es immer wieder, sei schwer subversiv, sie richte sich gegen die Mächtigen. Wenn das wahr ist, dann ist die Kieler Sprotte die kleine Schwester der Regenbogenforelle.

Nun aber ist etwas passiert, das dem Humorstandort Deutschland irreparablen Schaden zufügen könnte. Die Polizei in Braunschweig hat in letzter Minute den örtlichen Karnevalsumzug abgesagt – es habe »Hinweise« auf einen geplanten Anschlag gegeben. Obwohl man eigentlich niemanden provoziert habe. Im Gegensatz zu den Kölner Kollegen, die einen *Charlie-Hebdo*-Themenwagen auf die Reise schicken wollten, dann aber von der Idee Abstand nahmen, um kein Risiko einzugehen, schließlich will man – entgegen anderslautender Proklamationen – doch lieber nicht »Charlie« sein, wenns mehr kosten könnte als ein Lippenbekenntnis, wofür der jecke Katholik ja schon immer gut war.

Ja, ja, mein Tagebuch, die Humorfreiheit ist zwar ein hohes Gut, aber sie ist eben auch mit Verantwortung verbunden. Doch sehen wir das Ganze positiv: Der Islam ist nicht nur eine Religion des Friedens, sondern auch des Humors, man muss sich nur ein wenig Mühe geben, ihn zu verstehen. Ist der Islamische Staat nicht eine wunderbare Parodie auf das Heilige Römische Reich deutscher Nation? Na bitte! Und deswegen lautet der deutsche Gruß ab sofort:

Allahu Alaaf!

17. Februar

Liebes Tagebuch!

Gestern war Rosenmontag. In den »Hochburgen des Frohsinns«, Düsseldorf, Köln und Mainz, werfen die Närrinnen und Narren mit Kamellen um sich, und in der *Kulturzeit* auf 3sat sagt der Moderator Ernst A. Granditz einen Beitrag zum »Lebensgefühl der Juden in Europa« an. Das Wort hat der »Publizist und Erziehungswissenschaftler« Micha Brumlik: »Also, man kann sich eines Gefühls des Bedrohtseins nicht erwehren, und mindestens in Frankreich ist es gewiss so, dass die Sicherheit an Leib und

Leben für Jüdinnen und Juden deutlich stärker bedroht war oder ist als in anderen europäischen Ländern; man muss allerdings sagen, dass die Anschläge von Brüssel und jetzt von Kopenhagen zeigen, dass das nicht nur ein französisches Phänomen ist.«

Mein Lieblingsprof ist Professor Unrat aus dem gleichnamigen Roman von Heinrich Mann. Dicht gefolgt von Jerry Lewis in der Rolle des »verrückten Professors«, einer amerikanischen Filmkomödie aus dem Jahre 1963. Er liefert sich ein Kopf-an-Kopf-Rennen mit dem Archäologen Henry Walton Jones jr., alias Indiana Jones, gespielt von Harrison Ford. Aber dann, auf Platz vier, kommt ein echter Professor, Micha Brumlik. Er hat das, was die Amis »attitude« nennen. Wenn er schweigt, sieht er aus, als würde er nachdenken, und wenn er redet, hört er sich an wie ein verarmter Kleinadliger, dem nur noch seine handgemachten, rahmengenähten Budapester Schuhe aus englischem Pferdeleder übrig geblieben sind. Er fühlt sich nicht bedroht, nein, »man« kann sich nur »eines Gefühls des Bedrohtseins nicht erwehren«. Und damit niemand auf die Idee kommt, das Judentum sei eine Männerkolonie, spricht er von »Jüdinnen und Juden« – eine Formel, in der sich das ganze Elend des politisch korrekten Kretinismus offenbart. Vor allem aber: Er sagt das, was »man« von ihm hören will.

»Für uns Juden in Europa ist Europa unsere Heimat, speziell für die Bundesrepublik Deutschland möchte ich sagen, dass Jüdinnen und Juden nach 1945 entscheidend am Aufbau des demokratischen Gemeinwesens beteiligt gewesen sind, angefangen von dem hessischen Generalstaatsanwalt Fritz Bauer, der den Auschwitz-Prozess vorangetrieben hat, über einen unermüdlichen Mahner wie Heinz Galinski oder Ignatz Bubis, der sich gegen die antivietnamesischen Pogrome in Rostock gestellt hat – nein, ich sehe das so, dass die Bundesrepublik Deutschland, dass Europa die jüdische Heimat ist und es keinen Grund gibt, weil es jetzt hier durchaus auch gefährlicher wird, das Land zu verlassen, ganz abgesehen davon, dass nur von der physischen Sicherheit betrachtet her es in Israel keineswegs sicherer ist.«

Bingo! Und sollte es eines Tages wieder losgehen, wird Professor Brumlik einen Platz am Fenster bekommen. Als Dank für seine Treue zur jüdischen Heimat.

Liebes Tagebuch!

Ich bin schon lange der Ansicht, dass alle gesellschaftlichen Einrichtungen – von den *Anonymen Alkoholikern* über den *Bund der Vertriebenen* und die *Deutsche Gesellschaft für Humanes Sterben* bis zum *Zentralverband des Deutschen Handwerks* – ihre Existenz vor allem dem Umstand verdanken, dass Vati einen Grund braucht, um den Abend nicht daheim verbringen zu müssen. Er wagt es nicht, Mutti ins Gesicht zu sagen, dass er lieber mit den Jungs um die Häuser zieht, als mit ihr zusammen *Germany's Next Top Model* zu schauen. Also muss er sich etwas einfallen lassen. »Wir haben heute eine Vorstandssitzung, es geht um den Haushalt für das kommende Jahr« oder »Wir besuchen ein Asylantenheim und überlegen, wie wir helfen könnten«. Da kann Mutti nicht einfach »Vergiss es, du bleibst hier!« sagen.

Männer, die vereinstechnisch nicht gebunden sind, nehmen Akten mit nach Hause und brüten über denen, bis die Frau eingeschlafen und die Gefahr vorbei ist, dass der Tag mit einer primären Begegnung enden könnte. Das alles ist verständlich und nachvollziehbar. Was aber ist es, das einen glücklich geschiedenen Mann, der allein lebt, aus dem Haus treibt? Warum strebt er Ehrenämter an, warum will er repräsentieren, an Events teilnehmen, die noch gruseliger sind als ein Polterabend im Altersheim?

Seit er als Bundespräsident zurücktreten musste, arbeitet Christian Wulff an seinem Comeback, obwohl er es nicht nötig hätte. Er bekommt einen »Ehrensold« von über 200 000 Euro jährlich, der Staat trägt auch die Kosten für ein Büro und eine Mitarbeiterin, die seine Fanpost bearbeitet. Aber, wie heißt es schon bei Hans Fallada: »Ein Mann will nach oben«. Im Falle von Wulff muss es heißen: »Ein Mann will *wieder* nach oben«. Wulff nahm an der Seite von Angela Merkel an einer Kundgebung des *Zentralrates der Juden* gegen Antisemitismus teil, bald darauf wurde er bei einer Mahnwache des *Zentralrates der Muslime* gegen Islamophobie an gleicher Stelle gesichtet, wieder in auffälliger Nähe der Chefin. Wenig später flog er nach Riad, um die Bundesrepublik bei den Trauerfeiern für den verblichenen König des Märchenlandes zu vertreten – auf ausdrücklichen Wunsch der Kanzlerin, wie man überall lesen konnte. Wulff genieße in der muslimischen Welt hohes Ansehen, erklärte Parteifreund Peter Hintze, ein Vertrauter von Angela Merkel. »Er hat gezeigt, dass er bereit ist, solche Aufgaben wahrzunehmen und seine guten Kontakte in die muslimische Welt für unser Land einzusetzen.« Und: »Wir können das öfter nutzen. Ich kann mir gut vorstellen, dass man ihn auch in Zukunft bei passender Gelegenheit wieder bitten wird, ähnliche Aufgaben zu übernehmen.« Seitdem steht der ehemalige Grüßaugust der Bundesrepublik im Stand-by-Modus bereit, irgendwohin zu fliegen, um ähnliche Aufgaben zu übernehmen. Egal wohin, Hauptsache, weit weg.

Wulffs Vermächtnis als Bundespräsident besteht aus fünf Wörtern: »Der Islam gehört zu Deutschland.« Hat er sich damit qualifiziert, seine guten Kontakte in die muslimische Welt für unser Land einzusetzen? Oder ist da noch mehr, etwas, wovon wir nichts wissen und auch nichts erfahren sollen? Hat

Wulff vielleicht den Saudis und den Iranern gesagt, sie sollen aufhören, Schwule aufzuhängen, Ehebrecherinnen zu steinigen, Regimekritiker auszupeitschen, den Terror zu finanzieren und Frauen als minderwertige Wesen zu behandeln? Hat er das Grab der jungen Frau besucht, die von einem iranischen Gericht zum Tode verurteilt und hingerichtet worden ist, nachdem sie einen Mann erstochen hatte, der sie vergewaltigen wollte? Hat er versucht, die Schiiten und die Sunniten zu überzeugen, sie sollten ihre Meinungsverschiedenheiten friedlich beilegen? Hat er den Pakistanis das Wesen der Meinungsfreiheit und der Satire erklärt, damit sie nicht wegen harmloser Mohammed-Karikaturen ausrasten? Wäre *so etwas* nicht im Interesse unseres Landes, das sich den Menschenrechten verpflichtet fühlt?

Aber nein! Die Sache ist viel einfacher. Auf die Frage, wie er dazu gekommen sei, die Bundesrepublik bei der Trauerfeier für den verstorbenen saudi-arabischen König zu vertreten, sagte Wulff: »Ich habe ihr [der Kanzlerin] gesagt: Ich bin sowieso auf dem Weg und habe auch einen schwarzen Anzug dabei, weil ich in Japan auf einer Beerdigung sprechen sollte. Das passte also gut.«

Der Mann muss sich dermaßen langweilen, dass er bis nach Japan fliegt, um dort auf einer Beerdigung zu sprechen! Und einen schwarzen Anzug hat er immer dabei. Das ist es, was Wulff von den meisten deutschen Arbeitslosen unterscheidet: Die warten, bis der Job zu ihnen kommt. Er aber ist flexibel und fliegt dem Job entgegen. Wenn sich unterwegs etwas Neues ergibt, dann ändert er eben spontan seine Route.

Und irgendwo liegt ein siecher Monarch in seinem goldenen Bett und weiß nicht, wovor er mehr Angst haben soll: dem Ruf des Todesengels oder der Nachricht, dass Christian Wulff schon unterwegs ist.

19. Februar

Liebes Tagebuch!

Tilmann Moser, Freiburger Psychoanalytiker und Körperpsychotherapeut, ist auf seinem Gebiet das, was Günter Grass im Bereich der Literatur ist: eine Kapazität. Er hat noch mehr Bücher geschrieben als Grass, mindestens 32, und er nimmt laufend »zum Zeitgeschehen« Stellung, wobei ihm nie die Tinte ausgeht.

Unter dem Titel »Im Rausch der Karikaturen des Propheten« analysierte Moser den Überfall auf die Redaktion von *Charlie Hebdo*. Das »auf 30 000 Abonnenten abgesunkene Blatt« scheine »unter ökonomischem Untergangsdruck gestanden zu haben«; es musste sich »den zum letzten globalen Schreckgespenst aufgeblasenen Propheten als letztes Tabu auswählen, um noch extremsatirische Wirkung zu erzielen«, ohne sich um das »drohende Schicksal« der Redaktion zu kümmern. Und es musste sich »steigern, um noch unterhaltsam zu bleiben und sich zunehmend als wagemutiger Held zu fühlen«. Der Überfall war »ein Anschlag auf eine verhasste Redaktion, nicht auf die französische Pressefreiheit im Ganzen«. Das Blatt hätte »eine verantwortungsvolle Vorsicht und Zurückhaltung« üben sollen, das wäre »keine innere Zensur und angstvolle Selbstkastrierung« gewesen, »sondern fordert menschliche wie politische Besonnenheit«. *Charlie Hebdo* habe »sich verrannt«, schreibt Moser. Und fasst zusammen: »Ich nenne die Redaktion eine vom publizistischen Untergang bedrohte Gruppe von latent suizidalen Pseudohelden.« – Wow, liebes Tagebuch! Das ist nicht mehr das bekannte »Selber schuld! Sie haben provoziert!«, das ist schon eine Ladung mehr. »Sie haben es gewollt!« Eine Gruppe von latent suizidalen Pseudohelden hat genau das bekommen, worauf sie es abgesehen hatte. Sagt ein deutscher Psychoanalytiker, der die Abgründe anderer Menschen auslotet, ohne zu ahnen, was sich da in ihm selbst auftut.

Andererseits, wenn man so genau hinschaut wie Moser, könnte man schon zu der Einsicht kommen, auch Giordano Bruno habe Selbstmord begangen, ebenso wie die Geschwister Scholl und die Attentäter des 20 Juli. In all diesen Fällen muss ein machtvolles Es am Werk gewesen sein, das seine eigenen Grenzen gesprengt hat. All das wäre nicht passiert, wenn diese »latent suizidalen Pseudohelden« einen der Workshops besucht hätten, die Dr. Moser auf seiner Homepage anbietet, am Rande von Freiburg, »in einem Haus, das [...] eine ruhige Gastlichkeit ausstrahlt sowie die Bewohner mit einem herrlichen Spaziergang in den nahe gelegenen Wald oder ins Freiburger Kulturleben belohnt«, wo Menschen wie Moser dafür sorgen, dass »menschliche wie politische Besonnenheit« waltet.

20. Februar

Liebes Tagebuch!

Dir geht der Dr. Moser nicht mehr aus dem Sinn? Ob der denn so gar keine Ahnung hat von der Geschichte der politischen Karikatur, von der Geschichte *Charlie Hebdos* und, und, und? Und warum der derart dummes Zeug von sich gibt?

Aber wer ist schon Dr. Moser, der ist nur in seinem Milieu weltberühmt. Da gibt es Dummschwätzer von ganz anderem Kaliber. Zum Auftakt einer Konferenz über Extremismus und Terrorismus sagte beispielsweise Präsident Obama: »Wir sind nicht im Krieg mit dem Islam.« Die Terroristen seien »keine religiösen Führer«, keine Religion sei für Terrorismus verantwortlich, es seien immer Menschen, die Gewalt verübten. Den amerikanischen Muslimen rief er zu: »Wir alle stehen hinter euch, im Angesicht des Terrors halten die USA zusammen.« Schon Wochen zuvor hatte er behauptet, der Islamische Staat sei »weder islamisch noch ein Staat«. Also genau genommen – nicht existent.

Möglicherweise hat sich Obama von Margot Käßmann inspirieren oder gar beraten lassen. Die Fröhlichkeit jedenfalls, mit der er dummes Zeug redet, ist nicht gespielt, sie ist authentisch. Sie kommt von Herzen. Den 21 Kopten, denen libysche IS-Mitarbeiter die Köpfe vom Rumpf abgetrennt haben, dürfte es ein Trost gewesen sein, dass sie nicht von Zombies, sondern von Menschen geschlachtet wurden, die nicht im Namen irgendeiner, sondern einer ganz bestimmten Religion handelten, einer, die ihre Friedfertigkeit immer wieder derart unter Beweis stellt.

In einem allerdings hat Obama recht. *Wir* sind nicht im Krieg mit dem Islam, der Islam ist im Krieg mit *uns*. Die Belege dafür heißen New York, Madrid, London, Bali, Ottawa, Boston, Paris, Toulouse, Brüssel, Djerba, Kopenhagen und Siegburg. Nur der charismatische, hochbegabte und umjubelte Präsident der USA sieht es nicht. Das Wenige, das er kann, ist: Golf spielen und vom Teleprompter ablesen. Noch knapp zwei Jahre, dann ist auch dieser Albtraum aus Eitelkeit und Unfähigkeit vorbei.

21. Februar

Liebes Tagebuch!

Die deutschen Juden waren schon immer die besseren Deutschen. Sie schlossen den Kaiser in ihre Gebete ein, sie verehrten Richard Wagner, sie nannten ihre Kinder Hermann und Dorothea, bis ihnen 1938 vom Reichsinnenminister auferlegt wurde, ausschließlich »jüdische« Namen zu benutzen, wie »Itzik« für Jungen und »Geilchen« für Mädchen. Sie meldeten sich freiwillig zum Dienst im Ersten Weltkrieg, und als die antisemitische Propaganda hinterher behauptete, sie hätten sich gedrückt, da veröffentlichte der *Reichsbund jüdischer Frontsoldaten* im Jahre 1932 ein *Gedenkbuch* mit den Namen aller jüdischen Gefallenen. Im Vorwort schrieb der Vorsitzende des Bundes, Hauptmann der Reserve Leo Löwenthal: »Das edelste deutsche Blut ist das, welches von deutschen Soldaten für Deutschland vergossen wurde. Zu diesen gehören auch die 12000 Gefallenen der deutschen Judenheit, die damit wiederum ihre allein ernsthafte und achtunggebietende Blutprobe im deutschen Sinne bestanden hat.«

Die Blutprobe hielt nicht lange vor. Nachdem die Nazis im März 1933 zu einem Boykott jüdischer Geschäfte aufgerufen hatten, gab die *Reichsvertretung der deutschen Juden* bekannt, sie sei »tief erschüttert« über den »Boykottaufruf der nationalsozialistischen deutschen Arbeiterpartei«, und beklagte die Ungerechtigkeit dieser Maßnahme: Man habe sich nichts zuschulden kommen lassen. Und ein paar schwarze Schafe gebe es doch überall. »Wegen der Verfehlungen einiger Weniger, für die wir nie und nimmer Verantwortung tragen, soll uns deutschen Juden, die sich mit allen Fasern ihres Herzens der deutschen Heimat verbunden fühlen, wirtschaftlicher Untergang bereitet werden.«

Die jüdischen Organisationen hätten auch »alles getan, was in ihrer Kraft stand«, um die antideutsche Propaganda im Ausland einzudämmen, »den Gräuel- und Boykottfeldzug« gegen das Deutsche Reich. Und sie würden »es weiter tun«.

Deswegen rief die *Reichsvertretung der deutschen Juden* dem deutschen Volke, »dem Gerechtigkeit stets höchste Tugend war«, zu: »Der Vorwurf, unser Volk geschädigt zu haben, berührt aufs Tiefste unsere Ehre. Um der Wahrheit willen und unserer Ehre willen erheben wir feierlich Verwahrung gegen diese Anklage. Wir vertrauen auf den Herrn Reichspräsidenten und auf die Reichsregierung, dass sie uns Recht und Lebensmöglichkeit in unserem deutschen Vaterlande nicht nehmen lassen werden. Wir wiederholen in dieser Stunde das Bekenntnis unserer Zugehörigkeit zum deutschen Volke, an dessen Erneuerung und Aufstieg mitzuarbeiten unsere heilige Pflicht, unser Recht und unser sehnlichster Wunsch ist.

Die Reichsvertretung der deutschen Juden
Berlin, den 29. März 1933«

Wer diesen Aufruf heute liest, fragt sich: Wann haben die Juden aufgehört, das Volk des Buches zu sein? Ich fürchte, wir sind eher ein Haufen von Autisten, die am liebsten in der Wüste herumirren und vom Garten Eden fantasieren.

Am 29. März 1933 war es zwei Monate her, dass der »Herr Reichspräsident« Paul von Hindenburg den Anführer der NSDAP, Adolf Hitler, zum Reichskanzler ernannt hatte. Das hatten die Damen und Herren in der Reichsvertretung der deutschen Juden aber nicht mitbekommen, weil sie so sehr damit beschäftigt waren, Stunde um Stunde das Bekenntnis ihrer Zugehörigkeit zum deutschen Volke abzulegen. Keiner von ihnen hatte »Mein Kampf« gelesen, niemand hatte eine der Reden gehört, die Hitler vor und nach seiner Ernennung zum Reichskanzler gehalten hatte. Deswegen vertrauten sie »auf den Herrn Reichspräsidenten und auf die Reichsregierung« und wollten nichts anderes als an der Erneuerung und dem Aufstieg des deutschen Volkes mitarbeiten, das bereits im Begriffe war, sich der Juden zu entledigen.

Ich glaube nicht, dass Geschichte eine Flinte mit zwei Läufen ist, dass der erste Schuss eine Tragödie einläutet, der zweite eine Farce. Geschichte wiederholt sich nicht. Aber sie steckt voller Seismografen, die bevorstehende Beben anzeigen.

Nachdem vor ein paar Tagen der israelische Ministerpräsident Netanjahu die Juden Europas aufgerufen hatte, nach Israel zu kommen, verwahrten sich die Vertreter der Juden in Deutschland gegen diese Einmischung in ihre Angelegenheiten. Der noch frische Präsident des Zentralrates, Josef Schuster, erklärte, auch nach den Anschlägen von Paris und Kopenhagen gebe es keinen Anlass für Juden, an Abwanderung zu denken, denn: »Einen vollständigen Schutz vor terroristischen Anschlägen gibt es leider auch in Israel nicht.«

Und niemand aus seiner Umgebung machte ihn darauf aufmerksam, dass »Sicherheit« nicht nur im Schutz vor terroristischen Anschlägen liegt, dass es auch eine Frage der Würde ist, ob man sich selbst schützen kann oder wie ein unmündiges Kind von einem Erziehungsberechtigten beschützt werden möchte.

Die Kanzlerin zögerte keinen Moment, den Treueschwur aufzugreifen. »Wir sind froh und dankbar, dass es wieder jüdisches Leben in Deutschland gibt«, sagte sie und gab ein weitreichendes Versprechen ab: »Wir werden seitens der Bundesregierung, aber auch der Landesregierungen und aller Verantwortlichen in Deutschland alles dafür tun, dass die Sicherheit jüdischer Einrichtungen und die Sicherheit der Bürger jüdischer Herkunft in Deutschland gewährleistet wird.«

Da, liebes Tagebuch, atmeten die Juden in Deutschland erleichtert auf. Ich konnte es regelrecht hören. Sie hatten das Wort der Kanzlerin! Fortan würde sie jeden Tag vor einer jüdischen

Einrichtung Stellung beziehen, um solche Katastrophen wie in Paris und Kopenhagen zu verhindern. Und kleine Probleme des Alltags löst man mit Bordmitteln. Die Jüdische Gemeinde zu Berlin verschickt ihr Gemeindemagazin *Jüdisches Berlin* nicht mehr offen mit einem Adressenaufkleber, sondern in einem neutralen Umschlag ohne jeden Hinweis auf den Absender. Der Pressesprecher des Vorstands begründet diese Maßnahme so: »Es ist traurige Realität, dass jüdisches Leben in Deutschland seit Jahren zu einem Großteil hinter Panzerglas, Stacheldraht und Sicherheitsschleusen stattfindet. Mit den Anschlägen von Paris und Kopenhagen hat die Gefährdung jüdischen Lebens in Europa nun eine neue Dimension erreicht, die zu einer großen Verunsicherung unter unseren Gemeindemitgliedern geführt hat. Wir merken zum Beispiel aktuell bei den Anmeldungen für unsere Kindergärten und Schulen, dass Eltern zuallererst und ganz genau über die Sicherheitsmaßnahmen informiert werden möchten. Die Jüdische Gemeinde zu Berlin beobachtet deshalb sehr genau, wie sich die Sicherheitslage entwickelt und hat in Absprache mit Polizei und Senatsinnenverwaltung Maßnahmen ergriffen, die die Sicherheit in und vor unseren Einrichtungen erheblich verstärken. Der Gemeindevorstand hat sich zudem trotz erheblicher Mehrkosten dafür entschieden, das Gemeindemagazin in einem neutralen Umschlag zu versenden, um die Wahrscheinlichkeit von Anfeindungen gegen unsere mehr als zehntausend Gemeindemitglieder zu reduzieren. Viele Gemeindemitglieder hatten bereits überlegt, ihr Abonnement abzubestellen.«

Aber auch unter solchen Umständen, meint der Präsident des Zentralrates der Juden in Deutschland, sei »jüdisches Leben auch in Deutschland weiterhin möglich«.

Nur wer zeigt, dass er die falsche Zeitung abonniert hat, den bestraft das Leben.

22. Februar

Liebes Tagebuch!

Heute war Bundespräsident Gauck in Kiew, um an einer Kundgebung zur Erinnerung an den Aufstand zu erinnern, der vor einem Jahr auf dem Maidan seinen Anfang nahm. Arm in Arm mit Vertretern der ukrainischen Regierung und Staatsgästen aus Europa marschierte er an der Spitze eines Demonstrationszuges und setzte so eines der vielen Zeichen, die zum Repertoire der Revolutionsreisenden gehören. Anschließend gab er ein Interview, in dem er erklärte, wie der Westen der Ukraine helfen könnte: »Wenn wir militärisch uns nicht engagieren, dann sollten wir verstärkt darüber nachdenken, wie wir Stabilität in diese Gesellschaft bringen, wie wir Ressourcen bereitstellen, aber auch Unterstützung bereitstellen, um den Demokratisierungs- und Stabilisierungsprozess hier, ja, zum Erfolg zu führen.«

»Wir« sollten also nicht etwas tun, wir sollten nur darüber nachdenken, was wir tun könnten. Ja, heute machen wir uns kein Abendessen, sondern nur Gedanken. Und laden den Bundespräsidenten zum Nachtisch sein. Es gibt seine Spezialität: Nullsätze mit Erfolgsgarantie.

23. Februar

Liebes Tagebuch!

Ich zitiere: »Ich glaube, dass das Daten Mining, Big Data, im Zusammenhang mit der digitalen Revolution für jeden Einzelnen von uns ein größerer Anschlag auf die Freiheit ist, als es der Angriff auf das World Trade Center war oder die Ermordung der Journalisten von *Charlie Hebdo*. Denn weder der Anschlag auf das World Trade Center war ein echter Anschlag auf die Freiheit, sondern ein Anschlag auf die Hegemonie Amerikas, und der Anschlag auf die Journalisten war ein Anschlag auf wenige Leute, die es gewagt hatten, Mohammed zu karikieren. Beides ist natürlich zu verurteilen, aber ein richtiger Anschlag auf die Freiheit ist, wenn jeder Mensch, der in Deutschland oder in Europa oder in Amerika lebt, seine Daten nicht mehr für sich behalten kann, und jeder erdenkliche Mensch und jede erdenkliche Maschine damit machen kann, was sie will. Das ist ein Anschlag auf die Freiheit, und so sollten wir es auch nennen.«

Wer diesen schwachsinnigen Vergleich angestellt hat, willst du wissen? Der Philosophendarsteller Richard David Precht gestern im ZDF.

Ja, ja, Richard David Precht ist ein gut aussehender Mann, der auf sein Äußeres viel Wert legt. Die Lässigkeit, mit der er zwei Hemdknöpfe offen lässt, könnte ihn für ein Ministeramt in der neuen griechischen Regierung qualifizieren. Das macht viele seiner Kritiker neidisch und wütend. Ein echter Philosoph muss so aussehen wie Adorno, Heidegger und Nietzsche! Precht kann auch sprechen, ohne sich zu verhaspeln, was in dem Milieu, in dem er sich bewegt, eher die Ausnahme ist. Von solchen Gaben abgesehen ist er aber genuin dumm. Ein Herr der Binse, der die größten Banalitäten in einem Duktus von sich gibt, als habe er soeben den Satz des Pythagoras, das archimedische Prinzip und die Aspirin-Formel erfunden. Zudem ist er dermaßen von sich überzeugt und so ironiefrei wie eine pummelige Friseuse aus Lüdenscheid, die Heidi Klums Nachfolgerin bei GNTM werden möchte.

Ende 2011 erklärte er im *Stern*, »was im Leben zählt«, wie »die Welt« tickt und »wie sich die Gesellschaft jetzt ändern muss«. Wie Precht tickt, war auf dem Titelblatt derselben Ausgabe des *Stern* zu sehen. Da stand der Philosoph in einem mindestens drei Meter hohen Loch eines riesigen Baumes, als wollte er grade aus einer Mega-Möse auf die Welt schlüpfen. Wer sich so fotografieren lässt, der könnte auch die bayerischen Meisterschaften im Fingerhakeln auf Arte moderieren.

Wenn er nun sagt, »weder der Anschlag auf das World Trade Center war ein echter Anschlag auf die Freiheit, sondern ein Anschlag auf die Hegemonie Amerikas, und der Anschlag auf die Journalisten (von *Charlie Hebdo*) war ein Anschlag auf wenige Leute, die es gewagt hatten, Mohammed zu karikieren«, dann ist das mehr als der übliche Relativismus, der die Zahl der Terrortoten ins Verhältnis zu der Zahl der Verkehrstoten setzt. Es ist Ausdruck der Kaltschnäuzigkeit, die zum Handwerkszeug jener abgebrühten Pseudointellektuellen gehört, für die ein Unglück erst dann zur Katastrophe wird, wenn es sie selbst erwischt.

Precht könnte dem Anschlag auf die Freiheit leicht entkommen, wenn er kein Handy, keine Kreditkarten und kein Facebook (dort firmiert er, kicher, kicher, unter »Richard David Precht, AutorIn«) etc. benutzen und seine Briefe mit der normalen Post verschicken würde. Das wäre etwas mühsam, aber möglich. Die Opfer der Anschläge von New York, Paris, London, Madrid, Brüssel und Kopenhagen konnten ihrem Schicksal nicht entkommen, man könnte ihnen allenfalls nachrufen: Selber schuld, wenn ihr zur falschen Zeit in einem Hochhaus, einer

Redaktion, einem Vorortzug oder einer Synagoge gewesen seid! Ihr hättet auch daheimbleiben und ein Buch von Richard David Precht lesen können.

24. Februar

Liebes Tagebuch!

Was gibt es Neues an der Front in der Ostukraine? Die OSZE-Beobachter beobachten die Lage mithilfe von Ferngläsern, und die Kaffeesatzleser rätseln, ob die »prorussischen Separatisten«, also russische Soldaten ohne Hoheitsabzeichen, jetzt auf Charkiw im Norden oder auf Mariupol im Süden vorrücken werden. Für Charkiw würden die sechs Museen und sechs Theater der Stadt sprechen, für Mariupol die Lage am Ufer des Asowschen Meeres. Debalzewe war dagegen nur eine »strategisch wichtige« Stadt, um die wochenlang »erbittert gekämpft« wurde. Erst nach Inkrafttreten des *Minsk*-2-Abkommens, um dessen Zustandekommen ebenso »erbittert verhandelt« wurde, konnte sie von den prorussischen Separatisten eingenommen werden.Das wiederum zwingt die Nachrichtensprecher seitdem dazu, immer wieder neue Umschreibungen für das Wort »Waffenruhe« und »Waffenstillstand« zu finden. Das *Abkommen von Minsk*, sagte neulich einer, sei tot, aber niemand wolle es begraben.

Das stelle ich mir lustig vor, eine Art Leichenhalle für tote Abkommen. Die liegen da in tiefgekühlten Fächern und warten darauf, identifiziert zu werden. Eine Tür öffnet sich, Angela Merkel betritt den Raum. Ein Gerichtsmediziner führt sie an den Obduktionstisch, schlägt das weiße Tuch zurück und fragt: »Kennen Sie diesen Toten, Frau Kanzlerin?« Angela Merkel schaut nur kurz hin. »Sieht aus wie *Minsk 2*«, sagt sie. »Vielen Dank,

Frau Kanzlerin«, sagt der Gerichtsmediziner, »Sie haben uns sehr geholfen«.

Heute, zwölf Tage nach der Unterzeichnung von *Minsk 2*, sagte Susanne Holst in der 17-Uhr-*Tagesschau*: »Das Abkommen von Minsk wird nur schleppend umgesetzt.« Es »fallen immer noch Schüsse«, und mit dem vereinbarten Abzug der Waffen wurde »noch nicht begonnen«. Dafür hätten sich wieder einmal die Außenminister der Ukraine, Russlands, der Bundesrepublik und Frankreichs getroffen, »diesmal in Paris«.

»Schleppend umgesetzt.« Ebenso schleppend setzt sich die Idee der Demokratie in der arabisch-islamischen Welt durch. Oder der Absatz alkoholfreien Bieres auf dem Oktoberfest.

Wie man sich die schleppende Umsetzung eines Abkommens vorstellen soll, das von Anfang an ein tot geborenes Kind war, erklärte anschließend Außenminister Steinmeier: »Wir haben die gegenwärtige Situation analysiert, und sie bleibt, auch anderthalb Wochen nach den Unterschriften unter das *Minsker Agreement*, höchst fragil.«

26. Februar

Liebes Tagebuch!

»Es ist außerordentlich wichtig, (uns) im Jahre 2015 über die neue Qualität der mörderischen Gewalt zu unterhalten. Dass Juden ermordet werden, nur weil sie Juden sind, das ist in Europa in der Tat eine neue Qualität. Und die ist primär islamistisch bedingt.« (Michel Friedman in der *Kulturzeit* auf 3sat)

Das hat es echt noch nie gegeben, dass Juden ermordet werden, nur weil sie Juden sind. Bis jetzt hatten die Mörder immer einen Grund. Beim großen Pogrom von Granada (1066), bei den Pestpogromen im 14. Jahrhundert, beim Pogrom in Kishinev (1903), beim Massaker von Hebron (1929), beim Massaker von Babi Jar (1941), bei den Pogromen in Jedwabne (1941) und in Kielce (1946) – nur um einige der Meilensteine auf der langen Strecke des Judenhasses zu nennen.

Man kann den Antisemiten vieles vorwerfen, nur nicht, dass sie aus Jux und Dollerei die Juden umbrachten. Mal hatten die Juden die Brunnen vergiftet, mal das Blut christlicher Kinder zu Matzen verarbeitet. Mal hatten sie mit dem Kommunismus paktiert, mal mit dem Kapitalismus. Mal waren die Juden zu reich, mal zu arm. Mal zu blöd und mal zu klug. Mal zu mächtig, mal zu machtlos. Mal zu konservativ, mal zu progressiv. Die Judenmörder waren nicht sehr wählerisch, im Grunde war ihnen jeder Grund recht, aber irgendeinen Grund hatten sie immer! Das habe sich nun geändert, sagt Michel Friedman, Krawattenmann des Jahres 2000, heute würden Juden ermordet, nur weil sie Juden seien. Einfach so. »Stam«, wie man im Hebräischen sagt, wenn man von einem Polizisten gefragt wird, warum man eine rote Ampel überfahren hat.

27. Februar

Liebes Tagebuch!

»Der Präsident des *Zentralrats der Juden* warnt vor dem Tragen der traditionellen jüdischen Kopfbedeckung in ›Problemvierteln‹: Juden sollten sich zwar nicht aus Angst verstecken, sagte Josef Schuster im Inforadio des rbb. Die meisten jüdischen Einrichtungen seien zudem gut gesichert. Die Frage sei aber, ob es tatsächlich sinnvoll ist, sich in Problemvierteln, in Vierteln mit einem hohen muslimischen Anteil, als Jude durch das Tragen der

Kippa zu erkennen zu geben. Schuster legte jüdischen Gläubigen für solche Fälle nahe, ›eine andere Kopfbedeckung‹ zu erwägen. Es sei eine Entwicklung, die er so vor fünf Jahren nicht erwartet habe – und die auch ein wenig erschreckend sei, so Schuster.« (*Spiegel Online*)

Caren Miosga interviewt in den *Tagesthemen* Josef Schuster: »Herr Schuster, was hat sie dazu bewogen, davor zu warnen, die Kippa in bestimmten muslimischen Vierteln zu tragen?«

Schuster sagt, es gebe Bereiche in Großstädten, in denen er es »nicht für ungefährlich« halte, »wenn sich jüdische Menschen durch das Tragen einer Kippa als solche zu erkennen geben«.

Miosga: »Gibt es denn viele solcher Viertel?«

Schuster sagt, das Wort »viele« sei eine Übertreibung. Seine Äußerung habe sich »auf einzelne umschriebene Bereiche« bezogen, die es »in verschiedenen Großstädten« gebe.

Miosga: »Dennoch liegt vielleicht in Ihrer Warnung eine mögliche Gefahr. Wenn Sie jetzt Juden davor warnen, Viertel mit hohem muslimischen Anteil mit Kippa zu betreten, also zugespitzt, Juden vor Muslimen warnen, sorgen Sie damit nicht dafür, dass Muslime sich von Ihnen angegriffen und stigmatisiert fühlen?«

Schuster sagt, wenn das »so herüberkam, dann war das alles andere als meine Überlegung«. So habe er es nicht gemeint, aber es gebe eben Viertel mit einem »hohen Migrationshintergrund«, wo es eben passiere, dass »Menschen, nur weil sie als Juden erkennbar sind, angegriffen wurden, aber auch werden«.

Setzen, Schuster! Falsche Antwort! Frau Miosga sagt nicht das, was sie meint, und sie meint nicht das, was sie sagt. Sie spricht durch die Blume. Was sie sagen wollte, sich aber nicht traute, war: Die Gefahr geht doch eigentlich von den Juden aus. Und die richtige Antwort darauf wäre gewesen: »So ist es, Frau Miosga. Wir Juden lassen keine Gelegenheit aus, Muslime anzugreifen und zu stigmatisieren. Im Sommer letzten Jahres haben jüdische Jugendliche bei antimuslimischen Demonstrationen ›Muslim, Muslim, feiges Schwein, komm heraus und kämpf allein!‹ gerufen, einige sogar ›Muslime ins Gas!‹. Wenn eine Muslima in ein Viertel mit einem hohen Anteil von Juden kommt, muss sie damit rechnen, dass ihr das Kopftuch vom Kopf gerissen, dass sie angepöbelt und bespuckt wird. Wir glauben daran, dass jeder Mensch als Jude geboren wird. Und wir geben jedem eine Chance, zu seinem wahren Glauben zurückzukehren. Wenn er es nicht tut, dann muss er eben die Konsequenzen tragen. Davon abgesehen, gibt es für uns keinen Zwang im Glauben. Jeder kann glauben, was er will, solange er sich zu Jahwe bekennt. Und was Sie angeht, Frau Miosga, wäre es ausgesprochen unfair, wenn Sie als Frau andere Frauen davor warnen würden, in einem Minirock und engem Oberteil durch ein Viertel mit einem hohen Männeranteil zu laufen. Durch eine solche Warnung könnten sich diese Männer angegriffen und stigmatisiert fühlen.«

28. Februar

Liebes Tagebuch!

Der neue Bürgermeister von Berlin, Michael Müller, ist ein Muster für geglückte Integration. Kaum zehn Wochen im Amt, redet er schon Unsinn. Er teile nicht die Ansicht von Josef Schuster, ließ er die *Berliner Morgenpost* wissen, Juden sollten darauf verzichten, »sich in Problemvierteln, in Vierteln mit einem hohen muslimischen Anteil durch das Tragen der Kippa zu erkennen zu geben« und »besser eine andere Kopfbedeckung« benutzen. »Ich nehme das so nicht wahr«, sagte Müller.

Möglich, dass er vor Kurzem einen Selbstversuch unternommen hat und mit einer Kippa auf dem Kopf durch eines der Berliner »Problemviertel« gelaufen ist, ohne dass ihm etwas passiert wäre. Möglich auch, dass er außer einer Kippa auch die Tracht anhatte, wie sie von Salafisten getragen wird – weite Pluderhosen, knielanges Hemd mit einer Weste darüber. Denkbar auch, dass Müller mit seinem Dienstwagen unterwegs war. Das könnte die positive Erfahrung erklären.

Er wäre nicht der Erste, der die Wirklichkeit seiner Wahrnehmung unterordnet. Wer kein Jude, kein Zigeuner, kein Zeuge Jehovas, kein Kommunist und nicht schwul oder behindert war, der hatte auch im Dritten Reich nichts zu befürchten. Und wer sich damit abgefunden hatte, dass ein Grenzübertritt letal enden konnte, der fand auch das Leben in der DDR ganz kommod.

1. März

Liebes Tagebuch!

Lass uns den März lustig beginnen, trotz des Elends in der Welt. Kennst du den? Kommt ein Artist zu einem Agenten und will wissen, ob der einen Job für ihn hat. Fragt der Agent: »Was können Sie denn so?« Der Artist macht einen Kopfstand, singt *Over The Rainbow*, balanciert auf dem einen Fuß eine Zimmerpalme, auf dem anderen einen Hamster in einem Tretrad. Dabei jongliert er mit fünf Bällen. Der Agent schaut sich das eine Weile an und sagt: »Und mit den Hüften machen Sie nichts?«

Heute bekam ich eine Einladung zur Eröffnung der *63. Berliner Woche der Brüderlichkeit* in Berlin. Als Festredner wird Rabbiner Dr. Tovia Ben-Chorin angekündigt, Sohn von Schalom Ben-Chorin, dem Gründer der ersten liberalen Synagogen-Gemeinde in Israel. Über Tovia Ben-Chorin, den Sohn, erfahren wir: Er wurde 1936 in Jerusalem geboren, ist verheiratet, hat zwei Söhne und ebenso viele »fantastische Schwiegertöchter«, dazu fünf »wunderbare Enkel«. Seinen B.A. im Fach *Bibel and Jewish History* machte er an der Hebrew University of Jerusalem, am Hebrew Union College – Jewish Institute of Religion in Cincinnati (USA) wurde er zum Rabbiner ordiniert. Danach amtierte er in progressiven Gemeinden in den USA, Südafrika, England, Israel und Zürich als Rabbiner. Seit 2009 betreut er die Liberalen innerhalb der Berliner Einheitsgemeinde. Das müsste reichen, um sich als Festredner für die Eröffnung der *Woche der Brüderlichkeit* zu qualifizieren. Aber das Entscheidende kommt erst: »Er engagiert sich im jüdisch-christlichen, israelisch-palästinensischen und deutsch-jüdischen Dialog.«

Wäre ich der Agent in dem Witz, würde ich jetzt fragen: »Und sonst macht er nichts?« Was ist mit dem deutsch-deutschen, dem deutsch-polnischen und dem deutsch-südafrikanischen Dialog? Ist es nicht etwas redundant, sich im jüdisch-christlichen und deutsch-jüdischen Dialog zu engagieren? Wie geht das? An einem Tag dialogisiert Tovia Ben-Chorin mit seinen christlichen, an einem anderen mit seinen deutschen Nachbarn. Und dazwischen führt er einen israelisch-palästinensischen Dialog als Selbstgespräch, kam er doch in Palästina zur Welt und wuchs in Israel auf.

Wenn ich nur das Wort »Dialog« höre, wachsen mir Fingernägel wie Johnny Depp als Edward mit den Scherenhänden. Der Dialog ist ein Monolog für zwei Sprecher. Überall dort, wo ein therapeutischer Dialog arrangiert werden muss, ist die Luft schon raus – in der Gesellschaft, in der Politik, in der Ehe. Man ist am Ende, will es aber nicht wahrhaben. Der beste Beleg dafür ist die *Woche der Brüderlichkeit*, die seit 1952 begangen wird, ein Festival der Heuchelei, über das der Sänger Tom Lehrer schon 1965 gespottet hat: »Oh, the Protestants hate the Catholics, And the Catholics hate the Protestants, And the Hindus hate the Muslims, And everybody hates the Jews. But during National Brotherhood Week, Be nice to people who are inferior to you. It's only for a week, so have no fear. Be grateful that it doesn't last all year!«

2. März

Liebes Tagebuch!

Seit Claudia Roth vor einigen Jahren in einem Zustand, der sie sogar für die Teilnahme an einem Seifenkistenrennen disqualifiziert hätte, bekannte: »Die Türkei ist meine Freundin«, muss man bei den Grünen, was Freundschaft angeht, mit allem rechnen. Nun hat Anton Hofreiter, Kovorsitzender der grünen Fraktion im Bundestag, seine alte Parteifreundin regelrecht ausgebremst. Er habe, erklärte er bei Plasberg, »viele weibliche Freundinnen«. Das Thema war »Deutschland im Gender-Wahn«.

Weibliche Freundinnen – das klingt erst einmal wie »runde Kugel« oder »bewegliche Wanderdüne«. Es ist aber kein Pleonasmus, wie er jedem unterläuft, der zum Beispiel von einem »brutalen Mord« oder einer »attraktiven Schönheit« spricht. Hofreiter, der über die südamerikanische Pflanzengattung Bomarea zum Dr. rer. nat. promoviert hat, ist auch nicht der Prototyp eines bayerisch-barocken Casanovas, der mit seinen Amouren seine Wählerinnen und Wähler beeindrucken möchte. Er hat nur versucht, bis an die Schmerzgrenze der politischen Korrektheit zu gehen. Das tut auch Horst Seehofer, wenn er sich an seine »Freundinnen und Freunde« wendet, Richard David Precht, wenn er unter »AutorIn« firmiert, oder Gregor Gysi, wenn er daran erinnert, im Holocaust seien »Jüdinnen und Juden« umgebracht worden, damit niemand auf den Gedanken kommt, die Nazis wären Kavaliere gewesen, die Frauen gegenüber immer auf gute Manieren geachtet hätten.

An solche Floskeln, die wie ein Automatikgetriebe funktionieren, haben wir uns inzwischen gewöhnt. Wir warten nur darauf, dass in einem Polizeibericht vor »Gaunerinnen und Gaunern«

gewarnt oder in einer Reportage aus Saudi-Arabien beschrieben wird, wie »Diebinnen und Dieben« die Hände abgeschlagen werden.

»Weibliche Freundinnen« ist freilich von einer anderen Qualität. Hätte Hofreiter gesagt, er habe »viele Freundinnen«, wäre das der Auslöser für einen Shitstorm gewesen, der zu seinem Rücktritt vom Amt des Fraktionsvorsitzenden geführt hätte. Mindestens.

»Weibliche Freundinnen« aber lässt den Verdacht auf einen, im Sinne der Grünen, unmoralischen Lebenswandel gar nicht erst aufkommen. Promiskuität, nein danke! Das Gegenstück zu »männlicher Freund« ist ein Synonym für »guter Kumpel«, eine Frau zwar, aber kein Objekt männlicher Begierde. Jemand, mit dem man über den Ausbau der alternativen Energien reden kann, ohne sich für die phallische Symbolik der Windräder schämen zu müssen. Die »weibliche Freundin« ist nur noch der Sprache nach eine Frau, wie »die Insolvenz« oder »die Gebrauchsanweisung«, in der Realität ist es ein Neutrum ohne Eigenschaften, eine Gestalt aus dem Zettelkasten von Robert Musil.

Eine Frau, die sich von Anton Hofreiter zur »weiblichen Freundin« degradieren lässt, freut sich auch über eine Burka als Geburtstagsgeschenk. Eigentlich müsste jetzt ein Shitstorm über Anton Hofreiter hereinbrechen, initiiert von Frauen, die nicht der politischen Korrektheit zuliebe entsexualisiert werden möchten; #notinmyname. Aber das wird nicht passieren. Dazu ist der Genderwahn schon zu weit fortgeschrieben. Wer heute »Ein Freund, ein guter Freund, das ist das Beste, was es gibt auf der Welt«, singen würde, der müsste mit einer Abmahnung der Antidiskriminierungsstelle des Bundes aufgrund des Allgemeinen Gleichbehandlungsgesetzes rechnen. Oder mit einem Besuch von Anton Hofreiter.

3. März

Liebes Tagebuch!

Benjamin Netanjahu ist in Washington, und die ARD folgt seinen Spuren. »Netanjahus Auftritt vor dem Kongress«, sagt die Sprecherin der *Tagesschau*, »war umstritten, weil er nicht vom Weißen Haus, sondern von den Republikanern eingeladen worden war«. Dann ist die Reporterin vor Ort dran. Die ersten Bilder ihres Berichts zeigen eine Gruppe ultraorthodoxer Juden vor dem Capitol, die gegen den Besuch des israelischen Ministerpräsidenten in der amerikanischen Hauptstadt demonstrieren, »authentische Rabbiner gegen den Zionismus und den Staat Israel«, die auch den früheren iranischen Staatspräsidenten in Teheran besucht haben, um gemeinsam mit ihm zu überlegen, wie man das »zionistische Geschwür« namens Israel loswerden könnte.

»Selbst jüdische Gemeinden in den USA sind gespalten, Proteste vor dem Kongress«, sagt die Reporterin aus dem Off. Weil sie es eilig hat, sagt sie nicht, um welche »Gemeinden« es sich da handelt, die vor dem Capitol aufmarschiert sind. Fraglich ist, ob sie das überhaupt weiß oder den Namen der Sekte aussprechen könnte: »Neturei Karta«, Hüter der Stadt. Ein Teil der Sekte besteht aus Antisemiten, die zum Judentum konvertiert sind, um als »orthodoxe Juden« ihren Antisemitismus in religiöser Verkleidung ausleben zu können. Für das Kompetenzteam von ARD *aktuell* sind das aber echte Juden, weil sie wie Vogelscheuchen mit Pelzhüten aussehen.

4. März

Liebes Tagebuch!

Am liebsten schaue ich RTL2, zum Beispiel *Die Geissens*. RTL ist mir zu anspruchsvoll, zu intellektuell, zu gesellschaftskritisch. Aber *Exclusiv*, das tägliche Starmagazin mit Frauke Ludowig, lasse ich mir nicht entgehen. Heute ging es auch um die Hamburger Drag Queen Olivia Jones alias Oliver Knöbel. Er, beziehungsweise sie, hat ein Kinderbuch geschrieben und stellte es in einer Hamburger Kita vor. »Ist es eigentlich normal, schwul zu sein?«, eine Frage, die sich jedes dreijährige Kind täglich stellt. Frauke und ihr Team waren dabei.

Stimme aus dem Off: »Auftritt Olivia Jones heute in einer Hamburger Kita in voller Montur. Schminke, Perücke, Glitzerjackett. Doch den ganz Kleinen kann man eben nichts vormachen.«

Kind: »Bist du ein Mann?«

Stimme aus dem Off: »Völlig korrekt. Olivia Jones ist ein Mann. Und schwul. Oliver Knöbel sein richtiger Name. Und ohne Verkleidung, hier eine ganz seltene Aufnahme. Und der hatte es nicht immer leicht. Zum Beispiel als kleiner Junge in der Schule.«

Olivia Jones: »Ich habe auch so Wörter gehört wie *pervers* oder *abartig*, und das hat mich zutiefst verletzt. Nun bin ich Gott sei Dank sehr, sehr stark und konnte damit umgehen.«

Stimme aus dem Off: »Und deshalb ist dieser Termin heute Mittag sehr wichtig für den 45-Jährigen. Er stellt sein Buch ›Keine Angst in Andersrum‹ vor. Und er liest daraus vor. Zum Beispiel: Warum Spinat plötzlich voll schwul ist.«

Olivia Jones: »Von wegen, schimpft Louis, Spinat ist voll schwul.

Wie bitte? Tanta Maria fällt beinah die Gabel aus der Hand. Voll was? Voll schwul, sagt Louis. Und macht dabei ein Gesicht, als müsste er gleich brechen.«

Stimme aus dem Off: »Schwul, ein Schimpfwort, ohne zu wissen, was es überhaupt bedeutet. Traurige Realität. Das Buch soll damit aufräumen. Aber auch mit den Klischees, was ist eigentlich typisch männlich und was weiblich? Zum Glück sind die Kleinsten inzwischen weiter als so mancher Erwachsener… Doch so spaßig dieser Termin heute auch rüberkommt, Olivia Jones muss auch Kritik einstecken. Zum Beispiel von besorgten Eltern. So ein Buch für die Allerkleinsten, das kann nicht gut sein, so der Vorwurf.«

Olivia Jones: »So ganz kann ich die Ängste nicht nachvollziehen. Und deswegen habe ich auch dieses Buch geschrieben. Denn man kann sich das nicht aussuchen, ob man nun schwul, lesbisch oder hetero ist. Wenn ich mir das hätte aussuchen können, ich hätte niemals den Weg schwul gewählt. Ich hätte natürlich den Weg des geringeren Widerstandes gewählt.«

Stimme aus dem Off: »Olivia Jones' Mama. Evelyn. Sie ist stolz auf ihren Sohn Oliver, auch wenn das nicht immer einfach war. Mit dem heutigen Termin ist ein guter Schritt getan in Richtung Toleranz.«

Olivia Jones: »Also, die Kinder waren super mir gegenüber. Die haben auch gar nicht dieses Mann-Frau-Thema hinterfragt, sondern waren viel interessierter, wie machst du das denn mit der Perücke und wie groß bist du denn und wie halten die Wimpern und so.«

Stimme aus dem Off: »Ganz wichtige Fragen. Und irgendwie auch voll normal.«

Olivia Jones alias Oliver Knöbel konnte es sich nicht aussuchen, ob er schwul, lesbisch oder hetero werden wollte. Die Kinder in der Hamburger Kita werden das verstehen. Sie können es sich nicht aussuchen, ob sie vom Osterhasen, vom Weihnachtsmann oder von jemand heimgesucht werden möchten, der sie von den Vorurteilen heilen will, die sie nicht haben. Drei- bis Vierjährige von der Schönheit eines Lebens »in Andersrum« überzeugen zu wollen, ist Teil eines Programms für eine bessere, buntere und tolerantere Welt. Das grenzt nicht an Missbrauch, das ist Missbrauch. Die Kleinsten werden nicht nur darüber aufgeklärt, wie bunt die Welt der Liebe ist, sie werden auch angehalten, Energie und Wasser zu sparen, Walfische und Eisbären zu retten, beim Atmen nicht zu viel CO_2 zu emittieren und beim Essen auf Geschmacksverstärker zu achten. Und wenn sie das alles überstanden haben, ohne irre zu werden, dann wollen sie nur eines: nichts wie weg, am besten nach Syrien und in den Irak zum Islamischen Staat, um endlich unter normalen Menschen zu sein.

5. März

Liebes Tagebuch!

Im *Heute-Journal* feiert das ZDF sich selbst. Dass Mitarbeiter der GEZ vor der Tür stünden, um zu prüfen, wie viele Radio- oder TV-Geräte man im Haus habe, »das gehört der Vergangenheit an«, sagt Marietta Slomka. Seit 2013 werde »der neue Rundfunkbeitrag pro Wohnung oder Büro eingezogen«. Dadurch seien die Einnahmen »kräftig gestiegen«, im Jahre 2014 wurden 640 Millionen mehr eingenommen als 2013. Allerdings dürfen die Sender über das Geld »vorerst nicht verfügen«, es fließt auf Sonderkonten. Im folgenden Beitrag heißt es dann, die »Zusammenarbeit mit den Meldeämtern« sorge »für lückenlose Beitragszahlung«.

Soll heißen: Die Meldeämter geben ihre Daten an den »Beitragsservice« von ARD, ZDF und DLF weiter. Ohne Rücksicht auf den Datenschutz. Das neue System sei »insgesamt gerechter«, sagt eine Stimme aus dem Off, und der Intendant des ZDF, Thomas Bellut, bestätigt, dass dies tatsächlich der Fall sei. »Das ist auf jeden Fall ein Riesenerfolg, diese Umstellung, dass einfach mehr (Zuschauer) zahlen, und die Ehrlichen werden dadurch belohnt, die schon immer bezahlt haben, denn die Lasten werden auf mehr Schultern verteilt.«

Eine solche Logik kann nur in der Umgebung von Mainz funktionieren, wo der »Handkäs mit Musik« als Delikatesse gilt, ein fettarmer Sauermilchkäse, der in einer Tunke aus Essig, Öl, Zwiebeln und Kümmel serviert wird und bei der Verdauung Geräusche erzeugt, die ebenso peinlich sind wie die Musiksendung »Willkommen bei Carmen Nebel«. Die Ehrlichen, die schon immer bezahlt haben, werden dadurch belohnt, dass die Lasten auf mehr Schultern verteilt werden.

Das ist keine Frage der Gerechtigkeit, sondern der Einnahmenoptimierung, du doofes Mainzelmännchen!

Belluts Gehalt als ZDF-Chef lag im Jahre 2013 bei 276 713 Euro, zuzüglich 33 291 Euro aus Nebeneinkünften. Macht 310 004 Euro vor Steuern. (Die Bundeskanzlerin verdient ca. 290 000 Euro.) Bei einem Rundfunkbeitrag von 216 Euro pro Haushalt und Jahr bedeutet das: 1442 Haushalte finanzieren das Einkommen des ZDF-Intendanten. Das ist es vermutlich, was Thomas Bellut meinte, als er von einer gerechten Verteilung der Lasten auf viele Schultern sprach.

6. März

Liebes Tagebuch!

Unter fortschrittlichen Juden gehört es zum guten Ton, sich über Philosemiten ebenso aufzuregen wie über Antisemiten. Wenn nicht noch mehr. Obwohl noch kein Fall bekannt geworden ist, da ein Philosemit einen Juden umgebracht hätte, wozu Antisemiten neigen, wenn man sie gewähren lässt.

Mit diesen Worten fängt der Münchner Filmproduzent und Erfinder der Lichterkette, Gil Bachrach, einen Artikel über Antisemitismus auf *Zeit Online* an: »Ich bin sauer auf Philosemiten. Ich brauche sie nicht. Ich mag keine Schlechte-Gewissen-Aktionen. [...] Ich brauche auch Herrn Netanjahu nicht, der mich zur Einwanderung nach Israel überreden will, um seine politische Machtposition zu stärken. Meiner Familie und mir geht es gut hier.«

Na, dann freu dich doch, bestell dir noch eine Bionade und halt die Klappe!, möchte ich dem Wohlfühljuden zurufen, der sich im weiteren Verlauf seines Artikels seiner »vielen nicht jüdischen Freunde« rühmt und darüber wundert, dass »Juden wieder verfolgt und umgebracht werden, nur weil sie Juden sind«.

Der Artikel endet so, wie er begann, pathetisch, peinlich und pompös. »Wir Deutschen jedenfalls sind alle aufgefordert, dafür zu sorgen, dass unser Land auch noch in 50 Jahren das ist, wofür es heute fast in der ganzen Welt angesehen ist: ein Vorbild für demokratisches Miteinander und erfolgreiches friedliches Leben.«

Mein Land. Mein Vorbild. Meine Juden.

7. März

Liebes Tagebuch!

Ich würde gerne mal eine Nymphomanin kennenlernen. Das gehört nicht in ein »politisches Tagebuch«, sagst du. Okay, es kann auch eine Politikerin sein. Ja, sogar von den Linken. Ich bin doch tolerant.

8. März

Liebes Tagebuch!

Weil die europäische Gemeinschaftswährung ein so durchschlagender Erfolg war, soll die europäische Integration mit einem weiteren Großprojekt vorangetrieben werden. Jean-Claude Juncker sagt in einem Interview der *Welt am Sonntag*: »Mit einer eigenen Armee könnte Europa glaubwürdig auf eine Bedrohung des Friedens in einem Mitgliedsstaat oder einem Nachbarland der europäischen Union reagieren.« Und: »Eine solche Armee würde uns helfen, eine gemeinsame Außen- und Sicherheitspolitik zu gestalten und gemeinsam die Verantwortung Europas in der Welt wahrzunehmen.« Damit würde man den Russen den Eindruck vermitteln, »dass wir es ernst meinen mit der Verteidigung der Werte der Europäischen Union«.

Norbert Röttgen, der Vorsitzende des Außenpolitischen Ausschusses des Bundestages, sagt: »Eine gemeinsame Armee ist eine europäische Vision, deren Zeit gekommen ist.« Die Armee als Ausdruck der Nationalstaatlichkeit habe sich als Idee überlebt.

Hans-Peter Bartels, der Vorsitzende des Verteidigungsausschusses im Bundestag, kann es kaum noch abwarten, bis die Vision Wirklichkeit wird. »Deshalb begrüße ich den Vorstoß Junckers. Wichtig ist, dass wir nun zügig konkrete Maßnahmen umsetzen. Wir sollten nicht auf ein Gesamtkonzept aller 28 EU-Mitglieder warten, sondern mit Vereinbarungen zwischen den Nationalstaaten beginnen.«

Ursula von der Leyen sagt, sie sei »fest davon überzeugt, dass wir langfristig eine europäische Armee haben werden, der Weg dorthin setzt sich noch aus vielen Einzelschritten zusammen, und es wird sicherlich noch eine ganze Fülle von Fragen geben, die zu lösen sind.«

Und der verteidigungspolitische Sprecher der SPD-Bundestagsfraktion, Rainer Arnold, sagt: »Überall leiden die Streitkräfte unter den leeren Kassen. Deshalb ist es ein guter Zeitpunkt, so einen Vorschlag zu unterbreiten. Und wir Sozialdemokraten wollen, dass Deutschland zum Motor für eine vertiefte gemeinsame Sicherheitspolitik wird.«

Ja, mit weniger geben wir Sozialdemokraten uns nicht zufrieden! Wir wollen nicht nur vertiefen und erweitern, wir wollen vor allem, dass Deutschland zum Motor für eine gemeinsame Sicherheitspolitik wird. So, wie es schon zweimal im letzten Jahrhundert die europäische Einigung vorangetrieben hat, soll es nun beim Aufbau einer europäischen Armee das Zugpferd sein. Im Vollrausch patriotischer Aufwallungen vergisst der Abgeordnete Arnold, dass die Bundeswehr nicht nur vor über 50 Jahren, 1962, »bedingt abwehrbereit« war, sondern auch, dass sie es immer noch ist. Ursula von der Leyen kann die Anzahl der intakten Hubschrauber an den Fingern einer Hand abzählen, und als es neulich darum ging, ein paar Tonnen gebrauchter Waffen an die Kurden im Irak zu liefern, da musste sie lange suchen, bis sie endlich in irgendeinem verlassenen Hangar zwei Transportmaschinen gefunden hatte, die auf dem Weg nach Erbil mehrmals zwischenlanden und repariert werden mussten. Das hat auch nichts mit »leeren Kassen« zu tun, wie der Ankauf von 168 neuen Hubschraubern für fast neun Milliarden Euro beweist und von denen man jetzt schon weiß, dass die Triebwerke zur Überhitzung neigen und die Maschinen zur Seenotrettung über dem Meer nicht taugen, weil die Stahlteile rosten. Es hat mit einem Management zu tun, dessen Ziel es ist, »die Bundeswehr zu einem der attraktivsten Arbeitgeber in Deutschland zu machen«, wobei es vor allem um »die Vereinbarkeit von Dienst und Familie« gehen soll, wie die Ministerin Anfang 2014 in einem Gespräch mit der *Bild am Sonntag* erklärte. »Unsere Soldatinnen und Soldaten lieben ihren Beruf, aber sie möchten auch, dass ihre Ehen halten und sie ein glückliches Familienleben führen.« Deswegen sollte auch die Kinderbetreuung in den Kasernen ausgebaut werden, mit dem Einsatz von Tagesmüttern. »Das ist eine besonders flexible Form der Kinderbetreuung, und wir haben den großen Vorteil, dass es in vielen Kasernen den Platz dafür gibt.«

Und nun ist Frau von der Leyen fest davon überzeugt, »dass wir langfristig eine europäische Armee haben werden«, eine Art europäischer Kindergarten mit Teilzeitsoldaten und Teilzeitsoldatinnen aus 28 Staaten, wo jeder Befehl in 28 Sprachen übersetzt werden muss, bevor es losgehen kann. Dann werden unsere Jungs und Mädels aus ihren Wohlfühlkasernen abkommandiert, um dem neuen NATO-Mitglied Ukraine oder Georgien beizuspringen, und die deutschen Soldatenmütter und -Väter werden ihnen am Straßenrand mit Europafähnchen winkend zujubeln. Ist das nicht irre, liebes Tagebuch?

Und so, wie uns die Brüsseler Autokraten versuchen einzureden, es sei nicht nur möglich, sondern von allergrößtem Vorteil für alle, 28 Ökonomien zusammenzulegen, um die Betriebskosten zu senken, so sollen wir nun glauben, man könne 28 Armeen zusammenlegen, um mit weniger Ausgaben mehr zu bewirken. Nicht jedes Land, hören wir, müsse eine eigene Marine oder eigene Spezialeinheiten haben. Diese Aufgaben könnten neu verteilt werden. Die einen laufen, die anderen schwimmen, die dritten fliegen, und alle übrigen passen auf, dass die Arbeitszeiten eingehalten werden.

Dieses Modell greift auf eine Idee zurück, die zur Gründung des Rates für gegenseitige Wirtschaftshilfe (Comecon) im Jahre 1949 unter dem Vorsitz der Sowjetunion führte. Mithilfe von Spezialisierung und Arbeitsteilung sollten die vorhandenen Ressourcen optimal eingesetzt werden. In der UdSSR wurden Traktoren produziert, in Polen Wurstwaren, in Ungarn Schuhe, in der CSSR Textilien, in Rumänien Fahrräder und in Bulgarien Brechbohnen. Das Ergebnis war eine Angleichung der Mangelwirtschaft in allen Ländern.

Es gab zwar kaum etwas zu kaufen, aber dieses wenige wurde aufwendig verwaltet. Mit dem Ende der Sowjetunion löste sich im Jahre 1991 auch der Comecon auf.

Eine europäische Armee könnte sein Erbe antreten. Es müssten im Vorfeld Organigramme erarbeitet, Konferenzen organisiert, Arbeitskreise ins Leben gerufen, Befehlsstrukturen entwickelt, das Verhältnis zur NATO geklärt und Notfallpläne für den Fall geschrieben werden, dass es zu einem Konflikt zwischen zwei Ländern des Bündnisses kommen könnte, wie vor Kurzem zwischen England und Spanien in der Gibraltar-Frage. Und dann müssten noch ein paar Kleinigkeiten geregelt werden. Zum Beispiel: Wer entscheidet im Kriegsfall über den Einsatz deutscher Soldaten? Bisher hatte der Bundestag das letzte Wort. Müsste diese Aufgabe nicht dem EU-Parlament übertragen werden? Ich bezweifle, dass Ursula von der Leyen, Rainer Arnold, Norbert Röttgen, Hans-Peter Bartels und Jean-Claude Juncker an all das gedacht haben. Wer denkt schon im Liebesrausch daran, ob sein Kind einmal einen Platz in der Kita bekommt?

Liebes Tagebuch, vor vielen, vielen Jahren, als ein Brötchen noch zehn und ein Liter Normalbenzin 70 Pfennig kostete, nahm ich ab und zu an Veranstaltungen des Kölner SDS teil. Wir trafen uns in einem mit Sperrmüll möblierten Raum in der Nähe der Uni, lasen aus den gesammelten Werkeln von Marx und Engels und »Was tun?« von Lenin, debattierten über die Wege zur Diktatur des Proletariats und überlegten, was der tendenzielle Fall der Profitrate für die Preise in der Mensa bedeuten könnte.

Am Ende eines solchen Abends wurde ich Zeuge, wie einer der Teilnehmer auf eine der Teilnehmerinnen zuging und sagte: »Genossin Klara, mir ist noch einiges unklar. Vielleicht kannst du es mir erklären. So könnten wir auch unsere Beziehung vertiefen und erweitern.« – Daraufhin Genossin Klara: »Lass es gut sein, Genosse, du willst doch nur ficken.«

9. März

Liebes Tagebuch,

überall höre und lese ich, dass es an unserer mangelnden »Willkommenskultur« liegt, wenn die Zuwanderer zuerst unglücklich und danach auffällig werden. Wir müssten mehr tun, um ihnen zu zeigen, wie sehr wir uns darüber freuen, dass sie zu uns gekommen sind.

Nun, einige tun bereits etwas. Die Ämter bearbeiten die Asylanträge schneller als früher, sodass die Antragsteller schon nach Wochen statt nach Monaten oder gar Jahren abgeschoben werden können. Das ist gut für sie, aber auch gut für uns. Auf diese Weise können wir unsere Willkommenskultur viel effektiver entfalten. Ein paar Wochen Abenteuerurlaub in einer ehemaligen

Berliner Kaserne sind doch eine schöne Abwechslung im Leben eines Kulturwissenschaftlers aus Pristina, der daheim Postkarten aus aller Welt sammelt.

Und überall bilden sich Bürgerinitiativen, die den Zuwanderern helfen möchten, sich bei uns wohlzufühlen. Ein protestantischer Pfarrer aus Bayern hat jetzt angeregt, Asylbewerbern auf Gemeindekosten die Dienste von Prostituierten zur Verfügung zu stellen, nachdem ihm ein Freund berichtet hatte, »dass in sein Dorf 100 Asylbewerber kommen und jetzt viele Angst hätten, dass so viele Männer die Frauen im Ort belästigen könnten«.

Der Vorschlag war kein Gebot der christlichen Nächstenliebe, sondern Ergebnis einer nüchternen Überlegung: 100 vitale junge Männer könnten also die Moral im Dorf gefährden und »die Frauen im Ort« auf Gedanken bringen, die sie sich in ihren wildesten Träumen nicht erlauben, wenn der eigene Mann nebenan schnarcht. Mit einem Shuttle-Service für Prostituierte würde man nicht nur den Asylbewerbern einen Dienst erweisen. Und »die Männer im Dorf« könnten ruhig weiter schnarchen.

Auch in Berlin wird an der Willkommenskultur gearbeitet. Der »flüchtlingspolitische Sprecher« der Fraktion »Die Linke« im Abgeordnetenhaus hat dafür gesorgt, dass 150 meist weiblichen Flüchtlingen aus Albanien, Pakistan und Syrien die Haare gewaschen, geschnitten und geföhnt wurden – kostenlos in einem Charlottenburger Friseursalon. An der Aktion, die am Internationalen Frauentag stattfand, nahmen auch andere Politiker aus dem Abgeordnetenhaus und Bundestag teil, die persönlich Hand anlegten. Es war ein wenig so wie bei der traditionellen Fußwaschung der Katholiken am Gründonnerstag zur Erinnerung an das Letzte Abendmahl Jesu mit seinen Jüngern. Nur vom anderen Ende her.

So werden die Flüchtlinge, wenn sie eines Tages abgeschoben

werden, Deutschland in guter Erinnerung behalten. Das Wetter war nicht gut, das Essen mittelmäßig, aber der Haarschnitt war wirklich super!

10. März

Liebes Tagebuch!

Irgendwo in Berlin muss es eine Stabsstelle der Bundesregierung geben, deren Existenz nur wenigen Geheimnisträgern bekannt ist. Die Mitglieder dieses Gremiums treffen sich regelmäßig an einem abgelegenen Ort in der Schorfheide. Auf der Tagesordnung steht immer nur ein Punkt: »Was haben wir noch nicht reguliert? Gibt es irgendeine Regel, die nur darauf wartet, zum Leben erweckt zu werden?«

Die Stabsstelle arbeitet nicht nur im Geheimen, sondern auch im Verborgenen. Die Empfehlungen, die sie ausarbeitet, werden nicht von ihr der Öffentlichkeit präsentiert, diese Aufgabe übernimmt entweder eine Bürgerinitiative oder eine Bundesbehörde. Wegen der Glaubwürdigkeit. So hat zum Beispiel der Bundesminister für Ernährung und Landwirtschaft, Christian Schmidt, im November des vergangenen Jahres die Einführung eines »Ernährungs-TÜV« gefordert, der die Qualität des Schulessens überwachen sollte. Er stützte sich dabei auf eine Studie der *Deutschen Gesellschaft für Ernährung*, die 750 Speisepläne an Schulen und Kitas untersucht und dabei festgestellt hatte, dass die Verpflegung zu viel Fett, Fleisch und Zucker enthält und zu wenig Obst und Gemüse. Für das Schulessen, so der Minister, sollten »verbindliche Qualitätsstandards« gelten.

Ebenso für den Umgang zwischen Prostituierten und ihren Freiern. Anfang Februar dieses Jahres einigte sich die Koalition auf ein Gesetz, mit dem unter anderem die Benutzung von Kondomen zur Pflicht erklärt wurde. Freilich ohne zu sagen, wie man die Einhaltung dieser delikaten Vorschrift überwachen und durchsetzen will.

Beide Ideen, der Ernährungs-TÜV und die Kondompflicht, wurden in der Schorfheide ausgeheckt. Natürlich unter allergrößter Geheimhaltung. Heute wurde eine weitere Regelung in die Öffentlichkeit lanciert: »Restlos genießen!« Der Bundesminister für Ernährung will in Zusammenarbeit mit der Initiative »greentable« die Besucher von Restaurants dazu anhalten, Speisereste nicht stehen zu lassen, sondern sie nach Hause mitzunehmen. Die Betreiber von Restaurants sollen die Gäste auf diese Möglichkeit aufmerksam machen. Auf diese Weise soll die »Verschwendung von Essen« eingedämmt werden.

Die Idee an sich ist nicht neu. In den USA ist es seit Langem üblich, dass die Gäste um eine »Doggy Bag« bitten, um das, was sie nicht aufgegessen haben, heimtragen zu können. In den meisten Fällen wird so die Entsorgung der Reste nur verzögert. Statt gleich in der Tonne zu landen, dürfen sie noch eine Nacht im heimischen Kühlschrank auf ein Happy End hoffen.

Dass sich die deutsche Regierung nun auch dieses Themas annimmt, sollte nicht als Maßnahme zur Herstellung von Essgerechtigkeit missverstanden werden. Ein Kind, das im Tschad hungert, hat nichts davon, dass ein Gast bei »Käfer« nur die halbe Portion aufisst und die andere Hälfte einpacken lässt. Die Aktion »Restlos genießen!« ist einerseits eine Wohlfühlkampagne für die Satten und Selbstgerechten, andererseits ein weiterer Schritt in Richtung auf eine Erziehungsdiktatur, in der die Bürger zu ihrem Glück gezwungen werden. Wie weit sie die Heizung aufdrehen, wie lange sie duschen, wie oft sie ihre Wohnküchen lüften, welche Glühbirnen sie benutzen und wann sie Sex haben dürfen. In der Schorfheide lauern noch viele volkspädagogische Ideen ihrer Lancierung.

11. März

Liebes Tagebuch!

»Deutschland ist sich seiner historischen Verantwortung bewusst, aber das ändert nichts an der Haltung und an der festen Überzeugung, dass die Frage der Reparationen und Entschädigungszahlungen nach unserer Überzeugung abschließend und final geklärt ist«, erklärt Regierungssprecher Steffen Seibert zu der Forderung der griechischen Regierung nach »Wiedergutmachung« der durch die deutsche Besatzung angerichteten »Kriegsschäden«. Die Rede ist von über 320 Milliarden Euro, und die Kommentatoren sind sich einig: Die Griechen versuchen, 70 Jahre nach dem Ende des Krieges, Deutschland moralisch zu erpressen, für ihre Reparationsforderungen gebe es keine »rechtliche Grundlage«. Offenbar sei die Haushaltslage »so dramatisch«, sagt der ARD-Mann in Athen, »dass der Regierung nahezu jedes Mittel recht ist, wenigstens ihre Verhandlungsposition zu verbessern, vor allem gegenüber Deutschland«. Und: »Es scheint ihr [der griechischen Regierung] noch immer am nötigen diplomatischen und politischen Gespür zu mangeln.«

Worum geht es?

Zum einen um das Massaker von Distomo im Juni 1944, bei dem ein SS-Regiment 218 Einwohner des Ortes niedermetzelte, als Vergeltung für die Erschießung von drei deutschen Soldaten durch griechische Partisanen. Die SS-Leute gingen dabei mit einer solchen Brutalität vor, dass es sogar den Nazis zu viel war. Gegen den Kommandeur der Einheit und seinen Vertreter wurde ein Kriegsgerichtsverfahren eingeleitet, das allerdings im Sande verlief. 70000 bis 80000 Griechen kamen bei solchen Kommando- und Strafaktionen um. 1960 zahlte die Bundesrepublik 115 Millionen Mark als Entschädigung für die von den Nazis angerichteten Schäden. Im September 1990 trat der *Zwei-plus-vier-Vertrag* in Kraft, mit dem die deutsche Wiedervereinigung besiegelt wurde. Das neue Deutschland zog einen Schlussstrich unter seine Geschichte. Heute sagt der Sprecher des Bundesfinanzministers, »70 Jahre nach Kriegsende« habe »die Reparationsfrage ihre Berechtigung verloren«. Basta.

Zweitens: Die Nazis nahmen nicht nur alles mit, was ihren Weg säumte, und beschlagnahmten Lebensmittel, was zu einer Hungerkatastrophe führte, sie stellten Ende 1944 auch der griechischen Staatsbank die Kosten der Besatzung in Rechnung: 786,5 Millionen Reichsmark. (So, wie sie den Angehörigen der zum Tode Verurteilten die Kosten der Hinrichtung auferlegten.) Nach heutiger Kaufkraft wäre das etwa der zehnfache Euro-Betrag.

Das alles interessiert die jetzige Bundesregierung in etwa so sehr wie der Preis für eine Flasche Ouzo im Jahre 1944. Diese Zwangsanleihe sei, wie alle Reparationsforderungen, erledigt. Die einzige Form der Wiedergutmachung, zu der Deutschland im Jahre 70 n. H. bereit ist, sind wohlfeile Kundgebungen des Bedauerns, verbunden mit scheinheiligen Bitten um Vergebung. Bundespräsident Gauck musste mit den Tränen kämpfen, als er Anfang März 2014 Lyngiades besuchte, eines der 90 griechischen »Märtyrerdörfer«, in denen die Nazis gewütet hatten. »Mit Scham und Schmerz bitte ich im Namen Deutschlands die Familien der Ermordeten um Verzeihung. Ich verneige mich vor den Opfern der ungeheuren Verbrechen«, sagte er.

Das ist es wohl, was Steffen Seibert meint, wenn er sagt, Deutschland sei sich »seiner historischen Verantwortung bewusst«. Sie muss nur preiswert, »abschließend und final« sein.

12. März

Liebes Tagebuch!

Am 17. Februar des Jahres 1600 hauchte der römische Priester und Philosoph Giordano Bruno auf einem Scheiterhaufen sein Leben aus, nachdem er von der Inquisition wegen Ketzerei und Magie angeklagt und von einem weltlichen Gericht zum Tode verurteilt worden war. Heute erinnert ein Denkmal auf dem Campo di Fiori, der Richtstätte Roms, an das schreckliche Ende des Gelehrten, der die Kirche unter anderem mit der Behauptung verärgert hatte, der Weltraum sei unendlich. 400 Jahre später, am 12. März 2000, erklärte Papst Johannes Paul II., aus heutiger Sicht sei die Hinrichtung »Unrecht« gewesen, sozusagen unverhältnismäßig. Zu einer vollständigen Rehabilitierung des Häretikers konnte sich die Kirche freilich nicht durchringen.

Zu einem ähnlichen Fall kam es in der jüdischen Gemeinschaft von Amsterdam im Jahre 1656, wenn auch ohne tödliche Folgen. Der erst 23 Jahre alte Baruch Spinoza, Sohn portugiesischer Juden, wurde wegen ketzerischer Ansichten aus der Gemeinde ausgeschlossen und mit einem Bann belegt. Fortan durfte niemand mit ihm sprechen oder korrespondieren. Der Bann ist bis heute in Kraft, vor allem deshalb, weil es im Judentum keine zentrale Autorität gibt, die ihn aufheben könnte. Allerdings gilt Spinoza inzwischen als einer der wichtigsten jüdischen Denker der Neuzeit und als Wegbereiter des Rationalismus. Manchmal dauert es eben eine Weile, bis ein Sünder rehabilitiert wird, zumindest teilweise.

Auch die Geschichte kennt so etwas wie ein Wiederaufnahmeverfahren. Dschingis Khan galt lange als ein grausamer Schlächter und einer der größten Massenmörder der Geschichte. Doch langsam wandelt sich sein Bild. Immerhin hat er die mongolischen Stämme vereint, die allgemeine Wehrpflicht eingeführt und am Ende seiner Tage über ein Reich von 19 Millionen Quadratkilometern geherrscht, zwei Millionen Quadratkilometer größer als das heutige Russland.

Und nun ist der Theologe Martin Luther an der Reihe, der Urvater der Reformation. Ungeachtet aller seiner Verdienste, zu denen auch die Übersetzung der Bibel ins Deutsche gehört, hat bis jetzt niemand daran gezweifelt, dass er ein heftiger Judenhasser war. In seiner Schrift »Von denen Juden und ihren Lügen« rief er dazu auf, die Synagogen abzufackeln, die Häuser der Juden zu zerstören, ihnen das Wegerecht zu entziehen und sie »wie die tollen Hunde« aus den evangelischen Ländern zu vertreiben. Riecht das nach Antisemitismus? Nicht unbedingt. Die Jüdische Volkshochschule in Berlin lädt für den 19. März zu einem Vortrag über die Frage »War Luther Antisemit?« ein. Dabei soll »Luthers rätselhafter Wandel vom Judenfreund zum erbitterten Judenfeind« beleuchtet und als »Tragödie der Nähe« gedeutet werden.

Es gehört seit jeher zur Praxis der Antisemiten, den Juden so nahe wie möglich zu kommen. Was für die Juden meistens schrecklich endete. Von einer »Tragödie der Nähe« zu sprechen, erscheint allerdings ein wenig frivol. Denn eine Tragödie zeichnet sich dadurch aus, dass der Held schuldlos schuldig wird. Das war bei Luther ganz bestimmt nicht der Fall, ebenso wenig wie bei denen, die er inspiriert hat. Aber vielleicht ist das Ganze eine Satire. Wie das berühmte Titelblatt der *Titanic*: »Schrecklicher Verdacht: War Hitler Antisemit?«

13. März

Liebes Tagebuch!

Ich bitte um Verzeihung, wenn ich mich wiederhole. Aber es gibt einen Politiker, von dem ich nicht loskomme. Nein, es ist nicht Claudia Roth, nicht Gregor Gysi und auch nicht der Herr der Maut, Alexander Dobrindt. Es ist unser Außenminister Frank-Walter Steinmeier. Mein Freund »Steini«. Wenn er schweigt, erinnert er mich an W.C. Fields, und wenn er redet, an Walter Freiwald aus dem Dschungelcamp.

Ich kann es nicht beweisen, aber ich bin mir sicher, dass Steinmeier als Schüler seinem Klassenlehrer die Tasche getragen und davon geträumt hat, später jemanden zu haben, der seine Tasche tragen würde. Der Wunsch ist Wirklichkeit geworden, Steinmeier jettet durch die Welt, besucht Krisenherde, warnt vor einer Eskalation der Gewalt, verspricht jedem Hilfe und bietet Zusammenarbeit an – und denkt immer an die »Zivilgesellschaft«. Wenn man ihn nach der Uhrzeit fragt, dann sagt er nicht »Viertel nach vier« oder, wie in Berlin üblich, »kaufen Sie sich selber eine Uhr«, er sagt: »Die Frage nach der Uhrzeit ist sehr vielschichtig und komplex. Egal, ob es zu früh oder zu spät ist, die Zivilgesellschaft ist dazu verpflichtet, verantwortungsvoll mit der Zeit umzugehen. Wir wollen niemandem unsere Vorstellungen von Raum und Zeit aufzwingen, wir erwarten aber, dass unsere Partner sich an die Vereinbarungen halten, die freilich nur ein erster Schritt zu einer umfassenden Regelung der Zeit-Frage sein können.«

Fragt man ihn nach dem Stand der deutsch-mongolischen Beziehungen, bekommt man dieselbe Antwort.

Nun bemüht sich die Bundesregierung herauszufinden, wer hinter den »prorussischen Separatisten« in der Ostukraine steckt, die mit ihren kleinen Spielzeugpanzern die ukrainische Armee zum Rückzug gezwungen haben. NATO-Generalsekretär Jens Stoltenberg vermutet, dass Russland auch nach der Unterzeichnung des *Minsk-2*-Abkommens »in der Ukraine weiter militärisch aktiv« ist; der Bruch der Waffenruhe durch die »Rebellen« und deren Weigerung, OSZE-Beobachter in die umkämpften Gebiete zu lassen, würden den »Friedensplan« gefährden.

Was ich dabei besonders seltsam finde: Es ist offenbar möglich, ganz Syrien aus der Luft zu fotografieren und dabei festzustellen, in welchem Dorf noch ein Licht brennt, es ist aber unmöglich, Truppenbewegungen in der Ostukraine aus der Luft zu verfolgen, dazu ist die NATO auf die Kundschafter der OSZE angewiesen. Das kommt wahrscheinlich daher, dass die Fahrzeuge der »Rebellen« keine Nummernschilder haben.

In dieser Situation macht sich Frank-Walter Steinmeier auf den Weg, nein, nicht in die Ostukraine, sondern in die USA, um vor dem Zentrum für Strategische und Internationale Studien (CSIS) in Washington eine Grundsatzrede zu halten. Man müsse, sagt der deutsche Außenminister, »die gesamte Palette an Instrumenten des diplomatischen Werkzeugkastens nutzen«, er warnt vor vermeintlich einfachen Lösungen und Schwarz-Weiß-Denken bei der Bewältigung von Krisen. In der internationalen Politik komme es zuweilen auf »strategische Geduld« an.

Das ist mir neu. Mit »Geduld« kann ich ebenso wenig anfangen wie mit »Toleranz«. Beides sind keine Tugenden, sondern Umschreibungen für ausweglose Situationen. Was bleibt mir übrig, als geduldig und tolerant zu sein, wenn ich vor einem Schalter der Deutschen Bahn stehe, hinter dem ein Beamter sitzt, der mit seinem Computer hadert? Und wenn es eine »strategische Geduld« gibt, dann muss es auch eine »taktische Geduld« geben.

Was machen die jungen Leute, die den ganzen Tag im Görlitzer Park in Berlin verbringen und darauf warten, dass das Glück vorbeikommt? Verhalten sie sich taktisch oder strategisch? Und wenn ein Mann eine Frau – oder umgekehrt – nach dem dritten Date noch nicht flachgelegt hat, sollte man bzw. frau dann die Taktik sein lassen und zur Strategie übergehen?

Anfang der Siebzigerjahre erschien das Buch *Zur Kritik der revolutionären Ungeduld*, geschrieben von Wolfgang Harich, einem Marx-Schüler und Philosophen aus der DDR, »eine Abrechnung mit dem alten und dem neuen Anarchismus«. Ich habe versucht, das Buch zu lesen, kam aber nicht weit. Harich war für die Revolution, aber gegen die revolutionäre Ungeduld. Oder um in meiner damaligen Begriffswelt zu bleiben: für spontanen Sex, aber erst nach gründlicher Vorbereitung.

Wenn Steinmeier nun im Zusammenhang mit der Ukraine-Krise für eine »strategische Geduld« plädiert, dann meint er, vermute ich, das Gleiche. Abwarten, abwägen, abstreiten, dass die Russen bereits in der Ukraine stehen, und darauf hoffen, dass Putin es irgendwann zugibt, vermutlich wenn seine Truppen kurz vor Kiew stehen. Wer nicht weiß, wie er auf eine Bedrohung reagieren soll, der rettet sich in die »strategische Geduld« – so lange, bis er die »Realitäten akzeptieren« muss. »Jetzt nur nicht voreilig handeln«, denkt das Kaninchen, vor dem plötzlich eine Schlange auftaucht, »jetzt hilft nur strategische Geduld«.

Das muss nicht falsch sein. Statt sich in »strategischer Geduld« zu üben und in aller Ruhe das Ende der Naziherrschaft abzuwarten, begannen die Juden im Warschauer Ghetto im April 1943 einen sinnlosen Aufstand. Zwei Jahre später wäre das Dritte Reich ohnehin erledigt gewesen. Ebenso unüberlegt handelten die Ungarn im Jahre 1956 und die Tschechoslowaken 1968.

Nur, liebes Tagebuch, wozu brauchen wir dann diesen rastlosen Außenminister samt Stab und Tross? »Strategische Geduld« könnte ein wunderbares Sparprogramm bedeuten, und das gesparte Geld könnte griechischen Naziopfern zugutekommen.

Oder könnte es etwa sein, dass Steini etwas ganz anderes meint und durch die Blume andeuten will? Er möchte Angela Merkel beerben und eines Tages Bundeskanzler werden. Dazu müsste er allerdings Sigmar Gabriel, Andrea Nahles, Heiko Maas, Hannelore Kraft, Olaf Scholz und Manuela Schwesig ausbremsen bzw. überrunden. Und das erfordert in der Tat ein hohes Maß an »strategischer Geduld«.

14. März

Liebes Tagebuch!

Heute einen Selbstversuch unternommen. Habe mir eine grüne bucharische Kippa aufgesetzt und bin nach Kreuzberg gefahren, ins *Mercan* in der Wiener Straße, die Mutter aller türkischen Restaurants in Berlin und das letzte, das noch nicht kaputtrenoviert wurde. Es gibt keine Speisekarte, dafür kann man den Gerichten in der Garküche beim langsamen Vor-sich-hin-Schmoren zuschauen. Wunderbares Essen zu Preisen wie in Istanbul vor 20 Jahren. Leider kein Geheimtipp mehr.

Und meine Kippa hat keiner beachtet. Morgen fahre ich ins *Karun* in der Pestalozzistraße. Das sind Perser.

15. März

Liebes Tagebuch!

Was unterscheidet einen jüdischen Schneider von einem jüdischen Arzt? Eine Generation. Und was unterscheidet einen muslimischen Schuster von einem muslimischen Sozialhilfeempfänger? Ebenfalls eine Generation.

16. März

Liebes Tagebuch!

Zum Jahrestag des Krim-Referendums, mit dem die Rückkehr der Insel zu Russland besiegelt worden ist, kommt der ukrainische Präsident Poroschenko nach Berlin, um Angela Merkel zu treffen. Zum Empfang gibt es »militärische Ehren für einen, dessen Land Krieg führt«, berichtet das ZDF. Dann reden die Kanzlerin und der Präsident, wie bei solchen Events üblich, unter vier Augen miteinander und stellen sich anschließend den Medien. Poroschenko hat schon vor dem Termin die Presse wissen lassen, *Minsk* funktioniere nicht, weil die Rebellen weiterkämpften. Aber so genau will es die Kanzlerin nicht wissen. Sie sagt: »Wir haben sehr intensiv über die einzelnen Punkte gesprochen, die im Minsker Paket enthalten sind und die von Seiten der Ukraine umgesetzt werden wollen.«

Ja, die Punkte im *Minsker Paket* können es gar nicht abwarten, umgesetzt zu werden. Entweder es sitzt jemand auf dem Paket, oder keiner weiß, wie man es aufmacht. Anders als Poroschenko möchte Merkel »eigentlich gar nicht über die weitere

Verhängung von Sanktionen«, sondern über »die Implementierung von dem Minsker Paket sprechen«. »Und wenn wir darauf unsere Kraft richten«, sagt die Kanzlerin, die um ihren Hals dieselbe schwarz-rot-goldene Kette trägt, die sie schon während der Fußball-WM getragen hat, »dann habe ich die Hoffnung, dass wir auch vorankommen.« Poroschenko ist das nicht genug. Er möchte über mögliche weitere Sanktionen gegen Russland sprechen.

Am Ende reichen sich Merkel und Poroschenko die Hände. Der Ukrainer »wird als Freund verabschiedet«.

Das Ganze ist so unfassbar, wie es sich anhört. Mehr als vier Wochen nachdem das *Minsker Paket* abgeschickt worden ist, ist es bei den Empfängern noch immer nicht angekommen. Der mit deutscher Hilfe zustande gekommene Waffenstillstand besteht im Wesentlichen darin, dass die Medien stillhalten, um die Kanzlerin nicht zu blamieren. Derweil gehen die Kämpfe vertragswidrig weiter. Sogar in der Umgebung des völlig zerstörten Flughafens der Stadt Donezk wird noch immer oder schon wieder geschossen, berichtet *Reuters*. »Seit dem Abkommen hatten wir hier nicht einen Tag Ruhe«, zitiert die Agentur einen der »Rebellen«.

Höchste Zeit für Angela Merkel, sich um den Verbleib des *Minsker Pakets* zu kümmern. Vielleicht wieder mal Putin anrufen. Ist doch gut, dass Mutti Russisch kann!

17. März

Liebes Tagebuch!

»Es ist auch nicht akzeptabel, dass ein Regierungsmitglied im deutschen Fernsehen so lügt, wie es der Herr gemacht hat, wie es jetzt nachgewiesen worden ist. Also, die Manieren, die Sitten, das Benehmen muss anders werden«, sagt CDU/CSU-Fraktionschef Volker Kauder über den griechischen Finanzminister Varoufakis, denn ein deutscher Minister hat im deutschen Fernsehen noch nie gelogen. Er sagt immer die Wahrheit und nichts als die Wahrheit, so, wie Volker Kauder es tut, wenn er zu den griechischen Reparationsforderungen Stellung nimmt. »Das ist ausgestanden, es gibt keinen Anspruch, und die Griechen sollen sich mal mit ihrer Hausaufgabe beschäftigen und nicht immer woanders Schuldige suchen.«

In vino veritas. Und diesmal war es bestimmt nicht der Retsina, sondern eher der Kröver Nacktarsch.

18. März

Liebes Tagebuch!

Das ZDF möchte sich nicht nur verjüngen, es möchte auch verlorenes Vertrauen wiedergewinnen. Nicht ganz freiwillig. Die Anstalt am Lerchenberg wird von einer Bürgerinitiative (»Ständige Publikumskonferenz der öffentlich-rechtlichen Medien e.V.«) mit Beschwerden überzogen. Als Reaktion darauf hat der Chefredakteur des ZDF, Peter Frey, beschlossen, eine Korrekturen-Rubrik einzurichten, »als Beitrag zur Offenheit gegenüber dem Beitragszahler und zur internen Fehlerkultur«.

Die Esskultur haben wir schon, ebenso die Erinnerungs- und die Willkommenskultur. Jetzt wird auch noch die Fehlerkultur in das Kulturangebot aufgenommen. Frey begründet diese Maßnahme folgendermaßen: »Als Journalisten fühlen wir uns den Prinzipien von Faktentreue, Trennung von Bericht und Kommentar, von Vielfalt verpflichtet. Aber wir wissen auch: Wer 24 Stunden am Tag und sieben Tage die Woche sendet, analog, digital und online, dem unterlaufen trotz aller Anstrengungen von Redaktion und Korrespondenten auch Fehler. Dazu bekennen wir uns.«

Faktentreue? Trennung von Bericht und Kommentar? Wann hat Peter Frey zuletzt eine Moderation von Marietta Slomka oder Claus Kleber gehört? Muss schon lange her sein.

Frey verspricht, in die Korrekturen-Rubrik würden »Fehler« aufgenommen, die den Mitarbeitern seines Hauses auffallen, »aber auch solche, auf die uns Betroffene, Experten oder unser Publikum aufmerksam machen«. Die ersten Korrekturen sind bereits auf der ZDF-Homepage zu besichtigen.

Am 10. März zum Beispiel hieß es in einer Anmoderation zu einem Beitrag über NATO-Manöver im Baltikum, »die russische Enklave Königsberg« sei »das am stärksten militarisierte Gebiet in Europa«. Nun stellt das ZDF richtig: Die russische Enklave heißt nicht Königsberg, sondern Kaliningrad. Großartig, nicht wahr? Ein echter Beitrag zur Fehlerkultur.

Am 12. März wurde ein weiterer »Fehler« korrigiert. In der Anmoderation über den Krieg in Syrien hieß es: »Unter dem Konflikt leiden laut UNICEF rund *14 Millionen syrische Kinder und Jugendliche.*« Richtig müsste es heißen: »Unter dem Konflikt leiden laut UNICEF *14 Millionen Kinder und Jugendliche in Syrien und in den Nachbarländern.*« Wow! Das ZDF wälzt sich im Staube und hüllt sich in Sack und Asche!

Gestern, am 17. März, die dritte Richtigstellung: In der Anmoderation zu einem Beitrag über die Ausstellung »Schlaflos – Das Bett in Geschichte und Gegenwartskunst« wurde über das »Bed-in« von Yoko Ono und John Lennon gesagt, das Happening habe vor 25 Jahren stattgefunden. »Richtig ist: Die Aktion hat *vor rund 45 Jahren* stattgefunden. Das war ein Versprecher.«

Ich lach mich weg, mein liebes Tagebuch! Das also ist die vom ZDF propagierte »Fehlerkultur«. Bei bedeutenden Ereignissen sind wir genau, bei Petitessen schon mal großzügig.

Als eine Anti-Israel-Demo vom ZDF zu einer »Friedensdemo« umgelogen wurde, worüber sich dann ein Zuschauer beschwerte, bedauerte der ZDF-Intendant den »journalistischen Fehler« – aber eben nur in einem Brief an den Zuschauer, nicht auf seiner Homepage. Und als ich ihn Anfang September letzten Jahres auf den folgenden Fall von Lumpenjournalismus in seinem Haus aufmerksam machte, da war er nicht einmal zu einer solchen Geste bereit:

Am 5. September berichtete das *Heute-Journal* über den »Krieg in Gaza«, der, so Claus Kleber, wegen der Konflikte in der Ukraine, im Irak und Syrien »weit in den Hintergrund gedrängt wurde«. Ein Sonderkorrespondent des ZDF namens Stephan Hallmann holte ihn wieder in den Vordergrund zurück; er reiste nach Gaza und traf sich dort mit einem palästinensischen Dichter namens Atef Abu Saif, der dem ZDF-Mann erklärte, worum es bei dem letzten »Krieg in Gaza« ging: nämlich um »die modernen Hochhäuser Gazas zu zerstören«, vor allem den »Italian Tower« und das »Cafe Classico«, das der Schriftsteller häufig besuchte, um dort eine Wasserpfeife zu rauchen, zu lesen und nachzudenken. Sogar einen Tag vor dem israelischen Angriff, der das »Cafe Classico« in Schutt und Asche legte. Ja, dieses »moderne Gaza« muss den Israelis ein Dorn im Auge gewesen sein. Das Wort »Hamas« fiel kein einziges Mal, Israel hat den Krieg aus Jux und Dollerei geführt, die Möglichkeit, dass aus Gaza Raketen auf Israel abgefeuert worden sein könnten, wurde nicht einmal angedeutet, ebenso wenig, dass die Hamas Wasserpfeife rauchende Zivilisten als menschliche Schutzschilde benutzt haben könnte. Auch darüber kein Wort.

Der Zeuge des ZDF erzählte dem ZDF-Mann genau das, was die Hamas verbreitet wissen wollte. Während des Krieges haben sich fast alle Korrespondenten an die Auflagen der Hamas gehalten und nur von »unschuldigen Zivilisten« als Opfer gesprochen. Kein einziger Hamas-Kämpfer war je im Bild zu sehen. Die Raketen wurden offenbar per Remote Control abgefeuert. So machte sich auch das ZDF zum Sprachrohr der Hamas. Also fragte ich beim ZDF-Intendanten nach, ob es sich dabei um einen weiteren »journalistischen Fehler« handle, und beschloss meine Anfrage mit einem heiteren »Es lebe Mainz, wie es lügt und trügt!«.

Nach vier Wochen hatte ich eine Antwort: »Bei dem von Ihnen kritisierten Bericht handelt es sich um eine Reportage aus Gaza. Unser Reporter hat das Ausmaß der Zerstörung gezeigt, die Stimmung beschrieben und darüber auch mit einem palästinensischen Autor gesprochen. In anderen Reportagen aus Israel haben wir auch die Stimmung in den von der Terrororganisation Hamas beschossenen Gebieten gespiegelt. In zahlreichen Sendungen wurden die Interessen von Fatah und Hamas sowie Israels Strategien thematisiert. Im *Heute-Journal* gab es ausführliche Interviews mit Abdallah Frangi, Gouverneur Gazas, sowie mit Mark Regev, dem israelischen Regierungssprecher. – Ihre Vorwürfe der Lüge und Täuschung muss ich deutlich zurückweisen.«

Es war nicht der Intendant, der mir geschrieben und erklärt hatte, wie ausgewogen und objektiv das ZDF berichtet. Es war Dr. Peter Frey, Chefredakteur des ZDF und Erfinder der Fehlerkultur.

19. März

Liebes Tagebuch!

Die Bundeskanzlerin sagt im Bundestag am Vormittag: »Ich habe den griechischen Ministerpräsidenten Alexis Tsipras für Montag nach Berlin eingeladen, und ich freue mich auf seinen Besuch. Wir werden Zeit haben, ausführlich miteinander zu reden, vielleicht auch zu diskutieren.« Im Saal bricht parteiübergreifendes Gelächter aus. Die Kanzlerin macht eine Geste, als wollte sie sagen: »Ihr wisst schon, was ich meine.«

Später in Brüssel bei einer improvisierten Pressekonferenz unter freiem Himmel sagt Merkel: »Erwarten Sie keine Lösung, erwarten Sie keinen Durchbruch, das ist heute nicht der Rahmen, Entscheidungen werden in der Euro-Gruppe gefällt, und dabei bleibt es auch.«

Kurz darauf steigt Alexis Tsipras aus einem Auto und sagt den auf ihn wartenden Journalisten: »Die Europäische Union braucht breit angelegte politische Initiativen, die beides respektieren: Demokratie und Verträge, damit wir die Krise hinter uns lassen und uns endlich wieder Richtung Wachstum bewegen.«

Geplant ist ein Griechenland-Gipfel im kleinen Kreis, der die Wogen glätten soll, unter der Führung der deutschen Kanzlerin und des französischen Präsidenten. Dem steht in seinem Land das Wasser bis zum Hals. Trotzdem sagt er, was er von den Griechen erwartet: »Sie müssen zeigen, dass sie die Reformen umsetzen, die von ihnen erwartet werden. Europa muss den Griechen die finanziellen Mittel zur Verfügung stellen, um ihr Engagement anzuerkennen. Frankreich will, dass Griechenland in der Euro-Zone bleibt.« Wenn man »Griechenland« durch »Frankreich« und »die Griechen« durch »die Franzosen« ersetzen würde, dann wäre allen klar, worüber François Hollande spricht.

Der belgische Ministerpräsident Charles Michel (wann hast du diesen Namen zum letzten Mal gehört, liebes Tagebuch?) wäre bei den Beratungen gerne dabei. Darf er aber nicht. »Ich bin richtig sauer, dass ich nicht eingeladen bin, das ist ein Fehler, die belgische Regierung hat Frankreich und Deutschland kein Mandat gegeben, in unserem Namen zu sprechen.«

Zu denjenigen, die ebenfalls nicht eingeladen wurden, gehören zweieinhalb Millionen Griechen, die mittlerweile an und unterhalb der Armutsgrenze leben, das ist jeder dritte Erwachsene. Viele müssen daheim ohne Strom und ohne Heizung auskommen, zum Essen und um sich aufzuwärmen, gehen sie in eine der vielen Armenküchen, die von karitativen Organisationen unterhalten werden. Nun hat das griechische Parlament einen Tag vor dem Gipfel in Brüssel ein Hilfsprogramm im Wert von 200 Millionen Euro beschlossen – ohne vorher die EU zu fragen! Das sei »ein weiterer Verstoß gegen die Kreditauflagen der internationalen Kreditgeber«, heißt es in den ZDF-Nachrichten. Diesen »Affront« werden sich die wohlgenährten Vertreter der »Institutionen« merken.

Steini, unser Geduldsstratege von der SPD, macht sich ebenfalls Sorgen. Weniger um die Lage der Armen in Griechenland, die sich auch keinen Besuch beim Arzt leisten können, er »warnt« einmal mehr vor einem außenpolitischen Schaden für Europa: »Wer behauptet, der Grexit – also der Ausstieg Griechenlands aus dem Euro – sei verkraftbar, der vergisst, wie das in der Welt wahrgenommen würde. Wir dürfen mit der Währungsunion nicht scheitern. Ich möchte, dass Griechenland in der Eurozone bleibt.«

Oh, endlich sagt da einer die Wahrheit, liebes Tagebuch! So ganz nebenbei. Nicht zum Wohle der Griechen, sondern wegen der Währungsunion, die nicht scheitern darf, obwohl sie längst gescheitert ist, wie eine Ehe, die nur durch den Dauerstreit der Partner um die Verteilung des Haushaltsgeldes zusammengehalten wird. Auch der Fraktionsvorsitzende der SPD im Bundestag, Thomas Oppermann, findet, es gehe »vor allem um die Frage, ob Europa in dieser schwierigen Situation zusammenbleibt oder ob es auseinanderfällt, denn wir müssen uns klarmachen, dass ein Ausscheiden Griechenlands aus der Euro-Zone ein dramatischer Akt wäre.«

Europa muss zusammenbleiben, um jeden Preis, den freilich weder Steinmeier noch Oppermann bezahlen müssen, sondern erstens die Griechen und zweitens die europäischen Steuerzahler. So klingt das Hyänengeheul, das seit jeher den Kollaps einer Zwangsgemeinschaft ankündigt. So war es am Ende des Dritten Reiches und auch am Ende der Sowjetunion. (Wenn du dich jetzt fragst, mein liebes Tagebuch, ob ich die EU mit der SU und dem Nazi-Imperium vergleichen will und ob das nicht doch sehr überzogen ist, dann sei dir ins Stammbuch geschrieben: Ja, ich tue es. Alle drei Konstrukte sind an Überdehnung und Missachtung der Realität gescheitert. Die SU und das Dritte Reich ruhen bereits im Abgrund der Geschichte, die EU taumelt ihm entgegen.) Zusammenbleiben um jeden Preis, und wenn die Verachtung menschlichen Leids dazugehört! Steini und Oppermann, Sozialdemokraten, denen das »sozial« genauso im Halse stecken bleiben möge wie den CDU/CSUlern ihr »christlich«.

Wobei es bei der Währungsunion nicht darum geht, einen Präzedenzfall zu verhindern oder zu beweisen, dass die Dominotheorie keineswegs ein Naturgesetz ist. Es geht um mehr, fürchte ich.

In der amerikanischen TV-Serie »Holocaust«, die 1979 auch im deutschen Fernsehen gezeigt wurde, gibt es eine Szene, in der sich zwei SS-Leute über die »Endlösung« unterhalten. Der eine meint, es wäre besser, mit der Vernichtung der Juden aufzuhören. Sie würde zu viele Kräfte binden, die man an der Front einsetzen könnte. Die Mannschaften in den Konzentrationslagern, die Transportkapazitäten der Reichsbahn. Worauf der andere SS-

Mann erwidert: »Wir können jetzt nicht aufhören. Wir würden damit zugeben, dass die Idee von Anfang an falsch war.«

20. März

Liebes Tagebuch!

Es sind immer dieselben Fragen, die unsere Intellektuellen umtreiben: Wo kommen die Babys her? Und: Wie wird man Terrorist? Was die erste Frage angeht, scheint die Faktenlage inzwischen geklärt. Bei der zweiten gehen die Meinungen auseinander. Deswegen nimmt sich die *Kulturzeit* auf 3sat immer wieder dieses Themas an.

»Terror und Massenmord erschüttern unsere Welt. Und immer stellt sich die Frage: Warum tut ein Mensch so etwas anderen Menschen an?«

Ja, warum nur? Schon Gott wollte von Kain wissen, warum er seinen Bruder Abel erschlagen hat.

»Der Psychoanalytiker Arno Gruen hat sich zeitlebens mit dem Menschen und dessen Deformation durch Sozialisierung und Erziehung befasst.«

Erstaunlich, womit ein Psychoanalytiker seine Zeit so verbringt. *Mit dem Menschen und dessen Deformation durch Sozialisierung und Erziehung*. Denn auch der Mensch wird »vergesellschaftet«. Diesen Vorgang nennt man üblicherweise Erziehung. Oder Sozialisation.

»Sein Grundgedanke: Menschen sind nicht von Natur aus schlecht.«

Ich denke auch, es wäre besser, die Menschen im Naturzustand zu belassen, statt sie durch Bildung, Erziehung und Sozialisierung zu deformieren.

»Dabei hat er in seiner Kindheit vor allem die schlechten Seiten seiner Mitmenschen erlebt. 1923 kommt er in Berlin als Jude zur Welt. 1936 entkommt er nur knapp den Nazi-Schergen nach New York. Ende der 1970er-Jahre siedelt Gruen über in die Schweiz. Er lässt sich in Zürich als Psychotherapeut nieder.«

Ich habe noch nie irgendwo gelesen, Nelson Mandela sei »als Schwarzafrikaner« zur Welt gekommen. Angela Merkel als Protestantin. Oder Günter Jauch als Moderator. Wie kommt man »als Jude« zur Welt? Mit »Hava Nagila« auf den Lippen? Am späten Freitagnachmittag, kurz vor Schabbat-Beginn? Und wäre Arno Gruens Vater kein Jude, sondern Freimaurer gewesen, wäre Arno Gruen dann als »halber Jude« oder als »halber Freimaurer« zur Welt gekommen?

Nun hat der Psychoanalytiker Arno Gruen, der als ganzer Jude zur Welt kam, ein neues Buch geschrieben. Es heißt *Wider den Terrorismus*. Was drin steht, fasst *Kulturzeit* so zusammen:

»Terrorismus gibt es, weil unsere Zivilisation ihn fördert. Beispiel Globalisierung. Sie geht über die Bedürfnisse der Menschen hinweg, nimmt vielen ihre wirtschaftliche und persönliche Grundlage. Sie fühlen sich als Opfer. Manche glauben dann, dass sie das Leben in den Griff kriegen, indem sie andere demütigen. Wie kommt der Terrorismus in die Welt? Welche Verantwortung hat die Gesellschaft bei der Entstehung von Terrorismus und wo kann sie gegensteuern?«

Interessant. Mit zwanzig glaubte ich, dass der Kapitalismus zum Faschismus führt. Jetzt erfahre ich, dass die Globalisierung eine der Ursachen des Terrorismus ist. So, wie die Basis die Grundlage des Fundaments ist. Und dass sich Terroristen als Opfer fühlen. Wie schrecklich muss Osama Bin Laden an den Umständen gelitten haben, unter denen er als Sohn einer reichen Familie leben musste. Oder Mohammed Atta, einer der Attentäter vom 11. September, den man gezwungen hatte, an der Technischen Universität Hamburg-Harburg Städtebau und

Stadtplanung zu studieren. Was für ein Albtraum, von dem er sich nur befreien konnte, indem er ein Flugzeug in den Nordturm des WTC steuerte!

Liebes Tagebuch, mit Rücksicht auf das Alter von Arno Gruen erspare ich dir die Niederschrift des Interviews mit einem Mann, der als Jude geboren wurde, vor den Nazi-Schergen flüchten musste, um mit 93 von der Redaktion eines Kulturmagazins vorgeführt zu werden. Bis auf einen Satz, den er gesagt hat: »Kein Mitleid. Das ist, würde ich sagen, eine der Charakteristiken aller Terroristen.«

Kein Mitleid. Das ist auch das Motto der *Kulturzeit* auf 3sat.

22. März

Liebes Tagebuch!

Ab und zu frage ich mich, wo die IMs, Spitzel und Zuträger geblieben sind, die früher für die Stasi gearbeitet haben. Seit gestern weiß ich es. Sie arbeiten jetzt bei der Post.

Ich habe ein Postfach bei einem Berliner Postamt, das ich in unregelmäßigen Abständen leere. Wenn ich unterwegs bin, tut es meine Nachbarin. Manchmal vergisst sie es, dann müssen die Briefe eben warten. Aber die Post hat ein Herz für Briefe und will nicht, dass sie leiden. Das Postfach ist eng, unbeleuchtet und unbeheizt.

Deswegen teilt mir die Post Folgendes mit: »In Ihrem Postfach haben sich über mehrere Tage hinweg zahlreiche Sendungen angesammelt. Die Vorteile Ihres Postfaches können Sie aber nur dann nutzen, wenn Sie es regelmäßig, mindestens aber alle sieben Tage leeren.« Wenn aber »ein Postfach nicht regelmäßig geleert wird, kann das Vertragsverhältnis gekündigt werden«.

Deswegen ergeht an mich die »dringende Bitte: Leeren Sie Ihr Postfach […] und holen Sie künftig Ihre Sendungen regelmäßig ab«.

Wenn ich die Situation nicht grob missverstehe, muss es auf dem Postamt einen Mitarbeiter geben, dessen Aufgabe es ist, die Postfächer daraufhin zu überprüfen, wie lange die Briefe darin liegen. Zum Wohle der Briefe und der Kunden. Die maximale Verweildauer beträgt sieben Tage, dann werden die Briefe an die Absender zurückgeschickt, was mit einem erheblichen Aufwand verbunden ist.

Was geht es die Post an, wie oft ich meine Post abhole?

Die Lagerung ist mit keinerlei Kosten verbunden. Gibt es vielleicht eine EU-Richtlinie für die Benutzung von Postfächern? Wenn uns schon vorgeschrieben wird, welche Glühbirnen, Kaffeemaschinen und Staubsauger wir benutzen, wie viel Wasser wir beim Duschen verbrauchen dürfen, dann ist es nur logisch, dass man uns auch sagt, wie wir unsere Post behandeln sollen.

Aber das ist noch nicht alles.

Als ich gestern meine Briefe aus dem Postfach holte, stellte ich fest, dass alle mit einem geheimnisvollen Zeichen markiert waren: 21/3. Es dauerte eine Weile, bis ich dahinter kam, was diese Zahlenkombi bedeutet: 21. März. Wobei ich rätselte, ob das der Tag war, an dem die Briefe das Postfach bezogen hatten, oder der Tag, an dem ihnen die Rückführung drohte. Hatte ich sie kurz nach der Ankunft gestört oder in letzter Minute vor der Abschiebung gerettet?

Klar ist nur, dass es bei der Post einen Briefebetreuer geben muss, einen Organisator im besonderen Einsatz (OibE), der die Briefe beobachtet. Ein erbärmlicher Job für einen, der sein Handwerk bei Mielke gelernt hat, aber in jedem Fall besser, als beim »Beitragsservice« der ARD und des ZDF, der ehemaligen Gebühreneinzugszentrale, zu sitzen und die Meldungen der Einwohnermeldeämter mit den eigenen Daten abzugleichen.

23. März

Liebes Tagebuch!

Du bist noch zu jung, genau genommen noch nicht einmal drei Monate alt. Wärst du älter, könntest du dich noch an die Berichte in der *Aktuellen Kamera*, der *Tagesschau* des DDR-Fernsehens, erinnern. Hat zum Beispiel der bulgarische Außenminister seinen Kollegen in Berlin, Hauptstadt der DDR, besucht, fasste die *ak* das Ereignis so zusammen: »Der Außenminister der Volksrepublik Bulgarien ist heute zu einem Staatsbesuch in Berlin eingetroffen. Er wurde vom Außenminister der Deutschen Demokratischen Republik empfangen. Das Gespräch fand im Geiste brüderlicher Solidarität statt und hatte Maßnahmen zur Stärkung der sozialistischen Zusammenarbeit zum Inhalt. Es wurde vereinbart, den Gedankenaustausch so bald wie möglich fortzusetzen.«

Heute hat der griechische Ministerpräsident, Alexis Tsipras, die deutsche Bundeskanzlerin, Angela Merkel, in Berlin besucht. Sie fasste den Inhalt des Gesprächs so zusammen: »Alles in allem will ich sagen, es ist uns beiden, glaube ich, daran gelegen – mir auf jeden Fall –, dass wir eine vertrauensvolle Zusammenarbeit finden und dass wir auch schwierige Fragen ansprechen können, auch Fragen, in denen wir unterschiedlicher Meinung sind, aber dass der Geist unserer Kooperation einer ist, der sagt, beide Länder wollen gut zusammenleben, beide Länder sind Teile der Europäischen Union. […] Wir sind gemeinsam davon überzeugt, Deutschland ist es jedenfalls, dass das Friedenswerk Europa […] ein riesiges Friedenswerk ist.«

Das war nicht ganz so cool wie früher die *Aktuelle Kamera*, aber doch sehr nahe dran. Politik aus dem Satzbaukasten. Tsipras seinerseits erklärte, nun komme es darauf an, die

»Stereotype« abzubauen, die in den vergangenen Jahren das gegenseitige Verhältnis bestimmt hätten. »Weder sind die Griechen Faulenzer, noch sind die Deutschen schuld an den Missständen in Griechenland.« Das hörte sich an, als habe zwischen ihm und der Kanzlerin ein Mediationsgespräch stattgefunden, als seien »die Stereotype« das Problem und nicht die tatsächliche Lage, als käme es vor allem auf die subjektive Wahrnehmung an. Gut, dass wir darüber gesprochen haben. Jetzt wird alles besser.

Wer in diesem Moment auf das Gesicht der Kanzlerin achtete, dem blieb nicht verborgen, was sie dachte: Bullshit. Und ich fühlte mich in meine Kindheit in Polen versetzt. Ja, liebes Tagebuch, wir wussten, dass wir von den Lehrern angelogen wurden. Die Lehrer wussten, dass wir wussten, dass sie uns das Blaue vom sozialistischen Himmel erzählten. Wir wussten, dass die Lehrer wussten, dass wir deren Gedanken lesen konnten, so wie sie unsere Gedanken. Dennoch ging die Kommunikation wie im Drehbuch vorgesehen weiter. Und so läuft es auch heute. Ein Austritt Griechenlands aus der Euro-Zone wäre keine wirtschaftliche Katastrophe, das wäre eher ein weiterer Verbleib des Landes in der Währungsunion. Der Austritt aber erscheint den EU-Machern als eine politische Katastrophe, der Anfang vom Ende eines Kartenhauses mit dem Namen »Friedenswerk Europa«.

Ja, liebes Tagebuch, du hast recht, auf Steini und Oppermann zu verweisen: Frage dich nicht, was die EU dir nützt, sondern was du für die EU tun kannst, selbst wenn du arbeitslos bist, keine Zukunftsperspektive hast und bald nicht mehr weißt, wie du deine Kinder satt bekommst.

24. März

Liebes Tagebuch!

Am zweiten Tag seines Berlin-Besuches hat der griechische Ministerpräsident Tsipras Vertreter der Linkspartei getroffen, die anschließend von einer Verbesserung des deutsch-griechischen Verhältnisses sprachen. Ähnlich äußerte sich Steini nach einem Gespräch mit dem Griechen. Er »zeigte sich erfreut über die freundlichere Tonlage, schränkte aber ein, dies sei noch nicht die Lösung der Probleme, weder der Reformen noch der Reparationsfragen« (*Tagesschau*). Er schlug vor, »dass wir gemeinsam mit Griechenland eine Arbeitsgruppe einsetzen werden, indem wir uns über den Stand der deutsch-griechischen Beziehungen verständigen wollen und danach suchen wollen, wo wir dieses Verhältnis sogar intensivieren können«.

Ich würde meine schönste Schneekugel hergeben, um bei der konstituierenden Sitzung dieser Arbeitsgruppe dabei sein zu können, wo man sich über den Stand der deutsch-griechischen Beziehungen verständigen und danach suchen will, wo man dieses Verhältnis intensivieren kann, zum Besseren oder zum Schlechteren, Hauptsache intensivieren.

Es ist okay, dass Steini so einen Unsinn redet, er kann nicht anders. Wenn man ihm zuhört, merkt man, wie wichtig er sich nimmt. Und wie sehr er es genießt, ein Rädchen im Getriebe der Geschichte zu sein. Nur dass niemand in Gelächter ausbricht und eine Ambulanz ruft, liebes Tagebuch, das finde ich doch sehr befremdlich.

25. März

Liebes Tagebuch!

In dem Film *Und täglich grüßt das Murmeltier* versucht ein TV-Wettermann, der seinen Job leid ist, sich das Leben zu nehmen. Aber was immer er unternimmt, es misslingt ihm. Und so wacht er immer wieder in einem Hotelzimmer in der Kleinstadt Punxsutawney, Pennsylvania, auf, wo an jedem 2. Februar der »Tag des Murmeltiers«, Groundhog Day, begangen wird. Ich habe den Film mindestens zehn Mal gesehen. Es ist eine der schönsten Komödien über den Sinn beziehungsweise Unsinn des Lebens, dem niemand entkommt.

Am 9. Juni 2011 stellten die Abgeordneten Wolfgang Gehrcke, Dr. Gregor Gysi, Jan van Aken, Christine Buchholz, Sevim Dagdelen, Dr. Diether Dehm, Dr. Dagmar Enkelmann, Annette Groth, Heike Hänsel, Inge Höger, Andrej Hunko, Harald Koch, Stefan Liebich, Niema Movassat, Thomas Nord, Paul Schäfer (Köln), Alexander Ulrich, Kathrin Vogler, Katrin Werner im Namen der Fraktion »Die Linke« im Bundestag einen Antrag zur Anerkennung des Staates Palästina.

»Die gegen die Diktaturen gerichteten Demokratiebewegungen in vielen arabischen Staaten sind von historischer Bedeutung«, heißt es gleich zu Anfang des erstes Absatzes der *Drucksache 17/6150*, gefolgt von der Feststellung: »Die Umbrüche in vielen Ländern Nordafrikas und des Nahen Ostens können durch internationale Solidarität den Prozess zur Lösung des Nahostkonflikts befördern.« Allerdings: »Noch wird der Bevölkerung in Palästina das Recht auf nationale Unabhängigkeit verweigert«, vor allem weil die »israelische Regierungspolitik die völkerrechtswidrige Siedlungspolitik in der Westbank (fördert) und die notwendige Teilung Jerusalems (erschwert)«.

Deswegen fordert die Fraktion »Die Linke« den Bundestag auf, die Bundesregierung aufzufordern, eine Reihe von Maßnahmen in die Wege zu leiten, »um Israelis und Palästinensern ein Leben in Frieden, in politischer Unabhängigkeit, in nationaler Sicherheit und wirtschaftlichem Wohlstand zu ermöglichen«. Zu diesem Zweck soll der Bundespräsident veranlasst werden, »den Staat Palästina mittels einer Note anzuerkennen« und »die Palästinensische Generaldelegation in Berlin und die deutsche Repräsentanz in Ramallah diplomatisch« aufzuwerten.

Ja, liebes Tagebuch, solche Maßnahmen sind echt dazu angetan, die Lebensqualität der Israelis und der Palästinenser entscheidend zu verbessern. Aber es geht nicht nur um die Palis und die Israelis. Der Antrag schließt mit den Worten: »Die aktive Mitwirkung an der Herstellung des Friedens zwischen Israelis und Palästinensern ist kein Gunsterweis für die eine oder andere Partei, sondern liegt im Interesse des Weltfriedens, aller Staaten in Nordafrika und im Nahen Osten und im Interesse der Bundesrepublik Deutschland.«

Es tut mir leid, ich habe keine Lust und nicht die Nerven, mich mit diesem Stuss inhaltlich auseinanderzusetzen. Eine Partei, deren Galionsfigur mit einer Arbeit »Zur Vervollkommnung des sozialistischen Rechtes im Rechtsverwirklichungsprozess« seinen »Doctor juris« gemacht hat, die ihrerseits im Wesentlichen auf Zitaten aus Berichten des ZK an die SED fußt, eine Partei, die sich bis heute schwertut, die DDR als einen »Unrechtsstaat« anzuerkennen, eine Partei, in der immer noch Ex-Spitzel der Stasi aktiv sind, macht sich auf, den Nahostkonflikt zu beenden. Was soll ich dazu sagen? Die ham sie nicht alle. Oder, mit Einstein: Es ist idiotisch, immer wieder dasselbe zu tun und trotzdem andere Ergebnisse zu erwarten.

Am 18. März 2015 stellten die Abgeordneten Wolfgang Gehrcke, Jan van Aken, Christine Buchholz, Sevim Dağdelen, Dr. Diether Dehm, Annette Groth, Heike Hänsel, Inge Höger,

Andrej Hunko, Katrin Kunert, Stefan Liebich, Niema Movassat, Dr. Alexander S. Neu, Azize Tank, Alexander Ulrich, Kathrin Vogler im Namen der Fraktion »Die Linke« im Bundestag einen Antrag zur Anerkennung des Staates Palästina.

Liebes Tagebuch, lass dich von dem Umstand nicht täuschen, dass die Namen weitgehend dieselben sind. Das lag nicht am »Copy & Paste«-Verfahren. Denn seit dem Antrag vom Juni 2011 war einiges passiert. Die »Demokratiebewegungen« in den arabischen Staaten waren blutig gescheitert oder hatten noch schlimmere Zustände hervorgebracht. Damit hatte sich das Argument erübrigt, »die Umbrüche« könnten durch Maßnahmen zur Lösung des Nahostkonflikts befördert werden. Und so mussten sich die Abgeordneten um Wolfgang Gehrke etwas Neues einfallen lassen. Die Parlamente in Spanien, Frankreich, Großbritannien, Irland und Portugal hatten die jeweiligen Regierungen aufgefordert, »Palästina als Staat anzuerkennen«. Der Bundestag sollte nicht zurückstehen und das Gleiche tun, nämlich die Bundesregierung auffordern, »den Staat Palästina mit unverzüglicher Wirkung in den Grenzen von 1967 anzuerkennen«. Der Antrag war wesentlich kürzer und knapper als der vorherige, es war darin auch keine Rede von einer Vorkehrung »im Interesse des Weltfriedens, aller Staaten in Nordafrika und im Nahen Osten und im Interesse der Bundesrepublik Deutschland«. Angesichts der Ereignisse in Syrien, im Irak, in Libyen, im Jemen und anderen Staaten in der arabischen Welt musste »Die Linke« ein wenig argumentativ abspecken. Aber sie blieb unbeirrt bei ihrer Forderung: »Staat Palästina anerkennen – Vollmitgliedschaft Palästinas in der UNO aktiv unterstützen.«

Denn das Los der staatenlosen, unbehausten Palästinenser ist das Einzige, was die Abgeordneten der Linken um den Schlaf bringt. Nicht die Lage in Syrien nach vier Jahren Krieg, nicht die Situation in der Ukraine, wo ein »brüchiger Waffenstillstand« täglich neue Opfer fordert, nein, die Linke leidet mit den Palästinensern, wenn auch nur mit jenen, die von Israel bedrängt werden. Zu den anderen, zum Beispiel im Libanon, in Syrien und in Gaza, wo die »demokratisch gewählte« Hamas seit 2007 das Sagen hat, fällt ihr nichts ein. Denn das wäre ein Eingriff in die inneren Angelegenheiten eines souveränen Staates.

Spätestens 2019 wird es wieder einen Antrag zur Anerkennung der Staatlichkeit Palästinas geben. Das Murmeltier der SED-Nachkommen wacht alle vier Jahre aus seinem Dämmerschlaf auf. Dass es nicht öfter passiert, dafür sollten wir ihm und der Vorsehung dankbar sein.

26. März

Liebes Tagebuch!

Stell dir bitte vor, eines Tages steht unser Nachbar vor unserer Tür und macht uns ein Angebot: »Wollen wir einen Nichtangriffspakt schließen?« Du fragst: »Wie bitte?« Er antwortet: »Ich tue Ihnen nichts, und Sie tun mir nichts.« Praktischerweise hat er gleich eine Vereinbarung mitgebracht, die er dir zur Unterschrift vorlegt. Was machst du? Bittest du dir Bedenkzeit aus? Unterschreibst du? Oder machst du auf dem Absatz kehrt, knallst die Tür zu und verbarrikadierst dich in unserer Wohnung?

Ein Nachbar, der dir einen Nichtangriffspakt vorschlägt, muss genau das im Sinn haben, wovon er dich abhalten möchte, denkst du?

Es gibt in Dortmund einen »Dialog zwischen Muslimen und der Polizei«, man trifft sich, man redet miteinander. Jetzt haben die Dialogparteien eine gemeinsame Erklärung verfasst und unterschrieben – »für ein friedvolles Miteinander« zwischen den Dortmunder Muslimen und der Dortmunder Polizei. In dieser

Erklärung heißt es unter anderem: »Wir bekennen uns uneingeschränkt zur freiheitlich demokratischen Grundordnung!« Und: »Wir positionieren uns deutlich gegen die Instrumentalisierung und den Missbrauch einer friedliebenden Religion für terroristische Akte!«

Ich habe mir das nicht ausgedacht, es ist wirklich passiert. Die Dortmunder Polizei hat sich »uneingeschränkt zur freiheitlich demokratischen Grundordnung« bekannt, und die Dortmunder Muslime haben sich »deutlich gegen die Instrumentalisierung und den Missbrauch einer friedliebenden Religion für terroristische Akte« positioniert. Oder war es umgekehrt? Hat sich die Dortmunder Polizei »gegen die Instrumentalisierung und den Missbrauch einer friedliebenden Religion für terroristische Akte« positioniert, und haben die Muslime ein Bekenntnis »zur freiheitlich demokratischen Grundordnung« abgegeben?

Ist das nicht komplett irre? So herum oder andersrum. Es war ein in der Geschichte der Bundesrepublik einmaliger Vorgang. Noch nie hat eine Polizeibehörde mit einer ethnischen, religiösen oder sozialen Gruppe ein Abkommen getroffen. Wozu auch? Erstens darf keine ethnische, religiöse oder soziale Gruppe unter einen »Generalverdacht« gestellt werden. Zweitens kann keine ethnische, religiöse oder soziale Gruppe für das Verhalten derjenigen garantieren, die ihr zugerechnet werden. Ist es denkbar, dass der Zentralrat der Katholiken die Verantwortung dafür übernimmt, dass alle Katholiken pünktlich und vollständig ihre Steuern zahlen, worauf sich im Gegenzug die Finanzämter verpflichten, von Betriebsprüfungen in katholischen Betrieben und Geschäften abzusehen?

Unmöglich, außer vielleicht in Dortmund, wo die Dialogpartner, wie es in einer Pressemittelung der Polizei heißt, »an einem Strang ziehen«. Wenn dies der Fall ist, wozu geben sie dann eine gemeinsame Erklärung ab, in der sie geloben, Regeln einzuhalten, die erstens für alle Bürger des Landes gelten und zweitens so selbstverständlich sind wie Händewaschen nach dem Besuch der Toilette und vor dem Essen?

Genau genommen hat die Dortmunder Polizei die Dortmunder Muslime auf das Übelste diskriminiert und sie einer Sonderbehandlung unterzogen. Sie traut den Muslimen nicht über den Weg und ernennt sie deswegen zu »Dialogpartnern«. »If you can't beat them – join them«, sagen die Amis in solchen Situationen. – Dortmund hat nicht nur eine vitale salafistische, sondern auch eine starke Neonazi-Szene. Im Stadtrat sitzt ein demokratisch gewählter Abgeordneter einer rechtsradikalen Splitterpartei, der vor Kurzem wissen wollte, wie viele Juden in der Stadt leben.

Wird das Dortmunder Modell Schule machen? Wird es demnächst eine gemeinsame Erklärung der Polizei und der Rechtsextremisten geben? Dass man »an einem Strang« zieht? Und dass »Vielfalt, Toleranz und ein friedvolles Miteinander« Tugenden sind, denen sich beide Seiten verpflichtet fühlen?

27. März

Liebes Tagebuch!

Der Herr hat mich erhört. Kaum habe ich den Wunsch geäußert, einmal eine Nymphomanin kennenzulernen, schon saß ich einer gegenüber. Eine gut aussehende Frau Mitte vierzig, die von Deutschland nach Spanien »ausgewandert« war und sich dort eine Existenz im Immobiliengeschäft aufgebaut hatte.

Freimütig erzählte sie, sie halte Ausschau nach jüngeren Männern, und wenn ihr einer über den Weg laufe, den sie attraktiv finde, dann zögere sie nicht lange und mache ihm auf der Stelle klar, was sie von ihm wolle. Dabei achte sie streng darauf, alle

Emotionen draußen vor der Tür zu lassen. Es gehe ihr nur um das körperliche Vergnügen.

Mir gefiel das. Endlich eine Frau, die sich zu einer Sexualpraxis bekannte, die eine Domäne der Männer ist. Ehrlich, praktisch, zielorientiert. Alles Übrige überließ sie Rosamunde Pilcher.

Ich war kurz davor, sie zu fragen, ob sie mich auf ihre Kandidatenliste setzen möchte, trotz eines erheblichen Altersunterschieds zu meinen Ungunsten. Da holte sie mich in die Wirklichkeit zurück. Natürlich sei sie auf der Suche nach der einen großen und wahren Liebe, nach dem Mann ihres Lebens, mit dem sie für immer zusammenbleiben möchte. Der müsse elegant, gebildet, witzig, charmant, fürsorglich und sportlich sein. Mit dem »sportlich« wäre ich noch zurechtgekommen, bei allen anderen Attributen musste ich passen. Adieu, Warteliste.

In der gleichen Talkshow saß auch ein älteres Paar, Anfang bis Mitte siebzig, Angehörige einer »polyamoren« Wohn- und Schicksalsgemeinschaft. Die polyamore Liebe, sagten sie, sei das einzige und letzte Tabu der Gesellschaft, das bedeute aber nicht, »dass man durcheinandervögelt«, sondern dass man mehr als nur einem Menschen in echter Liebe zugewandt sei, geistig und körperlich. »Eifersucht ist uns durch die Gesellschaft anerzogen worden«, sagte der Mann, so etwas gebe es bei den Polyamoren nicht. »Was meinem Partner guttut«, sagte die Frau, »tut auch mir gut, und wenn mein Partner glücklich ist, bin auch ich glücklich«.

Das klang wie Hannelore Kohls Bekenntnis: »Man muss vor allem warten können. Aber nach vier, fünf Stunden echten Wartens kann man nur noch von einem Hund verlangen, dass er sich freut. Ich habe von unserem Hund gelernt.« Aber gut, liebes Tagebuch, ich habe mich längst damit abgefunden, dass andere Leute Sachen mögen, die ich nicht verstehen kann. Bungee Jumping, zum Beispiel, Ayurveda-Kuren oder Kreuzfahrten durch die Karibik. Solange ich nicht mitmachen muss, ist mir alles recht.

Und eine polyamore Lebensweise kann auch ihre Vorzüge haben. »Wenn ich mal alt bin und gepflegt werden muss«, sagte der Mann, »könnte das für eine Frau zu mühsam werden«.

Ja, das leuchtete mir ein.

Wenig später saß ich mit den beiden Polyamoren an einem Tisch. Sie hatten ein Fotobuch mitgebracht, das sie zum Ansehen herumreichten. Es hieß »Morgenliebe«. »Morgenlatte« wäre der bessere Titel gewesen. In einer Rezension des Buches las ich später, die Fotografin habe »nicht einfach alte nackte Menschen fotografiert«, sie habe »eine erotische Ästhetik dokumentiert und damit einen Tabubruch quasi gesellschaftsfähig gemacht«. Zu den Paaren, die sich nackt fotografieren ließen, um einen Tabubruch quasi gesellschaftsfähig zu machen, gehörten auch meine Tischnachbarn, die voller Stolz erzählten, in welcher Talkshow sie schon mitgemacht hatten. »Schauen Sie sich das Buch auch mal an«, sagte die Frau zu mir. »Warum sollte ich es tun?«, fragte ich. »Damit Sie sehen, wie schön Sex im Alter sein kann«, antwortete die Frau und schlug die Seite auf, auf der sie mit ihrem Partner in primärer Aktion zu sehen war. »Alles, was ich sehe, ist Verzweiflung«, sagte ich.

Da nahm die Frau das Buch wieder an sich, klappte es zu und ließ mich in Ruhe. Im Rentnerparadies Baden-Baden kehrte Ruhe ein.

29. März

Liebes Tagebuch!

Auftritt Steini live aus Lausanne bei *Berlin direkt* mit Bettina Schausten.

Schausten: Die Zusammenarbeit mit Ihrem französischen Amtskollegen Fabius ist sehr eng. Sie sind seit gestern auch gemeinsam in Lausanne, wo, das sehen wir grade noch einmal, die Atomgespräche mit dem Iran in der entscheidenden Phase sind. Es geht ja darum, dem Iran die Möglichkeit zu nehmen, Atomwaffen zu entwickeln, im Gegenzug sollen die Sanktionen gegen Teheran aufgehoben werden. Bis Dienstag soll eine Grundsatzvereinbarung stehen, und jetzt hört man von positiven Signalen. Ist das so? Wie ist der Stand?

Steinmeier: Ich habe gerade in der Tat eine gemeinsame Reise mit dem französischen Kollegen nach Kasachstan abgesagt, um gemeinsam hier in Lausanne mit dem Iran und den anderen Partnern zu verhandeln. Wenn die Signale positiv sind, ist das gut. Und sicher stimmt auch, näher waren wir uns in den vergangenen Jahren nie, aber es sind auch noch einige Hürden zu überwinden, und das ist nicht ganz einfach. Es gab in den letzten Stunden Vor- und Rückschritt hier, ich hoffe, dass alle mit der gebotenen Ernsthaftigkeit hier ihre Verantwortung nicht nur erkennen, sondern danach handeln, und die Verantwortung kann nur sein, jetzt nach zwölf Jahren Verhandlungen endlich einen Abschluss zu finden und wenigstens diesen Streit zu beenden, das wäre vielleicht ein Beitrag zu einer gewissen Beruhigung im Mittleren Osten.

An dieser Stelle hatte Bettina Schausten vermutlich ihre nächste Frage bereits »angedacht«. »Was, Herr Steinmeier, veranlasst Sie zu der Annahme, dass die Iraner, nachdem sie zwölf

Jahre getrickst, getäuscht und gelogen haben, nun ehrlich geworden und bereit sind, ihre Atomanlagen einer Kontrolle durch die Internationale Atomenergie-Organisation zu unterstellen? Glauben Sie wirklich, sie würden auf zwei Drittel ihrer inzwischen 18 000 Zentrifugen verzichten und das bereits angereicherte Uran außer Landes schaffen? Und vor allem, Herr Steinmeier, wozu braucht ein Land, das auf den weltweit zweitgrößten Ölreserven sitzt, überhaupt Atomenergie, wenn es nicht einmal in der Lage ist, genug Benzin für den eigenen Bedarf zu raffinieren?«

Das wollte Bettina Schausten den Außenminister eigentlich fragen, da bin ich mir ganz sicher, aber im letzten Moment überlegte sie es sich anders, schaltete in den investigativen Modus und fragte: »Aber es lohnt offenbar, um das noch einmal nachzufragen, dass Sie Ihre Reise nach Kasachstan abgesagt haben, dazubleiben. Also, es besteht Hoffnung.«

Steinmeier: Es besteht nicht nur Hoffnung, sondern wir haben ja inzwischen in den letzten zwölf Monaten auch eine Grundlage geschaffen dafür, aber es sind eben noch nicht alle Streitpunkte ausgeräumt, wir müssen wirklich sicher sein, wenn wir Unterschriften unter einen Vertrag setzen, dass der Griff nach Atomwaffen glaubwürdig und nachhaltig ausgeschlossen bleibt, dazu fehlen noch einige Elemente, und über die verhandeln wir hier mit großer Intensität tagsüber und auch die nächste Nacht durch.

Während Steini sprach, arbeitete Bettina Schausten an ihrer nächsten und letzten Frage. Die Bausteine hatte sie sich vor Beginn der Sendung schon zurechtgelegt: »Herr Steinmeier, Sie waren bereits maßgeblich am Zustandekommen des Abkommens mit dem entmachteten Präsidenten der Ukraine, Wiktor Janukowitsch, im Februar 2014 beteiligt. Ebenso an den Waffenstillstandsabkommen *Minsk 1* und *Minsk 2*. Allen drei Abkommen war kein Erfolg beschieden, man könnte sagen, sie sind gescheitert. Wäre es unter solchen Vorzeichen nicht besser, wenn sie doch nach Kasachstan reisen würden, statt in Lausanne mit am Verhandlungstisch zu sitzen?«

Und genau diese Frage hätte sie bestimmt gestellt, wenn nicht plötzlich über den Knopf im Ohr eine Anweisung aus der Regie gekommen wäre: »Komm zum Schluss, Bettina, wir haben noch Frau von der Leyen in der Leitung.« Worauf Bettina Schausten das Interview beendete. »Herzlichen Dank, Frank-Walter Steinmeier, nach Lausanne.« Wie in solchen Fällen üblich hatte der Interviewte das letzte Wort. »Vielen Dank, Frau Schausten«, sagte Steini und machte sich wieder auf den Weg in den kleinen Konferenzraum des Hotels *Beau-Rivage Palace*.

30. März

Liebes Tagebuch!

Auftritt Angela Merkel während einer Fragestunde in der Universität von Helsinki zur Lage in der Ukraine: »Wir müssen einen langen Atem haben, der Kalte Krieg hat auch sehr lange gedauert, und trotzdem ist Deutschland irgendwann wiedervereinigt worden, und das ist so die Lebenserfahrung, die ich habe. Wir müssen diesen langen Atem auch wirklich aufbringen und nicht, wenn die Krim ein Jahr besetzt ist, sagen, ach, das kriegen wir ja doch nicht wieder hin.«

Das stimmt. Wer erfolgreich sein will, muss einen langen Atem haben. Die Israeliten waren 40 Jahre in der Wüste unterwegs, obwohl sie den Weg von Ägypten ins Gelobte Land in vier Monaten hätten schaffen können. Der Dreißigjährige Krieg dauerte deswegen so lange, weil die Kriegsparteien immer wieder durchatmen wollten. Dem Dritten Reich ging nach 12, der DDR nach 40, der Sowjetunion nach 73 Jahren die Puste aus. Vom ersten Motorflug der Brüder Wright im Jahre 1903 bis zur ersten Mondlandung 1969 vergingen 66 Jahre. Irgendwann ist alles vorbei, oder es geht richtig los. Und dann hat sich das Warten gelohnt.

Die Kanzlerin ist dafür das beste Beispiel. Durch geduldiges Abwarten schaffte sie es von einer *FDJ-Sekretärin für Agitation und Propaganda* in der DDR zur Kanzlerin der Bundesrepublik. Wenn das kein Paradebeispiel für einen langen Atem ist!

31. März

Liebes Tagebuch!

Letzter Auftritt im März, jedenfalls bei uns: Volker Kauder, Fraktionschef der CDU/CSU im Bundestag. »Ja, das ist eine ganz gute Idee, und ich habe dem Präsidenten Sisi auch dazu gratuliert, dass man aus der Region heraus sich der Probleme annimmt und nicht darauf setzt, dass von außen Dinge kommen.«

Um diese Sätze zu verstehen, musst du Folgendes wissen. Am Wochenende tagte im ägyptischen Badeort Sharm el-Sheikh die Arabische Liga. Einziger Tagesordnungspunkt war der Krieg im und um den Jemen. Die Konferenzteilnehmer beschlossen die Aufstellung einer panarabischen Eingreiftruppe und reisten wieder heim in ihre Länder.

Der Gastgeber des Treffens, Ägyptens Präsident Sisi, kein lupenreiner Demokrat, aber immerhin ein Pragmatiker, der Ägypten vor einem Bürgerkrieg bewahrt hat, soll, bevor er nach Kairo zurückflog, zu einem seiner Berater gesagt haben. »Ich glaube, das ist ein guter Beschluss, ich mache mir nur Sorgen, was Volker Kauder dazu sagen wird.«

Diese Äußerung wurde dem deutschen Botschafter in Kairo kolportiert, der Kauder seit den Tagen kennt, als beide in der Jungen Union in Sinsheim aktiv waren. Der Botschafter griff daraufhin zum Telefon, rief Kauder zu Hause an und kam sofort zur Sache.

»Volker, hör mal, der ägyptische Präsident macht sich Sorgen, was du davon hältst, dass die Araber jetzt eine Eingreiftruppe aufbauen wollen …«

Kauder begriff sofort den Ernst der Sache. Nach einem Anruf in seinem Wahlkreisbüro in Tuttlingen (»Ich bin dann mal weg!«) nahm er den nächsten Zug nach Frankfurt und flog von dort über Athen nach Kairo. Dem deutschen Botschafter in Ägypten blieb gerade genug Zeit, das Büro des Präsidenten anzurufen und Kauders Besuch anzukündigen.

Das Gespräch zwischen Volker Kauder und Abdel Fattah el-Sisi dauerte weniger als eine Stunde. Dann trat der Fraktionsvorsitzende der CDU/CSU vor die Kameras und erklärte: Siehe oben!

Präsident Sisi soll sehr erleichtert gewesen sein. Nun steht dem Aufbau einer panarabischen Eingreiftruppe nichts mehr im Wege.

1. April

Liebes Tagebuch!

Petra Gerster wendet sich nach rechts und spricht den ZDF-Korrespondenten in Lausanne an, der vor dem Hotel *Beau Rivage Palace* darauf wartet, den *Heute*-Zuschauern zu berichten, wie weit die Atomverhandlungen mit dem Iran gediehen sind.

Gerster: Und wieder bitten wir Wulf Schmiese in Lausanne um seine Einschätzung der Lage. Sieht es denn heute eher nach einer Einigung aus, Wulf?

Schmiese: Petra, soeben hat Außenminister Steinmeier entschieden, auch diese Nacht in Lausanne zu verbringen. Hartnäckig sind also die Gespräche mit Iran, Herr Steinmeier hofft, dass wenigstens am späten Abend oder in der Nacht es doch noch zu einem Kompromiss kommen würde, er klang nicht wirklich hoffnungslos und hat immer noch einen Optimismus. Es schien so, als müsste der Iran vor allem sich rückversichern, ob er diesen Bedingungen zustimmen kann. Interessant war auch, Steinmeier kritisierte Israel in einer ungewöhnlichen Form für einen deutschen Außenminister, er sagte, es sei gewagt von Ministerpräsident Netanjahu aus der Ferne heraus diese Verhandlungen zu kritisieren, er und Kerry, Steinmeier und Kerry, seien seit fünf Tagen hier und verhandelten und sie kümmerten sich darum, dass die Welt sicherer werden sollte. Also, verhaltener Optimismus und ein Hoffnungsschimmer, zumindest von dem Außenminister Steinmeier, dass es vielleicht in dieser Nacht zu einem Abkommen kommen könnte.

Gerster: Dann danken wir für den Hoffnungsschimmer, Wulf Schmiese in Lausanne.

Wie es der Zufall will, tritt heute auch die neue »Gebührenordnung« der öffentlich-rechtlichen Sender in Kraft. Der »Demokratiebeitrag«, den jeder Haushalt zu entrichten hat, wird von 17,98 Euro auf 17,50 Euro gesenkt. Das macht eine Ersparnis von 48 Eurocent monatlich oder 5,76 Euro jährlich. Ich frage dich, liebes Tagebuch, was wir mit dem Geld machen sollen? Sinnvoll anlegen, zum Beispiel in griechischen Staatsanleihen, oder lieber sinnlos verprassen, für Alkohol, Drogen und Sex auf dem Strich von Dinslaken? Es ist einfach irre, mit welch bedeutenden Live-Nachrichten, von Spitzenjournalisten wie Schmiese kenntnisreich verbreitet, das ZDF seine Gebühren legitimiert. Außenminister Steinmeier habe entschieden, so ZDF-Mann Schmiese, noch eine Nacht in Lausanne zu verbringen. Donnerwetter! Vermutlich nicht auf einer Parkbank am Ufer des Genfer Sees, sondern im *Beau Rivage Palace*, wo die Vertreter der fünf UN-Vetomächte und des Iran logieren und wo eine standesgemäße Junior Suite mit Wohnbereich, Balkon und Blick auf den See und die Alpen schon ab 1.330 Dollar die Nacht zu haben ist. Man könnte Steinmeiers Entscheidung, noch eine Nacht in Lausanne zu verbringen, mit den Annehmlichkeiten der Luxusherberge erklären, zu der auch ein Zwei-Sterne-Restaurant und ein Weinkeller mit 75 000 Flaschen gehören. Das könnte überhaupt der Grund dafür sein, warum sich die Verhandlungen so lange hinziehen und immer wieder verlängert werden.

Wulf Schmiese weiß es, verrät es uns aber nicht. Er sagt allerdings, Steinmeier sei sauer auf den israelischen Ministerpräsidenten Netanjahu, weil dieser »die Verhandlungen aus der Ferne kritisiert«, während Steinmeier und Kerry »schon seit fünf Tagen verhandeln und sich darum kümmern, dass die Welt sicherer wird«. Da hat der Steini dem Judenlümmel aus Jerusalem aber eines mitgegeben! Was weiß so ein Netanjahu schon von den Finessen der Diplomatie? Hat er schon mal fünf Tage im *Beau Rivage Palace* logiert?

Steinmeier dagegen kennt sich aus. Er hat im Laufe eines Jahres an drei Abkommen über die Ukraine mitgewirkt, und jetzt kümmert er sich darum, dass die Welt noch sicherer wird. Nicht aus sicherer Ferne wie Netanjahu, sondern an einem Brennpunkt des Geschehens, aus dem *Beau Rivage Palace* in Lausanne.

Um den beleidigten deutschen Außenminister zu verstehen, sollte man einen Bericht von Matthias Gebauer lesen, der am 22. Februar 2014 auf *Spiegel Online* erschienen ist. Wie der »Marathon-Diplomat« Steinmeier »dem ukrainischen Präsidenten ein Abkommen zur Beilegung der Krise« abrang und wie ihm »der erste große Coup seiner zweiten Amtszeit« gelang, nämlich »mit sehr viel Sitzfleisch, Geduld und diplomatischem Feingefühl«.

Wie Steinmeiers erster großer Coup seiner zweiten Amtszeit ausgegangen ist, wissen wir. Kaum hatte der ukrainische Präsident Viktor Janukowitsch das Abkommen zur Beilegung der Krise unterzeichnet, packte er seine Ersparnisse in ein paar Koffer und machte sich auf den Weg ins russische Exil, wo er seitdem das Chaos in seinem Land aus der Ferne beobachtet, während Steinmeier »mit sehr viel Sitzfleisch, Geduld und diplomatischem Feingefühl« an vielen Fronten weiter wirkt, in der Ukraine, in Griechenland, im Nahen Osten. Wenn das ein »großer Coup« war, dann war nur der Vertrag von Brest-Litowsk ein noch größerer, er hat immerhin länger gehalten.

Die Hymne des kritischen Journalisten Gebauer auf den genialen Marathon-Diplomaten fängt mit diesen Sätzen an: »Am Ende der Dienstreise ist Frank-Walter Steinmeier sehr müde, aber auch sehr glücklich. Lächelnd trabt der Außenminister mit seinem Tross am späten Freitagnachmittag vom Präsidialamt in der ukrainischen Hauptstadt Kiew zu seiner Wagenkolonne. Nach einem 21-stündigen Diplomatie-Marathon ist er so erschöpft, dass er fast über eine niedrige Stufe am Boden stolpert.

Seine gute Laune lässt er sich nicht kaputtmachen. ›An Tagen wie heute beweist sich, Außenpolitik kann richtig Spaß machen‹, sagt er.«

So isses, Steini. »Ein bisschen Spaß muss sein, dann ist die Welt voll Sonnenschein. So gut wie wir uns heute versteh'n, so soll es weitergeh'n«, das wusste schon Roberto Blanco.

2. April

Liebes Tagebuch!

Natürlich – und anders als von Steinmeier erhofft und seinem ZDF-Lautsprecher Schmiese übermittelt – kam auch in der Nacht zum Donnerstag keine Einigung zustande, obwohl bis in die Morgenstunden verhandelt wurde. »Ein westlicher Diplomat sagte, in der Nacht sei ›auf allen Ebenen‹ verhandelt worden. Demnach gab es ein vierstündiges Gespräch zwischen US-Außenminister John Kerry und seinem iranischen Kollegen Mohammed Dschawad Zarif, bilaterale Ministergespräche, Expertentreffen und Diskussionen zwischen ranghohen Diplomaten der Delegationen.«

Für solche Rituale der Betriebsamkeit wird in weiten Teilen Afrikas das Wort »Palaver« benutzt; im Senat der Vereinigten Staaten halten »Filibuster« stundenlange Reden, um eine Abstimmung hinauszuzögern, eine Taktik, die schon im alten Rom unter dem Begriff »Ermüdungsrede« bekannt war. Shakespeare würde seine Komödie *Much Ado About Nothing* heute im *Beau Rivage Palace* inszenieren. »Viel Lärm um nichts« war auch das unausgesprochene Motto der endlosen Diskussionen in den K-Gruppen, an die ich mich noch mit Schrecken erinnere: Wer zuerst einschlief, hatte verloren.

Dabei wird in Lausanne mit dem Iran nicht über ein Abkommen über die Nutzung der Atomenergie verhandelt, sondern nur über eine Rahmenvereinbarung für ein Abkommen, das bis Ende Juni ausgehandelt werden soll. Die Rahmenvereinbarung soll eine, zwei oder auch drei Seiten lang sein, eine Absichtserklärung, mit der die Verhandlungspartner ihren guten Willen bekunden, eine Einigung zu erzielen. Aber so, wie das Vorspiel läuft, dürfte es schwierig sein, den Zeitplan einzuhalten. Zwölf Jahre Abtasten und Fummeln, um dann in nur drei Monaten zum Höhepunkt zu kommen?

Außenminister Steinmeier hat jedenfalls die für heute geplante Reise nach Estland, Lettland und Litauen abgesagt, um noch ein wenig in Lausanne bleiben zu können. Für den Marathon-Mann der Diplomatie ist im *Beau Rivage Palace* immer ein Zimmer frei.

3. April

Liebes Tagebuch!

»Durchbruch bei Verhandlungen über Atomprogramm«, meldet *Welt Online* und präzisiert die Nachricht im Satz darauf. »Bei den Gesprächen über das iranische Atomprogramm wurde in Lausanne eine Einigung auf Eckpunkte erzielt. Und: So können die Verhandlungen bis zum Ablauf der endgültigen Frist am 30. Juni weitergehen.«

Der »Durchbruch« besteht also darin, dass man sich auf »Eckpunkte« eines Abkommens geeinigt hat, das noch ausgehandelt werden muss. Von einem »Durchbruch« war schon öfter in den vergangenen Monaten die Rede: nach dem Abkommen mit dem ukrainischen Präsidenten Wiktor Janukowitsch, nach

Minsk 1 und nach *Minsk 2*. Jetzt herrscht in der Ost-Ukraine eine »brüchige Waffenruhe«, die vor allem die »prorussischen Separatisten« dazu nutzen, sich neu zu formieren und auf die Stadt Mariupol vorzurücken. Die Waffenruhe besteht also im Wesentlichen darin, dass über die anhaltenden Kämpfe nicht mehr berichtet wird. Es ist alles eine Frage der Wahrnehmung.

Den »Durchbruch« im *Beau Rivage Palace* kommentiert ARD-Reporter Daniel Hechler live aus Lausanne:

»Nach zwölf Jahren Verhandlungsmarathon ist ein eher dünnes Eckpunktepapier mit vagen Positionen herausgekommen, und viele Punkte müssen erst noch weiter verhandelt werden bis Ende Juni. Das mag für manch einen enttäuschend sein, zumal ja der Teufel im Detail steckt, und dennoch ist dieses Eckpunktepapier das erste nach zwölf Jahren, das nun in Stein gemeißelt ist, hinter das man nicht mehr so schnell wird zurückfallen können. Insofern durchaus eine kleine Sensation, dass das nach acht Tagen Verhandlungen hier im *Beau Rivage* gelungen ist. Für den Mittleren Osten tun sich damit ganz neue Perspektiven auf, und die Eiszeit des Westens mit dem Iran ist nach 36 Jahren womöglich heute in eine neue Episode gegangen.«

Ein dünnes Eckpunktepapier mit vagen Positionen, das in Stein gemeißelt wurde, hinter das man nicht mehr so schnell wird zurückfallen können? Und das nach zwölf Jahren? Junge, sag doch gleich: Alles besser als in die hohle Hand geschissen! Und dann geht die Eiszeit des Westens mit dem Iran nach 36 Jahren in eine neue Episode! Wird es nun kälter oder wärmer?

»Es gibt keine Gewinner und keine Verlierer, aber es ist ein Erfolg für all diejenigen, die ein Interesse daran haben, dass Konflikte auf dieser Welt noch diplomatisch und nicht militärisch gelöst werden«, sagt Steini in einer ersten Stellungnahme aus Lausanne in der für ihn typischen Diktion der argumentativen Umleitung. Offenbar ist in Lausanne gerade ein achttätiges Seminar zu Ende gegangen, wie man Konflikte diplomatisch und nicht militärisch löst. Die Fortsetzung soll im *Hyatt* Pjöngjang, *Hilton* Tripolis und *Holiday Inn* Damaskus stattfinden.

Steinmeiers Verhandlungspartner, der iranische Außenminister Mohammad Dschawad Zarif, ist freilich mitnichten der Ansicht, es gebe keine Gewinner und keine Verlierer. Man habe nichts akzeptiert, was den Stolz des iranischen Volkes verletze, sagt er. Und: »Unsere Anlagen bleiben bestehen, wir werden weiter Uran anreichern, wir werden weiter forschen und entwickeln.« Offenbar wird das Eckpunktepapier von den Iranern etwas anders interpretiert als von Steinmeier, der wenig später in den *Tagesthemen* erklärt, was die Iraner alles nicht dürfen. Könne man davon ausgehen, dass der Iran nicht heimlich an einer Atomwaffe baue oder weiterbaue, fragt Thomas Roth.

Steinmeier antwortet: »Jedenfalls ist das Ziel, dass wir nicht nur mit den Eckpunkten, sondern vor allen Dingen mit dem nachfolgenden Vertrag, nach dem wir suchen, was wir sicherstellen wollen, dass sich der Iran eben keinen Zugang verschafft zu Atomwaffen und auf ein ziviles Nuklearprogramm beschränkt bleibt. [...] Wir sind weit gekommen, es ist guter Fortschritt gemacht und insofern bin ich ganz zufrieden. Das ist eine gute Basis, auf der sich jetzt weiterarbeiten lässt.«

Roth setzt nach: »Nun mussten Sie sicherlich auch dem Iran Zugeständnisse machen. Welche haben Sie denn gemacht?«

Steinis heiteres Gesicht verdüstert sich in Frank-Walter Steinmeier. Er holt Luft und weit aus. »Na ja. Man darf nicht ganz unterschätzen, dass es auch im Iran eine Dynamik gibt. Keine einheitliche Auffassung, ob man nach Annäherung zum Westen oder zu den internationalen Partnern sucht, aber doch inzwischen eine sehr große Richtung in der iranischen Politik, die weiß, dass man der jüngeren Generation mehr bieten muss als nur die Fantasie, irgendwann vielleicht eine atomare Macht zu sein. Sondern die danach suchen, den jungen Menschen, und es gibt viele davon im Iran, vor allen Dingen so etwas wie Zukunftsperspektive zu geben. Dazu braucht es wirtschaftlichen Austausch, dazu braucht es Zugang zu Technologien, und Voraussetzung dafür ist natürlich, dass man wegkommt von den Sanktionen der Vergangenheit. Das ist ein ganz wichtiges Motiv für den Iran und diejenigen, die dort jetzt im Augenblick die Richtung bestimmen, aber eines, an das man natürlich anknüpfen kann.«

Man muss Steinmeier zugutehalten, dass er acht Tage und acht Nächte durchverhandelt hat. Roth aber nimmt keine Rücksicht und besteht darauf, dass Steinmeier seine Frage nach den Zugeständnissen beantwortet.

»Wenn das so einfach gewesen wäre, hätten Sie ja nicht all diese Tage und Nächte verhandeln müssen, sondern die Iraner hätten gesagt: Gut, machen wir es so. Da brauchte es offenbar auch Sicherheiten und Zugeständnisse. Noch mal: welche?«

Steinmeier merkt, dass er es nicht mit Bettina Schausten zu tun hat. »Wir haben vor allen Dingen natürlich darauf gesetzt, dass wir Kontrollmöglichkeiten haben. Deshalb sind die Kontrollmöglichkeiten über etwaige Atomprogramme in der Zukunft im Iran besonders und schärfer als gegenüber anderen Staaten. Wir haben darauf gesetzt, dass 75 Prozent der Zentrifugen, die der Iran jetzt hat, zunächst eingemottet werden, auch das unter internationaler Kontrolle. Wir haben vereinbart in den Eckpunkten, dass das angereicherte Uran, das im Iran bereits liegt, zu 95 Prozent vernichtet werden muss und deshalb nicht mehr zur Verfügung steht. Das heißt, die Eckpunkte minimieren das Risiko, sich den Zugriff auf nukleare Waffen zu verschaffen, so weit wie möglich.«

An dieser Stelle muss dem deutschen Außenminister eingefallen sein, dass Roth eigentlich wissen wollte, welche Zugeständnisse der Westen gemacht habe. Also wechselt er die Spur.

»Umgekehrt müssen wir natürlich den Iranern zusichern, dass für den Fall, dass er sich gemäß diesen Eckpunkten verhält, dann auch bereit sind, ökonomische Sanktionen aufzuheben, die gibt es in Europa, die gibt es in den Vereinigten Staaten, und die gibt es seitens der Vereinigten Nationen. Das ist das Zugeständnis der internationalen Partner, die hier verhandelt haben, immer unter der Voraussetzung, dass der Vertrag zustande kommt und dass der Iran sich gemäß den vertraglichen Verpflichtungen verhält.«

Roth hat noch 'ne Frage und bittet ausdrücklich um eine kurze Antwort. »Bis zum 30. Juni soll das alles dann formuliert sein, kann da noch was schiefgehen?«

Natürlich, sagt Steinmeier, wenn verhandelt werde, könnten Verhandlungen schiefgehen. »Wir müssen jetzt darauf setzen, dass der Iran ernsthaft verhandelt hat, sich auf die Vereinbarung der Eckpunkte eingelassen hat. Wenn die Eckpunkte die Basis für die Vertragsverhandlungen sind und bleiben, dann müsste ein Vertragsabschluss gelingen.«

Am Ende des Gesprächs wirkt Steinmeier etwas angesäuert. Er hat im *Beau Rivage Palace* schon ausgecheckt, am Genfer Flughafen wartet der Regierungsflieger auf ihn, und Ostern steht vor der Tür. Er will heim. Das Taxi zum Flughafen teilt er sich mit dem iranischen Außenminister Mohammad Javad Zarif. Die beiden sitzen schweigend nebeneinander im Fond. Da beugt sich der Iraner zu dem Deutschen rüber und fragt: »Darf ich Ihnen eine kleine Geschichte erzählen? Es ist eine alte persische Anekdote.« Steini hat eigentlich keinen Bock auf alte persische Anekdoten. Er hätte jetzt lieber ein Beck's. Aber er will nicht unhöflich sein. »Gerne.«

»Es war einmal ein armer Bauer, der einen kleinen Hof gepachtet hatte. Eines Tages rief ihn der Landbesitzer zu sich. ›Ich habe gehört, du hast zehn Kinder, und alle können lesen und schreiben. Stimmt das?‹ – ›Ja, mein Herr, das stimmt.‹ – ›Und du hast es ihnen beigebracht?‹ – ›Ja, das habe ich.‹ – ›Dann habe ich jetzt eine neue Aufgabe für dich. Ich will, dass du meinem Hund das Sprechen beibringst. Ich gebe dir drei Monate Zeit. Wenn du es schaffst, verlängere ich deinen Pachtvertrag. Wenn nicht, musst du gehen.‹ Der

Bauer geht nach Hause und erzählt seiner Frau, was er gerade erlebt hat. Die Frau rauft sich vor Verzweiflung die Haare. ›Wir sind verloren! Noch nie hat ein Mensch einem Hund das Sprechen beigebracht.‹ – ›Beruhige dich, gute Frau‹, sagt der Bauer, ›in drei Monaten kann viel passieren. Es kann sein, dass der Verpächter vom Pferd fällt und stirbt. Es kann sein, dass der Hund überfahren wird und stirbt. Und es kann sein, dass ich es schaffe, ihm das Sprechen beizubringen. Drei Monate sind eine lange Zeit.‹«

Steinmeier schweigt. Er denkt offenbar über die Anekdote nach. Schließlich sagt er: »Immerhin haben die beiden die Eckpunkte definiert. Das ist doch eine Basis, auf der sich weiterarbeiten lässt.«

PS. Die Teheraner Tageszeitung *Tehran Times*, die 1979, im Jahre der »Islamischen Revolution«, gegründet wurde und sich als deren Stimme versteht, berichtete am 2. April in ihrer Online-Ausgabe (und am 3. April im Print) über den Ausgang der Lausanner Verhandlungen. In dem Bericht heißt es:

»In the framework of the agreement, none of Iran's nuclear facilities as well as the previous activities will be stopped, shut down or suspended and Iran's nuclear activities in all its nuclear facilities including Natanz, Fordow, Isfahan and Arak will continue. These comprehensive solutions will guarantee the continued enrichment program inside the Iranian territory and according to this, Iran will be allowed to go on with industrial production of nuclear fuel which is meant for running its nuclear power plants.«

Irgendwelche Zugeständnisse der Iraner werden in dem Bericht mit keinem Wort erwähnt. Von einer Unterstellung ihrer Anlagen unter internationale Kontrolle ist ebenfalls keine Rede.

4. April

Liebes Tagebuch!

An einem der letzten Märztage, während die Vertreter der UN-Vetomächte, der Bundesrepublik (5 plus 1) und des Iran im *Beau Rivage Palace* beisammensaßen, erklärte der Kommandeur der Basidsch-Miliz der Revolutionären Garden, die Auslöschung Israels (»Erasing Israel off the map«) sei und bleibe »unverhandelbar«. Das hat die Teilnehmer der Lausanner Tafelrunde jedoch nicht dazu bewogen, aufzustehen und den Raum zu verlassen oder wenigstens den iranischen Delegationsleiter um eine Klarstellung zu bitten, nein, die Verhandlungen gingen weiter. Es war ja nicht das erste Mal, dass ein hoher Repräsentant des iranischen Gottesstaates eine solche Drohung aussprach. Der vorherige iranische Präsident, Mahmud Ahmadinedschad, hat es mehrfach getan, worauf es unter deutschen Friedensfreunden und Iranverstehern zu semantischen Debatten darüber kam, ob man den Satz transitiv oder intransitiv übersetzen sollte.

Nun, mit solchen Feinheiten hält sich die ZDF-Frau in Jerusalem nicht auf. In einem Bericht über die israelischen Reaktionen auf den »Rahmenvertrag« von Lausanne sagte sie gestern im *Heute-Journal*: »Es ist nicht wegzudiskutieren: Netanjahus jahrelang gepflegte Kriegsrhetorik gegenüber dem Erzfeind (Iran) hat in der israelischen Gesellschaft Spuren hinterlassen. Die Angst sitzt tief.«

Netanjahus jahrelang gepflegte Kriegsrhetorik hat nicht nur in der israelischen Gesellschaft Spuren hinterlassen, sondern auch im Kopf der ZDF-Reporterin, hat sie, wie man heute sagt, sensibilisiert für die Gefahr, die dem Iran von Israel droht. Immer wieder haben Netanjahu und andere israelische Politiker den Iran zu einem »Krebsgeschwür« erklärt, zu einer Gefahr für den Weltfrieden. Der Iran, so Netanjahu, müsse »von der Landkarte« beziehungsweise »von den Seiten der Geschichte« verschwinden. Wieder und wieder rief er dazu auf, Teheran von der »Besatzung« zu befreien. Und es ist noch nicht lange her, da hat der israelische Ministerpräsident eine Konferenz zu dem Thema »Die Welt ohne den Iran« eröffnet. Steter Tropfen höhlt den Stein, kein Wunder, dass die Angst der Israelis »tief sitzt«.

Was die Israelis so umtreibt, hat auch Jürgen Chrobog klar erkannt. »Israel will ja nicht ins Boot. Israel hat Angst, dort seinen Lieblingsfeind Iran zu verlieren.« Mit der Feststellung, Israel wolle »nicht ins Boot«, meinte er: zusammen mit dem Iran an einen Verhandlungstisch.

Jürgen Chrobog ist ein deutscher Karrierediplomat. Er war unter anderem Leiter der Presseabteilung und Sprecher des Auswärtigen Amtes, Bürochef von Hans-Dietrich Genscher und von 1995 bis 2001 deutscher Botschafter in Washington.

Einer größeren deutschen Öffentlichkeit wurde er aber erst Ende Dezember 2005 bekannt, als er, seine Frau und die drei erwachsenen Söhne im Jemen entführt wurden, wo die Familie Chrobog Urlaub machte. Was der Sache eine extrem ironische Note verlieh, war der Umstand, dass Chrobog, kurz bevor er unfreiwillig Opfer einer Stammesfehde wurde, den Krisenstab im Auswärtigen Amt leitete, der sich um im Ausland entführte Deutsche kümmerte. Acht Tage, bevor er selbst in die Gastfreundschaft eines jemenitischen Stammes geriet, gab er dem Bayerischen Rundfunk ein Interview, in dem er sagte: »Es begeben sich Menschen immer wieder in Gefahr, und man erwartet ja allgemein eine Rundumversicherung des Staates. Kommt jemand in Gefahr, wird er entführt, dann erwartet man, dass der Staat sofort eingreift und die Dinge löst. Das ist eben zunehmend schwierig geworden in dieser Welt. Dieses fast Sozialversicherungsdenken der deutschen Bürger ist natürlich etwas, das man aufgreifen muss. So geht es eigentlich nicht …«

Im Falle der Familie Chrobog ging es aber doch. Frank-Walter Steinmeier wurde bei der jemenitischen Regierung vorstellig, die nahm Verbindung mit den Geiselnehmern auf, und so kamen die Chrobogs nach 72 Stunden frei. Kurz bevor sie mit einer Maschine der Bundeswehr ausgeflogen wurden, versicherte Jürgen Chrobog gegenüber Journalisten, die Geiselnehmer hätten ihn und seine Familie gut behandelt. Der Jemen sei »ein wunderbares Land«.

Auch Frau Chrobog konnte nur Gutes berichten. Das Verhältnis zu den Entführern sei »hervorragend« gewesen. »Wir haben uns gut verstanden.« Unklar blieb zweierlei: Warum die Familie Chrobog nicht im Jemen bleiben wollte, und was diese ganze Aktion den deutschen Steuerzahler gekostet hatte.

Nebenbei, liebes Tagebuch: Der Experte Chrobog hatte sich – aus Unwissen, Geiz oder Arroganz – über die Usancen für eine sichere Reise im Jemen hinweggesetzt und eine Route gewählt, auf der er nicht, wie landesüblich, einen bezahlten »Führer« an Bord nehmen konnte, der aus dem richtigen Stamm kommend seine Sicherheit garantiert hätte. Wie das funktioniert, wissen alle erfahrenen Jemen-Guides, und man kann es auch in Wilfried Thesigers Buch »Die Brunnen der Wüste« nachlesen. Aber wieso sollte sich auch ein deutscher Diplomat an Spielregeln halten?

Und nun kommt Chrobog, der sich inzwischen unter die Nahostexperten gemischt hat, daher und sagt, Israel habe Angst, »seinen Lieblingsfeind Iran zu verlieren«. Das ist eine glänzende Analyse der israelischen Befindlichkeit aus der Perspektive eines Betrachters, der im Auswärtigen Amt als ein »Mann für stille Missionen und schwierige Fälle« galt. Schaut man sich Israels Geschichte an, muss man ihm recht geben. Erst nachdem den Juden die Nazis als Lieblingsfeinde abhandengekommen waren, machten sie sich auf den Weg nach Palästina, wo sie mit offenen Armen, mit Brot, Salz und Schokoriegeln empfangen wurden. Aber es dauerte nicht lange, und sie hatten einen neuen Lieblingsfeind gefunden, die Palästinenser. Später die Syrer, die Jordanier, die Ägypter und die Iraker. Und jetzt die Iraner. Wie hat es vor Kurzem ein *Zeit*-Leser als rhetorische Frage so zutreffend formuliert? »Hat dieses Volk schon jemals im Frieden mit seinen Nachbarn gelebt?« (Tja, man kann sich seine Leser und den Beifall von der falschen Seite eben nicht aussuchen!)

Im Jemen, diesem wunderbaren Land, geht es inzwischen drunter und drüber. Falls die Chrobogs dort wieder einen Abenteuerurlaub machen möchten, sollte sie niemand davon abhalten. Und falls sie wieder gerettet werden müssen, so werde ich jedem in den Arm fallen, der es wagen würde, so etwas auch nur zu versuchen. So wahr wir heute den Auszug aus Ägypten feiern.

Liebes Tagebuch!

Die meisten Leute finden Primzahlen faszinierend – 2, 3, 5, 7, 11, 17, 19… 83, 89, 97 –, ich hab's mit den Quersummen. Irgendwann habe ich damit angefangen, die Zahlen auf den Nummernschildern der Autos zu addieren, seitdem komme ich nicht mehr davon los. Ich kann mir damit die längsten Autobahnfahrten vertreiben. 562 ergibt 4, 915 macht 6, 262 summiert sich zu einer 1. Dafür reicht ein Blick. Bei vierstelligen Zahlenkombinationen dauert es einen Tick länger.

Gestern ist mir beim Spazierengehen mit meinem Hund Lucy eine besonders spannende Nummer aufgefallen: 9779. Nicht nur, dass sie sich von vorne wie von hinten liest, die Quersumme ergibt immer 5. 9 plus 7 plus 7 plus 9, das macht 32, also 5. 9 plus 7 ergibt 16, mal zwei macht 32, also auch 5. 7 und 7 macht 14, 9 und 9 macht 18, 14 und 18 – schon wieder 32, Quersumme 5. Egal, wie man Zahlen addiert – die beiden äußeren und die beiden inneren, die erste und die dritte, die zweite und die vierte, am Ende kommt immer eine 5 heraus? Ist das nicht irre?

Es ist eine Art Sucht. Kaum sehe ich eine Nummer, bilde ich die Quersumme. Das mache ich auch bei Aldi, an der Tankstelle und bei Postleitzahlen. Letztes Jahr hätte ich damit noch bei *Wetten, dass ...?* auftreten können, aber das gibt es ja nicht mehr. Jetzt überlege ich, ob ich eine Selbsthilfegruppe gründen soll: »Digit Sum Anonymous«.

Irgendwo muss es einen Topf geben, aus dem solche Initiativen gefördert werden. Ich werde es mal bei Günther Oettinger, dem Kommissar für digitale Agenda in Brüssel, versuchen.

6. April

Liebes Tagebuch!

Der Wiener Kongress dauerte vom 18. September 1814 bis zum 9. Juni 1815, also beinahe neun Monate. Den Vorsitz führte der österreichische Außenminister, Fürst von Metternich. Damals gab es kein Internet, keine E-Mails und keine Mobiltelefone, nicht einmal den elektrischen Telegrafen, eilige Nachrichten wurden mit reitenden Boten befördert, und wer von Paris nach Berlin reisen wollte, war mindestens drei Wochen mit der Postkutsche unterwegs.

Heute dauert der G7-Gipfel, zu dem die Staatschefs der sieben wichtigsten Industrienationen anreisen, genau 24 Stunden. Der nächste wird vom 7. bis zum 8. Juni auf Schloss Elmau stattfinden, einem luxuriösen Hotel am Fuße des Wettersteingebirges. Die Vorbereitungen aber, berichtet die *FAS*, laufen schon seit Wochen. Wenn es so weit ist, werden 15 000 Polizisten die

»Gipfelsause« vor Demonstranten und anderen Störern beschützen, 5000 Journalisten aus aller Welt werden über ein Ereignis berichten, das keines ist. Noch nie ist bei einem G7-Gipfel, der bis zum Rausschmiss Russlands ein G8-Gipfel war, irgendetwas beschlossen worden, das danach tatsächlich umgesetzt wurde. Es ist ein sinnloses Spektakel, ein Schaulaufen der Wichtigtuer, das seine Bedeutung daraus gewinnt, dass alle Teilnehmer beschlossen haben, es wichtig zu finden. Ich traue es mir zu, jetzt schon das Abschlusskommuniqué zu schreiben oder eines der Statements, das Frank-Walter Steinmeier abgeben wird.

Und jetzt kommt das Beste. Was, glaubst du, liebes Tagebuch, wird der Gipfel von Elmau kosten? 140 Millionen Euro – mindestens. Falls du jetzt nicht schockiert bist, dann kommt das daher, weil eine Million der neue Tausender ist. Wir haben uns im Laufe der letzten Jahre an immer größere Summen gewöhnt. Eine Million Mark war mal viel Geld. 500000 Euro sind heute Peanuts. Wir rechnen inzwischen in Milliarden und bald schon in Billionen. So werden wir auf unsere Enteignung vorbereitet.

140 Millionen Euro für ein 24-stündiges Palaver, das man ebenso gut als Videokonferenz oder im Kanzleramt oder in Schloss Bellevue abhalten könnte! Aber das würde nicht die höfischen Bilder vom Auflauf der Teilnehmer ergeben, die der einzige Zweck der ganzen Übung sind.

Was es die Amis kostet, den größten Versager der jüngsten amerikanischen Geschichte und sein Team aus den USA nach Bayern zu schaffen, ist deren Sache. Aber hier geht es um mein Geld, um die Steuern, die ich zahle, die sinnlos verpulvert werden, während in der Koalition darüber debattiert wird, wie das Kindergeld erhöht werden soll, um vier Euro in diesem Jahr und zwei weitere im nächsten – oder alles auf einmal. Was sind das für entartete Krämerseelen, die uns regieren? Sie haben jedes Schamgefühl abgeschüttelt und inszenieren sich wie Potentaten, Sonnenkönige im Schein von Energiesparlampen.

7. April

Liebes Tagebuch!

Kaum war das Palaver am Genfer See vorbei, eilte Frank-Walter Steinmeier nach Hause, gönnte sich endlich ein erfrischendes Beck's, krempelte die Ärmel hoch und machte sich an die Arbeit. Es galt, die Verhandlungen mit dem Iran zu evaluieren. Und wer wäre dafür besser geeignet als der deutsche Außenminister, der acht Tage und acht Nächte durchverhandelt hatte? Günter Grass hatte ihm mal erzählt, jede Geschichte stehe oder falle mit dem ersten Satz. Der muss sitzen, auf den kommt es an. Nach einigen Minuten intensiven Nachdenkens war ihm klar, wie er anfangen sollte. Mit einem persönlichen Statement.

»Eine ganze Woche in einem Schweizer Hotel am Genfer See – und nur ein Thema. Ich kann mich nicht erinnern, dass die Außenminister der einflussreichsten Staaten der Welt, der Vetomächte des Sicherheitsrats der Vereinten Nationen gemeinsam mit Deutschland jemals so lange zusammen gewesen wären, so intensiv verhandelt und so eng an einem Strang gezogen hätten wie in den vergangenen Tagen in Lausanne.«

Nicht schlecht, dachte Steinmeier, Grass hat recht, der erste Satz muss sitzen. Und dann fiel ihm ein, was er beim Schreiben von Besinnungsaufsätzen gelernt hatte: Gleich im ersten Absatz muss die Geschichte zusammengefasst werden. »Das spiegelt die weltpolitische Bedeutung des Konflikts um das iranische Atomprogramm wider. Und es macht den Stellenwert der Einigung anschaulich, die wir vorgestern Abend mit Iran erreicht haben. Wir haben gemeinsam gezeigt: Es mag lange dauern. Es kostet viel Mühe. Aber: Auch in den schwierigsten Konflikten sind politische Verhandlungslösungen möglich. Unser Einsatz für Abrüstung und gegen die Verbreitung von Massenvernichtungswaffen ist aller Mühen wert und hat in Lausanne einen wichtigen Erfolg erzielt.«

Steinmeier schaute sich die beiden ersten Absätze an und atmete durch. Ja, so könnte es gehen. Allerdings, viel mehr gab es nicht zu sagen. Aber jetzt einfach aufhören, das mochte er auch nicht. Also holte er noch einmal aus: »Mit der Eckpunkte-Vereinbarung, auf die wir uns in Lausanne verständigt haben, sind wir noch nicht endgültig am Ziel. Nun müssen auf dieser Grundlage bis Ende Juni auch die Details eines abschließenden Abkommens ausgehandelt werden. Über das ›Kleingedruckte‹ wird noch hart verhandelt werden. Aber schon jetzt ist klar: Die politischen Eckpunkte, auf die wir uns verständigt haben, bieten die Grundlage, einen iranischen Weg zu Atomwaffen wirksam, nachhaltig und nachprüfbar auszuschließen. Das ist das Ziel, das wir uns gesteckt haben. Das ist der Maßstab, an dem sich jede Vereinbarung messen lassen muss. Wir sind überzeugt, dass wir das mit den Lausanner Vereinbarungen erreichen können.«

Steinmeier überlegte kurz, ob er *wirksam, nachhaltig und nachprüfbar* schreiben sollte oder lieber *nachhaltig, wirksam und nachprüfbar*. Es kam ja nicht nur auf jedes Wort, sondern auch auf den Zusammenhang an. Er entschied, *wirksam, nachhaltig und nachprüfbar* stehen zu lassen. Nun sollten ein paar Details folgen, worum es in der *Eckpunkte-Vereinbarung* ging.

»Mit einem ganzen Paket von Beschränkungen und Kontrollen stellen wir sicher, dass Iran selbst bei einem Bruch des Abkommens über viele Jahre hinweg mindestens zwölf Monate benötigen würde, um genügend spaltbares Material für den Bau auch nur einer einzigen Atombombe zusammenzubekommen.«

Ja, das haben wir wirklich gut hinbekommen, dachte Steinmeier, sogar dann, wenn es die Iraner schaffen würden, uns über viele Jahre hinweg zu täuschen, würden sie am Ende immer noch zwölf Monate brauchen, »um genügend spaltbares Material für den Bau auch nur einer einzigen Atombombe zusammenzubekommen«, genug Zeit also, um Israel zu evakuieren und eine neue Konferenz am Genfer See einzuberufen, darüber, wie die Flüchtlinge aus dem Nahen Osten verteilt werden sollten.

Steinmeier war dermaßen von sich selbst angetan, dass er den kleinen Widerspruch übersah, den er soeben produziert hatte. Einerseits ging es darum, den *iranischen Weg zu Atomwaffen wirksam, nachhaltig und nachprüfbar auszuschließen.* Andererseits mochte er nicht ausschließen, dass es den Iranern, allen Sanktionen zum Trotz, doch noch gelingen könnte, die Voraussetzungen für den Bau einer A-Bombe zu schaffen. Das passte nicht wirklich zusammen. Als ihm das klar wurde, besserte er nach:

»Wir geben den Sanktionshebel, mit dem wir Iran überhaupt erst an den Verhandlungstisch gebracht haben, nicht aus der Hand: Die Sanktionen werden schrittweise und unter strengen Auflagen aufgehoben und können im Fall eines Bruchs der Vereinbarung durch Iran sofort wieder in Kraft gesetzt werden.«

Sanktionen »schrittweise« aufzuheben, dürfte so schwierig sein, wie nach und nach schwanger zu werden. Noch schwieriger wäre nur noch, sie »sofort wieder« in Kraft zu setzen. So etwas geht nicht von heute auf morgen, es dauert, wenn es schnell gehen soll, Monate. Firmen, die in einem Land Geschäfte machen wollen, brauchen Rechtssicherheit. Sie werden keine Verträge abschließen, wenn sie damit rechnen müssen, dass diese jederzeit von Sanktionen außer Kraft gesetzt werden können. Steinmeier schob diesen Gedanken resolut zur Seite. Sein Job ist es, internationale Verträge auszuhandeln und nicht Handelsabkommen.

Nun wurde es langsam Zeit, zum Schluss zu kommen. Jetzt würde es sich gut machen, vom Speziellen zum Allgemeinen zu kommen. Auf seinem Notizzettel waren noch drei Begriffe übrig geblieben: Hoffnung, Entspannung und friedliche Lösungen. Die mussten jetzt kontextualisiert werden.

»Chancen für die Diplomatie sind rar im Nahen und Mittleren Osten, Erfolge noch seltener. […] Die Iran-Frage ist seit vielen Jahren der erste und einzige Konflikt im Mittleren Osten, bei dem uns nun eine Entschärfung gelingen kann. Das weckt leise Hoffnung, dass sich aus dieser Dynamik auch Aussichten für eine Entspannung anderer gefährlicher Krisen und Konflikte im Nahen und Mittleren Osten ergeben könnte. Das zeigt: Es lohnt die Anstrengung, ohne Illusionen, aber mit viel Beharrlichkeit auf diplomatischem Weg nach friedlichen Lösungen auch für schwierige Konflikte zu suchen.«

Steinmeier war mit seinem Werk mehr als zufrieden. Er schaute noch mal drüber und mailte den Text dann an die FAZ, die ihn am 4. April unter der Überschrift *Wie wir iranische Atomwaffen verhindern* online stellte.

Wie es der Genosse Zufall so will, erschien am selben Tag, da Steinmeier von einer »Entspannung anderer gefährlicher Krisen und Konflikte im Nahen und Mittleren Osten« infolge der Eckpunkte-Vereinbarung in der FAZ fantasierte, in der *New York Post* ein Artikel von Amir Taheri, der zwar in Lausanne nicht mit am Tisch saß, dafür aber über etwas verfügt, das Steinmeier abgeht: Sachkenntnis.

Taheri, 1942 in Ahvaz geboren, war unter anderem Chefredakteur der größten iranischen Tageszeitung *Kayhan;* als Khomeini in den Iran heimkehrte und die iranische Revolution ihren Lauf nahm, ging er ins Exil. Er arbeitete als Korrespondent und Kolumnist für große Zeitungen und Magazine in Europa und den USA und verfasste fünf Bücher über den Iran, die in mehr als ein Dutzend Sprachen übersetzt wurden. Er selbst spricht, wie es sich für einen gebildeten Iraner gehört, außer Farsi, Arabisch, Türkisch, Englisch und Französisch auch einige Dialekte, die im Iran und den benachbarten Ländern gesprochen werden. Taheri kann also Texte im Original lesen und ist nicht auf den Übersetzerdienst des Auswärtigen Amtes angewiesen.

Seine Analyse des Lausanner Abkommens leitet Taheri mit diesen Sätzen ein: »But the first thing to know about the highly hyped ›historic achievement‹ that President Obama is trying to sell is that there has been no agreement on any of the fundamental issues that led to international concern about Iran's secret nuclear activities and led to six mandatory resolutions by the United Nations Security Council and 13 years of diplomatic seesaw.« Alles, was es gebe, so Taheri weiter, sei eine Anzahl widersprüchlicher Statements der verschiedenen Teilnehmer der letzten Gesprächsrunde in der Schweiz, die zusammengenommen »einen Haufen Mist« ergäben.

Als da wären: das gemeinsame Statement in englischer Sprache des iranischen Außenministers Muhammad Dschawad Zarif und der EU-Außenbeauftragten, Federica Mogherini, von 291 Wörtern Umfang. Daneben die offizielle iranische Verlautbarung von 512 Wörtern Länge auf Farsi, das Statement der Franzosen mit 231 Wörtern und – last but not least – die Erklärung des US-Außenministers John Kerry, ein Text von 1318 Wörtern Länge. Diese vier Texte, so Taheri, unterschieden sich nicht nur im Umfang, sondern auch im Inhalt. In jedem stehe etwas anderes, oft auch Gegensätzliches, zum Beispiel: »The American text claims that Iran has agreed to dismantle the core of the heavy water plutonium plant in Arak. The Iranian text says the opposite. The plant shall remain and be updated and modernized.«

Und während die Amerikaner von einer »Erleichterung der Sanktionen« redeten, behaupteten die Iraner, diese würden mit dem Inkrafttreten des Vertrages »sofort aufgehoben«. Obama habe seinem Außenminister den Auftrag erteilt, »irgendetwas, egal was« zu erreichen, um dem Kongress zuvorzukommen, der seinerseits eine Iran-Initiative auf die Tagesordnung gesetzt hatte.

Taheris Resümee: »Obama is playing a bizarre game that could endanger regional peace and threaten the national security of the US and its allies.«

8. April

Liebes Tagebuch!

Der hessische Wissenschaftsminister Boris Rhein, CDU, gibt bekannt: Die Frankfurter Uni bekommt einen Holocaust-Lehrstuhl, den ersten seiner Art in der Bundesrepublik. Das Land werde die im Fachbereich Geschichte angesiedelte Stelle finanzieren. »Der neue Holocaust-Professor mit einer W3-Stelle wird zugleich Direktor des Fritz Bauer Instituts, das in Frankfurt seit Jahren Geschichte und Wirkung des Holocausts erforscht.« Der Minister »dankte Frankfurts Unipräsidentin Birgitta Wolff für ihren Einsatz, gemeinsam mit ihr sei Anfang des Jahres die Idee zu dieser Professur entstanden«.

Da wäre ich auch gerne dabei gewesen. Wo haben sie sich getroffen? Im *Struwwelpeter*, *Zum grauen Esel* oder in der *Affentorschänke*? Gab es »Gekochte Haspel mit Sauerkraut und Brot«, »Presskopf mit Essig und Öl, Zwiebeln und Bratkartoffeln« oder einfach »Gekochte Eier mit grüner Soße und Salzkartoffeln«? Die Frankfurter Speisekarte liest sich wie ein Verzeichnis tropischer Krankheiten. Diese Art von Essen muss mit viel Äppelwoi neutralisiert werden. Nach dem dritten Bembel bietet der Minister der Präsidentin das Du an und schneidet ein delikates Thema an. »In Potsdam kann man seit über einem Jahr jüdische Theologie studieren, so was müssten wir auch haben, irgendwas mit Juden.« Die Präsidentin bestellt noch einen Bembel und sagt: »Ja, das wäre gut, aber es gibt schon alles, Juden in der Kunst, Juden in der Politik, Juden in der Literatur, Juden im Sport.« – »Holocaust«, sagt der Minister, »das ist immer eine sichere Bank«. Zwei Bembel später haben sie das Konzept für einen Holocaust-Lehrstuhl auf einen Bierdeckel gekritzelt. Drei Worte sind rot unterstrichen: Vergangenheit, Gegenwart, Zukunft.

Der Rest ist noch topsecret. Im Prinzip geht es um zwei Möglichkeiten: Soll am Holocaust-Lehrstuhl unterrichtet werden, wie man einen Holocaust organisiert, oder eher, wie man ihm entgeht?

Und was ich noch gerne wissen möchte: Was verdient so ein Holo-Prof mit einer W3-Stelle? Ist doch irre, liebes Tagebuch, wie das Arbeitsbeschaffungsprogramm des Gröfaz bis heute funktioniert.

9. April

Liebes Tagebuch!

Heute berichtet der Londoner *Telegraph* über einen Auftritt des iranischen »Supreme Leader«, Ajatollah Ali Khamenei, der über der Regierung, dem Parlament und dem Präsidenten thront. Er ist es, der das Land regiert, wobei er sich nicht mit Alltagssachen beschäftigt, sondern die Richtung vorgibt. Er sagte, es gebe »keine Garantien«, dass man sich auf ein Abkommen einigen wird. Voraussetzung sei, dass alle Sanktionen »zur selben Zeit« aufgehoben werden, also nicht phasenweise, wie es Obama und Steinmeier erklärt hatten. Was bis jetzt erreicht worden sei, so das spirituelle Oberhaupt der iranischen Theokratie, bedeute nicht, dass es ein Abkommen geben werde, nicht einmal, dass die Verhandlungen fortgesetzt würden. In diesem Zusammenhang warnte er vor den »teuflischen Absichten« der USA. »Ich war nie zuversichtlich, was die Verhandlungen mit den USA angeht. […] Ich bin für ein Abkommen, das die Interessen und die Ehre des Iran bewahrt.«

Vom iranischen Standpunkt aus ist das eine vollkommen legitime Forderung, was immer der »Supreme Leader« unter

»Ehre« und »Interessen« versteht. Die Frage ist nur, warum die westlichen Teilnehmer der Verhandlungen nicht hören wollen, was der Ober-Ajatollah sagt. Warum sie auf Biegen und Brechen etwas herbeireden, das wie »Peace for our time« klingt, jene Zauberformel, die der britische Ministerpräsident Neville Chamberlain am 30. September 1938 nach der Unterzeichnung des Münchner Abkommens voller Stolz verkündete.

10. April

Liebes Tagebuch!

»Der Jubel über den vermeintlichen Durchbruch« – bei den Lausanner Verhandlungen mit dem Iran – »war jedenfalls verfrüht«, schreibt heute Klaus-Dieter Frankenberger, der für Außenpolitik verantwortliche Redakteur der FAZ. Und: »Ebenso ist es eine Illusion, zu glauben, eine Einigung im Atomkonflikt würde auf den Mittleren Osten insgesamt beruhigend wirken. Würde sie nicht; der sunnitisch-schiitische Zusammenprall und die saudisch-iranische Rivalität werden immer heftiger.«

Genau das Gegenteil hat vor genau sechs Tagen Frank-Walter Steinmeier noch in der FAZ geschrieben. Frankenberger geht darauf jedoch mit keinem Wort ein. Was ist das? Gelebter Meinungspluralismus oder eine besonders raffinierte Form, einen Politiker des Dilettantismus zu überführen, ohne es explizit sagen zu müssen? Einfach irre!

11. April

Liebes Tagebuch!

Wie geht es nun weiter? Ende Juni läuft die nächste Deadline ab – für das richtige Abkommen, das auf der Eckpunkte-Vereinbarung von Lausanne beruhen soll.

Was machen derweil die Unterhändler? Sitzen sie schon irgendwo zusammen und verhandeln? Oder werden sie sich erst so um den 25. Juni herum treffen, Tag und Nacht verhandeln, eine irre Betriebsamkeit entwickeln, umgeben von Hunderten von Journalisten, die sich gegenseitig interviewen?

Wird es dann zu einer dramatischen Klimax kommen, begleitet von Horrorszenarien, was passieren würde, falls die Verhandlungen platzen? Und wird es am Ende, doch eine Vereinbarung geben, in die jede Seite das hineininterpretieren wird, was sie ihrer jeweiligen Klientel daheim schuldet? Werden wir also wieder das gleiche blöde Spektakel erleben, das uns Claus Kleber, Caren Miosga, Ulrich Deppendorf und Marietta Slomka in diesen Tagen schon einmal aufgetischt haben?

Ich kann nur hoffen, dass die Verhandler bald in die Gänge kommen. Es geht um mehr als den »Frieden für unsere Zeit«. Ich will den Ausgang der Verhandlungen noch erleben.

12. April

Liebes Tagebuch!

Wenn du wissen willst, wie man »Dekadenz« buchstabiert, dann nehme ich dich das nächste Mal zu Rossmann mit, und wir schauen uns das Regal mit Hunde- und Katzenfutter an. Und erinnere mich bitte daran, dass ich hinterher eine Spende an die Aktion »Brot für die Welt« überweise.

13. April

Liebes Tagebuch!

Ich habe noch eine Woche Zeit, um Chico, meinem israelischen Schwiegerhund, den Führergruß beizubringen. Es könnte knapp werden bis zum 20. Aber wir versuchen es.

14. April

Liebes Tagebuch!

Unser Allzweckminister Steinmeier hat wieder einmal bewiesen, dass er nicht nur von Politik keine Ahnung hat.

Er versteht auch nichts von Literatur. Nach dem Ableben von Günter Grass hat er sich mit folgenden Worten im Kondolenzbuch der Stadt Lübeck verewigt: »Mit dem Tod von Günter Grass hat Deutschland einen seiner ganz Großen verloren. Eine Vaterfigur für die erwachsen werdende Bundesrepublik, an der sich viele gerieben haben – besonders die, die das Vergangene möglichst schnell vergessen machen wollten. Er wird uns fehlen als Schriftsteller, als Bildhauer, als Mahner, Warner und Visionär. Lieber Günter, halte Dein kritisches Auge auf uns.«

In wessen Namen auch immer Steinmeier seinen Duzfreund Grass bittet, ein »kritisches Auge« auf uns zu halten, ich habe ihm dazu keine Vollmacht erteilt. Weder habe ich mich an Grass

»gerieben«, noch möchte ich von ihm kritisch beäugt werden. Im Gegensatz zu Steinmeier halte ich Grass weder »für einen ganz Großen« noch für eine »Vaterfigur«. Grass war ein schwadronierender Langweiler, ein präpotenter Schwätzer, der in zehn Jahren vergessen sein wird. Er hat so geschrieben, wie ältere Damen ihren Nachmittagskaffee trinken – mit abgespreiztem kleinen Finger. Er hatte nichts von dem, was einen großen Schriftsteller auszeichnet, kein Herz, keinen Leidensdruck, keine Fantasie und keine Distanz zu sich selbst. Ihn einen »ganz Großen« zu nennen, ist eine Beleidigung für Erich Maria Remarque, Heinrich Mann, Oskar Maria Graf, Hans Fallada und viele andere.

Dass er mit dem Nobelpreis für Literatur ausgezeichnet wurde, bedeutet gar nichts. Wenn Arafat und Obama mit dem Friedensnobelpreis ausgezeichnet werden konnten, dann hat auch Grass den Literaturnobelpreis verdient. Außerdem war er ein Antisemit, aber das ist bei Weitem nicht so schlimm wie das, was er mit der deutschen Sprache angestellt hat. Möge sich der Allmächtige seiner erbarmen.

17. April

Liebes Tagebuch!

Heute auf *Spiegel Online*: »China errichtet auf einem aufgeschütteten Eiland eine Landebahn. Experten fürchten, dass dort bald Flugzeuge stationiert werden.« Welche Experten könnten das sein? Die Bauleiter vom neuen Berliner Flughafen? Die Annahme, in der Nähe einer Landebahn könnten Flugzeuge stationiert werden, ist vollkommen abwegig. Wer baut denn schon eine Landebahn, damit dort Flugzeuge landen und möglicherweise auch starten können? Eine Landebahn ist dazu da, Umweltschützern einen Ort zu bieten, an dem sie gegen den Bau einer Landebahn protestieren können. Sie taugt auch als Open-Air-Bühne für Rockkonzerte zugunsten von Greenpeace und Robin Wood. Oder als Rennstrecke für Inline-Skater. Aber doch nicht als Landebahn für Flugzeuge! Das weiß in Berlin jedes Kind. Nur die Jungs von *Spiegel Online* müssen sich Rat bei Experten holen.

18. April

Liebes Tagebuch!

Eine Woche vor dem Jahrestag der, ähm, Ereignisse, bei denen ein paar Armenier, ähm, irgendwie ums Leben gekommen sind, weiß die Bundesregierung immer noch nicht, wie sie sich verhalten soll. Anlässlich eines Besuches in Estland sagte Außenminister Steinmeier: »Die Gräuel der Vergangenheit lassen sich nicht auf einen Begriff oder den Streit um einen Begriff reduzieren.«

Es wäre sicher auch unverantwortlich, einen Labersack einen Labersack zu nennen, weil ihm das Wort »Völkermord« im richtigen Moment nicht einfällt und er lieber von den »Gräueln« labert, die es in der Vergangenheit reichlich gegeben hat: Zum Beispiel die Pariser Bartholomäusnacht im August 1572, bei der Tausende von Protestanten umgebracht wurden; die Schlacht von Wounded Knee im Dezember 1890, während der einige Hundert Lakota-Indianer von Soldaten des 7. US-Kavallerie-Regiments hingemetzelt wurden; oder das Massaker von Babi Jar, einer Schlucht bei Kiew, wo im September 1941 über 30 000 Juden (und Jüdinnen) von mobilen Einsatzgruppen der Sicherheitspolizei und des SD sowie von der Wehrmacht vom Leben zum Tode befördert wurden, einzeln und in Handarbeit.

Eine Aufzählung der »Gräuel der Vergangenheit« wäre unvollständig ohne ein weiteres Datum: den Tag, an dem Frank-Walter Steinmeier zum Außenminister der Bundesrepublik ernannt worden ist. Jetzt kommt es nur noch darauf an, »dass wir eine angemessene Sprache dafür finden«. Nein, nicht für »die Gräuel am armenischen Volk«, sondern für das Unheil namens Steinmeier.

Liebes Tagebuch!

Lange nichts mehr aus Lugansk und Donezk gehört. Hält der Waffenstillstand in der Ostukraine, habe ich etwa Steini mit meinem Pessimismus unrecht getan und muss mich entschuldigen – oder halten nur die Journalisten still?

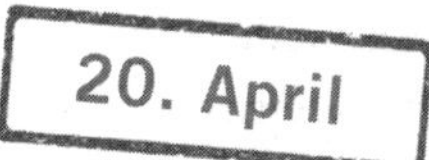

Liebes Tagebuch!

Unser Steini in der 20-Uhr-*Tagesschau* vom 19. April zur Frage, ob die »Gräueltaten« an den Armeniern die Bezeichnung »Völkermord« verdienen: »Ich verstehe, dass es eine Erwartung gibt, all das, was sich kaum in Sprache ausdrücken lässt, in einem einzigen Begriff zusammenzufassen, nur – wir müssen über den Tag des Gedenkens hinausdenken.«

Derselbe Frank-Walter Steinmeier zwei Minuten und 40 Sekunden später in derselben Ausgabe der *Tagesschau* anlässlich der Gedenkfeier zum 70. Jahrestag der Befreiung des KZ Sachsenhausen: »Doch was bedeutet diese Verantwortung [die Geschichte und die Opfer nicht zu vergessen] konkret? Sie bedeutet für mich, meine Damen und Herren, gegen Unrecht aufzustehen, gegen jegliche Form von Fremdenhass und Diskriminierung.«

Die hoch bezahlten Qualitätsjournalisten von ARD *aktuell* senden in der *Tagesschau* beide Beiträge in einem Abstand von weniger als drei Minuten und merken nicht, was für eine Seifenoper sie da aufführen. Denn sie merken überhaupt nichts mehr, nicht einmal, dass sie zu Stallburschen des Allparteien-Kartells geworden sind.

Drei Viertel dessen, was *Tagesschau* und *Heute* senden, ist Regierungspropaganda, der Rest Schrott. Steini kann sich sicher sein, dass ihm Ulrich Deppendorf nicht widersprechen wird, wenn er, Steinmeier, einen Völkermord zu einem sprachlichen Problem erklärt und um Verständnis dafür bittet, dass man über den Tag des Gedenkens hinausdenken muss, soll heißen: an die Aufträge aus der Türkei an deutsche Unternehmen.

Vor ein paar alten und gebrechlichen Juden stimmt er dann eine ganz andere Melodie an. Man müsse aufstehen, gegen Fremdenhass und Diskriminierung. Und dann? Was tut er, wenn er aufgestanden ist? Er setzt sich gleich wieder hin und sucht weiter nach einem Wort für »Völkermord«, das sich nicht so final anhört. Wie wäre es mit »Steinmeier‘s Happy Hour«?

21. April

Liebes Tagebuch!

Die Welt titelt: »Merkel nennt Massaker an Armeniern Genozid«. Das stimmt nicht ganz. Bestenfalls müsste es heißen: »Merkel lässt Massaker an Armeniern Genozid nennen«. Nach längerem Hin und Her haben die Regierungsfraktionen aus Union und SPD einen Antrag beschlossen, den sie am 24. April im Bundestag verabschieden wollen. Darin heißt es, das Schicksal der Armenier stehe »beispielhaft für die Geschichte der Massenvernichtungen, der ethnischen Säuberungen, der Vertreibungen, ja der Völkermorde, von denen das 20. Jahrhundert auf so schreckliche Weise gezeichnet ist«. Zu diesem Antrag der Unions- und der SPD-Fraktion sagte Regierungssprecher Seibert, die Bundesregierung stehe »hinter diesem Antrag«. Daraus zu schließen, die Bundeskanzlerin mache sich die Einstufung der osmanischen Verbrechen an den Armeniern »ausdrücklich zu eigen«, ist eine extrem merkelaffine Interpretation des Vorgangs. Was die Kanzlerin wohlwollend abgenickt hat, war nicht eine klare Aussage – die Armenier wurden Opfer eines Völkermordes! –, sondern eine verschwurbelte Kontextualisierung, die den Massenmord an den Armeniern in eine Reihe mit anderen Gräueln des 20. Jahrhunderts stellt: Massenvernichtungen, ethnischen Säuberungen, Vertreibungen, sogar Völkermorden. Erst waren die Armenier dran, dann die Sudetendeutschen, danach die Schlesier und schließlich die Palästinenser. Alles irgendwo das Gleiche.

Einerseits wird so der Begriff »Völkermord« entkernt. Andererseits hüten die Deutschen ihr Copyright auf den Holocaust wie Coca Cola ihr Rezept. Den soll uns erst mal einer nachmachen! Er ist und bleibt einzigartig! Er gehört zu unserem geistig-kulturellen Erbe, wie das Tanzverbot am Karfreitag, der Vatertag und die Jause im Biergarten.

Die Kanzlerin – genauer: ihr Sprecher Seibert – mochte sich die Klarstellung nicht verkneifen, dass sie auf keinen Fall den Türken den Vortritt lassen oder auf ihr historisches Alleinstellungsmerkmal verzichten wollten. Seibert betonte, »in dem Antragsentwurf [zum Völkermord an den Armeniern] werde auch darauf hingewiesen, dass sich Deutschland der Einzigartigkeit des Holocaust bewusst sei, für den es Schuld und Verantwortung trage«.

Ja, das musste in diesem Zusammenhang unbedingt noch mal an die Wand genagelt werden. Wir hätten es sonst vergessen oder gedacht, die Türken wären es gewesen.

22. April

Liebes Tagebuch!

Wenn es um Island geht, bekomme ich sofort Ohren wie Pluto. Deswegen stolperte ich über eine Mail, die mit diesen Sätzen begann:

»Sehr geehrter Herr Broder,

für ein Forschungsprojekt am Institut für Europäische Ethnologie der Universität München bereisten im Sommer 2014 Studierende sieben Orte in Europa und begaben sich auf eine ethnografische Spurensuche nach Phänomenen und Ereignissen jüdischen Lebens und jüdischer Kultur. Die Ergebnisse werden ab 8. Juli in der Ausstellung ›Jüdisches Europa heute. Eine Erkundung‹ im Jüdischen Museum München gezeigt.

Wir beide waren auf Island und möchten Sie daher gerne um Unterstützung für unser Projekt bitten. Unser genaues Anliegen finden Sie im Anhang.«

Als Erstes fiel mir der politisch superkorrekte Begriff »Studierende« auf, der an die Stelle der »Studenten und Studentinnen« getreten ist. Das weckte meine Neugierde. Also machte ich den Anhang auf und las:

»Wir beide waren in Island und haben uns mit Vertretern der heutigen jüdischen Gemeinschaft getroffen sowie eine historische Perspektive zu jüdischem Leben auf der Insel verfolgt. In unserer Station der Ausstellung möchten wir zeigen, dass jüdisches Leben in Island früher und heute von einem ›Kommen und Gehen‹ geprägt ist. Hierfür werden wir schlaglichtartig nachzeichnen, welche Akteure aus Perspektive ›des Jüdischen‹ von 900 n. d. Zt. bis heute ihre Spuren auf der Insel hinterlassen haben.

Gestalterisch wird die Station mit Wabenplatten umgesetzt, die das Muster der Camouflage aufnehmen und sich jeweils bestimmten Teilaspekten widmen. Ein Aspekt wird das Thema ›Reisende berichten‹ sein. Neben dem Journalisten Alfred Joachim Fischer, der 1955 über ›Juden in Island‹ einen Artikel veröffentlicht hat und Max Nordau, der Island bereits 1874 bereist hat, würden wir gerne auch Sie ›zu Wort kommen‹ lassen, denn eine Ihrer Reisereportagen in Ihrem Buch ›Mein sagenhaftes Island‹ war für unsere Arbeit ein wichtiger Impuls.

Ihr Zitat: ›Ich werde öfter gefragt, warum ich so gerne nach Island fahre. Island, sage ich dann, ist ein wunderbares Land. Freundliche Leute, gutes Essen, wunderbare Landschaft, saubere Luft, High Tech auf jedem Dorf, vor allem aber: Keine Juden, keine Araber und nur ganz wenige Deutsche‹, würden wir hierfür gerne verwenden und kurz auf ihren Artikel ›Dieses Jahr in Reykjavík‹ eingehen.«

Tatsächlich habe ich auf einer meiner Islandreisen auch eine Seder-Feier zu Beginn der Pessach-Woche besucht. Sie fand in einer protestantischen Freikirche in Reykjavík statt und hatte, wie alles auf Island, das religiös angehaucht ist, vor allem mit Essen zu tun, das natürlich nicht koscher war. Die *Hagada*, die Geschichte des Auszugs aus Ägypten, wurde nicht vorgelesen. Aber es war lustig. Es waren vor allem Isländerinnen da, die irgendwann einmal versehentlich einen Juden oder Israeli geheiratet hatten und von diesen wieder geschieden waren. Außerdem, wenn ich mich richtig erinnere, ein junges Paar aus Israel, das gerade Island bereiste. Das war‘s.

Ansonsten ist das jüdische Leben auf Island so ausgeprägt wie die Begeisterung für Frauenrechte bei den Taliban. Es gibt keine jüdische Gemeinde. Ein paar Juden, die sich während des Krieges nach Island gerettet haben, sind längst gestorben. Der prominenteste Jude (und nebenbei auch Antisemit und Holocaustleugner), der jemals auf Island gelebt hat, war Bobby Fischer, der Schachweltmeister, dem Island aus »humanitären Gründen« die Staatsbürgerschaft gewährte, als die USA versuchten, ihn wegen Steuerhinterziehung und anderer Aktivitäten zu fassen. Er starb Anfang 2008 in Reykjavík und hat keine Spuren hinterlassen.

Dennoch fand ich das Anliegen spannend. Ich wollte es nur verstehen. Was hatte zum Beispiel der Satz »Gestalterisch wird die Station mit Wabenplatten umgesetzt, die das Muster der Camouflage aufnehmen und sich jeweils bestimmten Teilaspekten widmen« zu bedeuten? Also fragte ich bei den beiden »Studierenden« am *Institut für Europäische Ethnologie der Universität München* nach: »Jüdisches Island? Gab es einen Wikinger mit dem Namen Cohn?«

Und bekam diese Antwort: »Diesen Wikinger gab es eben nicht, genauso wenig wie eine Synagoge oder ein jüdisches Gemeindezentrum. Der Begriff des ›Jüdischen‹ wird in unserem Projekt bewusst hinterfragt und dekonstruiert. Wir wollen aufzeigen, welche Phänomene einem begegnen KÖNNEN, wenn man nach jüdischen Lebenswelten im heutigen Europa sucht. Die Stärke des Projektes ist eine Perspektive auf Akteure, jüdisch oder nicht jüdisch, die auf irgendeine Art und Weise jüdische Lebenswelten an bestimmten Orten beeinflussen, konstruieren oder aushandeln.«

Ich war nicht wirklich schlauer geworden. Wie kann man den Begriff des Jüdischen dekonstruieren, und das ausgerechnet am Beispiel der jüdischen Lebenswelten in Island? Also bat ich die beiden Studierenden um weitere Aufklärung: »Könnten Sie es bitte so erklären, dass es jemand versteht, der nicht studiert hat? Sie *stellen* sich also jüdisches Leben auf Island vor? Und dekonstruieren es gleich? Finden sie nicht, dass die Nazis schon genug dekonstruiert haben?«

Die Antwort kam umgehend und fiel ziemlich akademisch aus:

»Wir dekonstruieren den Begriff ›jüdisch‹. Was ist jüdisch? Jüdisch ist (um beim Nazi-Beispiel zu bleiben) eben nicht das Gegenteil von arisch; jüdisch heißt nicht: ›aus Israel‹, ›mit Schläfenlocken‹ oder ›mit großer Nase‹ oder was es da sonst noch so gibt. Rund um den Begriff gibt es so viele Stereotypen, Klischees und Vorurteile. Mit Dekonstruieren ist gemeint, dass wir für uns herausgearbeitet haben, dass man ›jüdisch‹ nicht so einfach definieren kann – wir zersetzen den Begriff, nehmen ihn auseinander, um uns dann unvoreingenommen wieder anzunähern. Und das wollen wir auch zeigen: Dass es ganz unterschiedliche Phänomene gibt, wenn man in Europa nach ›Jüdischem‹ sucht. Dass jeder für sich jüdisch sein vielleicht ganz anders definiert.

Und dabei haben wir immer im Hinterkopf: ›Jüdisches‹ an irgendeinem Ort suchen, ist das nicht im Grunde paradox?! Was würde ich mir denken, wenn mich am Sonntag in der Kirche jemand anredet und wissen will, wie es hier in der Gegend so um katholisches Leben steht? Abgesehen davon gehe ich sonntags ja nicht einmal in die Kirche …

Wir zeigen also in diesem Sinne, was jüdisch sein KANN. Das heißt nicht, dass wir spekulativ rangehen. Nein – wir waren ja selbst an den Orten und zeigen ganz konkret, was wir dort gesehen haben. Auf Island haben wir gesehen, dass es nur ein paar Familien aus unterschiedlichen Nationen gibt, die sich z. B. an Rosch Haschana treffen, um gemeinsam zu feiern. Warum tun sie das? Wie tun sie das? Warum ist Judentum bis heute keine staatlich anerkannte Religion in Island? Warum konnte Rabbiner Berel Pewzner von der Chabad Lubawitsch sich nicht wirklich großer Beliebtheit auf der Insel erfreuen? Aus welchen Gründen, kommt man als Jüdin oder Jude überhaupt nach Island?«

Ich habe noch nie etwas von oder über Rabbiner Berel Pewzner gehört und weiß nicht, was ihm auf Island widerfahren ist. Möglicherweise mochte er keinen Stockfisch oder irgendeine andere isländische Spezialität wie die Brottorte oder den fermentierten Hai. Vielleicht hatte er – Rabbiner sind auch nur Männer – eine Freundin auf Island. Keine Ahnung. Aber wenn man mich fragen würde, warum ich gerne nach Island fahre, würde ich antworten: weil mich dort noch niemand nach meiner jüdischen Identität gefragt hat. Nicht mal, um sie zu dekonstruieren.

24. April

Liebes Tagebuch!

So aufrichtig, klar und unmissverständlich, wie jetzt alle jubeln, war die Rede nicht, die Bundespräsident Gauck gestern im Berliner Dom bei der Gedenkfeier für die vor 100 Jahren ermordeten Armenier gehalten hat. Er sprach das V-Wort zwar aus, und wenn ich richtig gezählt habe, sogar dreimal, aber immer verpackt, verklausuliert und darauf bedacht, eher die deutsche Mitschuld als die Schuld der Türken zu betonen. Der gute alte Sündenstolz, liebes Tagebuch, der die »Anständigen im Lande« halt immer so umtreibt.

Gauck übernahm eine Formulierung aus dem Antrag der Unions- und der SPD-Fraktion, der heute im Bundestag beschlossen und zur weiteren Beratung an den Auswärtigen Ausschuss überwiesen werden soll. Der Bundespräsident sagte, das Schicksal der Armenier stehe »beispielhaft für die Geschichte der Massenvernichtungen, der ethnischen Säuberungen, der Vertreibungen, ja der Völkermorde, von denen das 20. Jahrhundert auf so schreckliche Weise gezeichnet ist«. Wirklich? Genügt es nicht, für das Schicksal einer Minderheit zu stehen, die sich nicht wehren konnte, muss es gleich beispielhaft für alle Massenvernichtungen, ethnischen Säuberungen, Vertreibungen und Völkermorde des 20. Jahrhunderts stehen? Kann man das Gleiche nicht auch über den Völkermord an den Tutsi in Ruanda und den Völkermord an den Hereros in Deutsch-Südwest sagen? Jeder Völkermord ist anders, nur am Ende sind es immer die Opfer, die von Albträumen verfolgt werden, während die Täter fröhlich ihre Renten verzehren und sich in Unschuld wälzen.

Gauck sagte auch: »Im Osmanischen Reich entwickelte sich [...] eine genozidale Dynamik, der das armenische Volk zum Opfer fiel.« Wow! Später hat sich in der Weimarer Republik eine inflationäre Dynamik entwickelt, der die Reichsmark zum Opfer fiel.

Gauck hat es gut gemeint. Er wollte den Türken den Pelz waschen, ohne sich dabei die Hände nass zu machen. Sein Kollege Erdogan hat es dennoch nicht goutiert. Und die sanitären Anlagen, die er bei Villeroy und Boch für seinen Palast bestellt hat, von der Wand gerissen und an den Hersteller zurückgeschickt.

25. April

Liebes Tagebuch!

Auch wenn es oft nicht danach aussieht, ich mag Martin Schulz. Er hat sich hochgearbeitet, vom Bürgermeister der Gemeinde Würselen bei Aachen zum Präsidenten des Europaparlaments. Obwohl er lieber Präsident der EU-Kommission geworden wäre. Auf diesem Posten könnte er viel mehr »gestalten«, die europäische Integration noch kräftiger vorantreiben. Aber Schulz macht das Beste daraus.

Er ist das Gesicht der EU, viel stärker als Kommissionspräsident Jean-Claude Juncker und der Vorsitzende des Europäischen Rates, der weithin unbekannte Pole Donald Tusk.

Laut Geschäftsordnung leitet der Präsident des Europäischen Parlaments »die Aktivitäten des Europäischen Parlaments und die dem Parlament unterstellten Institutionen«. Als Parlamentspräsident »hat er den Vorsitz bei den Plenarsitzungen und repräsentiert das Parlament in allen Außenangelegenheiten, etwa gegenüber anderen EU-Institutionen oder auf internationaler Ebene«.

Die Jobbeschreibung ist sehr globalkonkret formuliert und hört sich nach einer eher repräsentativen Tätigkeit an. Schulz allerdings legt sie exzessiv zu seinen Gunsten aus. Er reist viel und nimmt zu allen politischen Themen Stellung. Wie einst Genscher schafft er es, an mehreren Orten zugleich zu sein. In der Ukraine und in Griechenland, in Lampedusa und in Lausanne. Immer gut gebrieft und hundertprozentig bei der Sache.

Umso erstaunlicher, dass er bei der Dichte seiner Termine neulich die Zeit fand, für ein paar Stunden nach Berlin zu kommen, um vor einem Kreis von Familienunternehmern seine europapolitischen Vorstellungen zu erklären. Er sei, so wurde er vom Moderator vorgestellt, »nicht nur ein Kämpfer in eigener Sache, sondern auch ein Kämpfer für Europa«. Schulz nahm, ohne zu erröten, das Kompliment hin und setzte noch eines drauf. »Zu meinen positiven Seiten gehört, dass ich versuche, nicht zu lügen.«

»Lüge« ist ein dehnbarer Begriff. Wenn Putin sagt, es stünden keine russischen Soldaten in der Ostukraine, dann meint er: Die Soldaten, die in der Ostukraine stehen, sind kein Teil der regulären russischen Armee. Oder: Sie tragen keine russischen Hoheitsabzeichen, sondern stehen da wie die No-Name-Produkte in einem Aldi-Regal. Wenn die Palästinenser sagen, sie hätten nichts gegen Juden, sondern nur was gegen Zionisten, dann lügen sie nicht, sie glauben nur ihre eigene Propaganda.

So wie Schulz, der bei jedem seiner Auftritte unermüdlich die »Tatsache« wiederholt, »dass Deutschland (bis jetzt) keinen

Euro verloren hat«, obwohl es mit über 700 Milliarden in den diversen Euro-Rettungspaketen drinhängt. Das ist zum einen eine Frage der Wahrnehmung – »Bis jetzt ist alles gut gegangen«, dachte der Mann, nachdem er sich vom Dach eines Wolkenkratzers in die Tiefe gestürzt hatte, als er am 20. Stock vorbeiflog –, zum anderen stimmt es nicht. Der erste Schuldenschnitt für Griechenland hat Deutschland etliche Milliarden gekostet, außerdem verursachen die Rettungsaktionen gewaltige administrative Kosten. Für Schulz aber stellt sich die Lage so dar: »Wir finanzieren uns zum Nulltarif.« Die Politik des billigen Geldes der EZB sei »mutig und konsequent«, sie trage dazu bei, »die Krise zu überwinden«.

Von ähnlicher Faktizität ist auch der Satz: »Wir können die Wirtschaft der Union nicht als Ansammlung einzelner Volkswirtschaften begreifen«, wir müssten sie vielmehr als ein großes Ganzes sehen. Obwohl, da ist was dran. Würde man die Einkommen von Ferdinand Piech und seinem Fahrer nicht einzeln betrachten, sondern zusammen und durch zwei teilen, dann wären beide Milliardäre.

Dagegen wären die Folgen eines Grexit »verheerend«. Und das nicht nur für die Ökonomie. »Wenn ein Land ausgeschieden ist, warum nicht ein zweites und ein drittes?« Der Austritt der Griechen wäre »ein monumentaler Rückschlag für die europäische Integration«. Deswegen muss der Laden zusammengehalten werden, um jeden Preis.

Als ich am späten Abend aus dem Saal wieder ins Freie trat, atmete ich erst einmal tief durch. Der Himmel über Berlin war klar und wolkenlos, Martin Schulz wieder auf dem Weg nach Brüssel, wo er am nächsten Tag wichtige Termine wahrnehmen musste. Ich fuhr nach Hause, legte mich aufs Bett und schlief sofort ein. Ich träumte, die Taliban hätten mich entführt und niemand wäre bereit, ein Lösegeld zu bezahlen. Ein harmloser Traum, verglichen mit dem Albtraum, den ich grade erlebt hatte.

26. April

Liebes Tagebuch!

Ich glaube, ich habe die Geschichte schon mal erzählt, aber weil sie so schön ist, erzähle ich sie noch einmal. Nach einer marxistisch-leninistischen Lehrstunde beim SDS kam ein junger Genosse auf eine junge Genossin zu und sagte: »Genossin, wir sollten das Thema vertiefen und erweitern.« – »Hör auf, Genosse«, sagte daraufhin die Genossin, »du willst doch nur ficken«.

Dieser Satz, den ich vor über 40 Jahren zufällig aufgeschnappt habe, hat mein Denken viel stärker bestimmt als alle Werke von Jacques Derrida und Richard David Precht zusammen. Er ist eine philosophische Erkenntnis, an die nur noch Dieter Bohlens Gedanke »Das Problem ist: Mach einem Bekloppten klar, dass er bekloppt ist« heranreicht. Wann immer ich höre oder lese, irgendetwas müsse vertieft und erweitert werden, gehen bei mir die Warnlichter an: Da will einer nur ficken.

Nun lese ich auf *Welt Online*, wichtige Vertreter der europäischen Regierungen forderten für den Fall, dass Griechenland den Euro verlässt, eine »Vertiefung der Währungsunion«. Dass in diesem Kontext von einer Erweiterung nicht gesprochen wird, könnte eine Frage der Prioritäten sein. Erst einmal muss tiefer penetriert werden. Und das hat nur bedingt mit dem sperrigen Verhalten der Griechen zu tun. »Spitzenpolitiker fürchten dabei weniger die direkten Folgen eines Grexit als die Konsequenzen für den Fall, dass ein weiteres Euro-Land später in Schieflage geraten sollte«, heißt es in dem Artikel. Ein »ranghohes Regierungsmitglied eines großen Euro-Staates« wird mit dem Satz zitiert: »Dagegen müssen wir die Währungsunion so schnell wie möglich wappnen.«

Das heißt: Die Eurokraten haben Griechenland schon aufgegeben, jetzt kommt es nur darauf an zu verhindern, dass andere Staaten den Griechen folgen. Es müssen Disziplinar- und Zwangsmaßnahmen her, damit das Beispiel nicht Schule macht.

Die Idee ist nicht neu. Wann immer ein junger Amokläufer ein Blutbad anrichtet, ertönt der Ruf nach einer Verschärfung der Waffengesetze. Und wenn eine alleinerziehende Mutter ihr Kind verwahrlosen lässt, dann muss sofort die Jugendhilfe reformiert werden. Bis irgendjemand sagt: Leute, die Gesetze und Vorschriften gibt es schon, sie müssen nur angewandt werden.

So verhält es sich auch mit der EU und dem Euro. Die Nichtbeistandsklausel im »Vertrag über die Arbeitsweise der Europäischen Union« war dazu gedacht, die EU-Staaten zur Haushaltsdisziplin zu erziehen. Jedes Land sollte für seine Schulden haften. Wir wissen, was daraus geworden ist. Es ist der Europäischen Zentralbank nicht erlaubt, Staatspapiere anzukaufen, um damit marode Staaten vor der Pleite zu retten. Sie tut es dennoch. Und jetzt will man die »Währungsunion« weiter vertiefen. Ein Kartenhaus soll ein Betonfundament bekommen, damit es vom Wind nicht weggepustet wird. Da, liebes Tagebuch, wollen wir beide den Spitzenpolitikern viel Glück und immer eine ruhige Hand wünschen, damit bei der Vertiefung nichts in die Hose geht.

Liebes Tagebuch!

In Lüneburg steht ein 93 Jahre alter ehemaliger SS-Mann vor Gericht, der angeklagt ist, an der Ermordung von über 300 000 Juden mitgewirkt zu haben. Der »Buchhalter von Auschwitz« ist voll geständig, er gibt eine »moralische Schuld« zu und entschuldigt sich.

Unter den 50 Nebenklägern ist auch eine 81-jährige Jüdin, die aus den USA angereist ist. Als Zehnjährige wurde sie zusammen mit ihrer Zwillingsschwester für medizinische Versuche missbraucht. Im Gerichtssaal geht sie auf den Angeklagten zu, gibt ihm die Hand und umarmt ihn. Die Zeitungen berichten von einer »bewegenden Szene«, das Opfer vergibt einem der Täter. Vorbildlich, so was. Aber das ist noch nicht alles. Die Nebenklägerin sagt vor Gericht, sie habe auch allen ehemaligen Nazis vergeben, den Enkel des Lagerkommandanten habe sie sogar symbolisch »adoptiert«.

Daraufhin wird die Nebenklägerin von Günther Jauch in seine Freak-Show eingeladen, wo sie ihre Botschaft der Vergebung wiederholt. Das Publikum dankt es ihr mit Beifall, der vom Herzen kommt. Besonders heftig applaudiert es, als die Nebenklägerin sagt: »Ich bin kein Opfer, sondern Überlebende.«

Ja, das kommt an. Ein Opfer weniger. Ich frage mich nur, ob die Claqueure im Studio ebenso heftig klatschen würden, wenn ihnen bewusst würde, dass nun die Überlebenden der alliierten Bombenangriffe ebenso auf ihren Status als Opfer verzichten müssen wie die vergewaltigten deutschen Frauen. Denn sie haben ja überlebt. Mehr dazu demnächst bei Günther Jauch, Sonntagabend im *Ersten*.

28. April

Liebes Tagebuch!

Es ist gerade neun Tage her, dass ich mich fragte, ob in der Ostukraine die Waffen schweigen oder nur die Journalisten, die keine Lust haben, über den Konflikt mit den »pro-russischen Separatisten« zu berichten. Es sieht aus, als wären es die Journalisten. Denn merke: Ein Krieg findet nur dann statt, wenn über ihn geschrieben wird.

In der *Welt* von gestern lese ich, 20 Kilometer von der strategisch wichtigen Hafen- und Industriestadt Mariupol entfernt seien »Gefechte« ausgebrochen, nach Angaben von OSZE-Beobachtern sollen es die »schlimmsten Kämpfe seit Februar« sein. Nur 300 Meter von einem OSZE-Beobachterposten entfernt ereigneten sich »zwei laute Explosionen, vermutlich durch Artilleriebeschuss«. Und wie reagierten die OSZE-Beobachter? Sie zogen »zu einem anderen Posten« um. In der Tat, was hätten sie sonst tun können, die Beobachter? Sie protokollieren die Brüche der Waffenstillstandsvereinbarung (*Minsk* 2). »Der Waffenstillstand«, heißt es in der *Welt*, »wird nach Angaben der OSZE zwar weitgehend eingehalten, immer wieder flammen jedoch kleinere Kampfhandlungen auf«. Steini hätte es nicht schöner sagen können.

Heute nennt die FAZ das, was in der Ostukraine passiert, eine »planvolle Eskalation«. Seit *Minsk 2* sei die Lage »etwas ruhiger« geworden, »aber an keinem Tag haben die Waffen ganz geschwiegen«. Schuld daran seien »die Separatisten«. Ihre Führer gäben »durch immer wieder neue fantasievolle Interpretationen der Vereinbarung klar zu verstehen, dass sie nicht daran denken, sich an das zu halten, was auf dem von ihnen unterzeichneten Papier steht«.

Dennoch gilt *Minsk 2* nicht als gescheitert. Zumindest sagt das niemand. Denn das wäre schlecht für die Kanzlerin. Sie hat sich dermaßen aus dem Fenster gehängt, dass *Minsk 2* nicht scheitern darf. Und wenn »die Separatisten« demnächst Mariupol eingenommen haben, wird das kein Bruch der Waffenruhe sein, sondern nur das Ergebnis kleinerer Kampfhandlungen im Rahmen einer brüchigen Waffenruhe.

29. April

Liebes Tagebuch!

Hand aufs Herz: Hast du die Namen Björn Thümler und Bernd Busemann schon mal gehört? Nein? Seltsam. Die beiden sind berühmt, in Hannover sogar weltberühmt. Bernd Busemann, geboren 1951, ist Präsident des Niedersächsischen Landtages, davor war er niedersächsischer Kultusminister und niedersächsischer Justizminister. Der Mann kann alles. Björn Thümler, geboren 1970, ist ebenfalls ein Multitasker. Er sitzt im Rat seiner Heimatgemeinde Berne und im Kreistag des Landkreises Wesermarsch. Außerdem im Landtag von Niedersachsen, wo er von der CDU-Fraktion zu ihrem Vorsitzenden gewählt wurde. Macht drei Mandate, die er wahrnimmt, dazu noch eine Reihe von Ehrenämtern. Aber damit scheint er nicht ausgelastet. Deswegen reiste Thümler zusammen mit seinem Parteifreund Busemann, dem Präsidenten des Landtages von Niedersachsen, Ende April nach Palästina. Irgendjemand muss ja dafür sorgen, dass »dort unten« endlich Ruhe einkehrt. Wenn es schon Obama, Kerry, die UN und die EU nicht geschafft haben, dann vielleicht zwei Angehörige eines Stammes, der für seine Sturheit bekannt ist. Busemann und Thümler trafen sich mit Vertretern der Palästinensischen Autonomiebehörde, darunter dem amtierenden Ministerpräsidenten Rami Hamdallah, der sich bei den beiden Deutschen darüber beklagte, dass Israel den Friedensprozess hintertreibt. Thümler, berichtete die Oldenburger *Nordwest-Zeitung*, habe in dem Gespräch »deutliche Worte« gefunden. »Die Siedlungspolitik ist falsch.« Auch die Trennmauer zwischen Israel und den palästinensischen Gebieten sei nicht akzeptabel. »Mauern trennen. Das kennen wir aus der deutschen Geschichte.« Busemann pflichtete seinem Parteifreund bei: »Eine

Politik der Mauern hat keine Zukunft. All diese Kriegsspiele haben letztlich keinen Sinn.«

Du denkst, liebes Tagebuch, ich habe mir diese Geschichte ausgedacht, um dich zu foppen? Ich wünschte, es wäre so. Sie ist wahr. Und mir fällt zu ihr nichts ein, außer der Frage, warum es jeden Dorftrottel nach Palästina zieht und nicht nach Nordkorea, Mauretanien oder Somalia, wo es auch sehr schön sein soll.

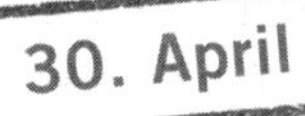

Liebes Tagebuch!

Wenn es etwas gibt, das ich bewundere, dann ist es die Feinfühligkeit deutscher Richter. Sie werden vom ersten Tag ihres Studiums dazu erzogen, »sensibel« mit den Menschen umzugehen, die ihnen ausgeliefert sind. Nehmen wir zum Beispiel diesen Fall.

In Cottbus steht ein junger Mann vor Gericht, der vor zwei Jahren seine damals 14-jährige Freundin getötet hat, nachdem sie ihm den Laufpass gegeben hatte. Er hat sie in einen Hinterhalt gelockt, sie mit einer Bierflasche niedergeschlagen und dann 78-mal auf sie eingestochen. Der letzte Messerstich, so der Vorsitzende, sei so heftig gewesen, dass das Messer den Körper durchdrang und im Erdreich stecken blieb. Eine dermaßen »grausige Tat« habe er in seinem gesamten Richterleben noch nicht erlebt. Die Staatsanwaltschaft beantragt die Höchststrafe, 15 Jahre. Das Urteil lautet auf 13 Jahre und sechs Monate, das Gericht hält dem Angeklagten zugute, dass er geständig ist und sich bei den Eltern des Mädchens entschuldigt hat.

Die Tat, sagt der Richter in der mündlichen Urteilsbegründung, sei aus »niedrigen Beweggründen« und »heimtückisch« erfolgt. Damit seien zwei Mordmerkmale erfüllt. Und obwohl er die Tat als

»grausig« bezeichnet hat, kommt das dritte für einen Mord maßgebliche Tatbestandsmerkmal – Grausamkeit – nicht zum Zuge. Warum das so ist, erklärt der Pressesprecher des Gerichts:

»Dazu hätte man wohl feststellen müssen, dass das Opfer in besonderer Weise im Rahmen der Tat gequält wurde, und der Vorsitzende hat ausgeführt, es konnte nicht festgestellt werden, welcher der Messerstiche tödlich gewesen ist, sodass nicht mehr aufklärbar ist, ob das Mädchen unter diesen Messerstichen noch besonders gelitten hat.«

78-mal auf einen Menschen einzustechen zeugt nicht zwangsläufig von Grausamkeit. Es könnte ja sein, dass schon der erste Messerstich tödlich war, was bedeuten würde, dass das Opfer im Rahmen der Tat nicht besonders hatte leiden müssen. Denn Tote können nicht leiden. Von Grausamkeit könnte erst dann die Rede sein, wenn erst der letzte Stich tödlich gewesen wäre. So war die Tat zwar »grausig«, aber nicht besonders »grausam«.

Sauber zu differenzieren ist eine große Kunst, die nur wenige beherrschen. Den deutschen Richtern wurde sie in die Wiege gelegt. Ein besonders grausiges (aber nicht hinreichend grausames!) Beispiel konnte im Rahmen der Debatte um die ungesühnten »Massaker« an den Armeniern in der FAZ besichtigt werden.

Nachdem der Bundespräsident und der Präsident des Bundestages von einem »Völkermord« gesprochen hatten, nachdem der Bundestag eine Resolution verabschiedet hatte, in dem das V-Wort immerhin vorkam, meldete sich ein Richter zu Wort, der nebenbei auch Strafrecht an der Uni Göttingen unterrichtet. Unter der Überschrift »Völkermord an den Armeniern?« führte er Folgendes aus: »Niemand kann vernünftigerweise bestreiten, was Bundespräsident Gauck in seiner Armenien-Rede am 23. April 2015 in aller Klarheit gesagt hat: Die ›Angehörigen des armenischen Volkes‹ wurden ›vor einem Jahrhundert zu Hunderttausenden Opfer von geplanten und systematischen Mordaktionen‹. Es ist wahrscheinlich auch zutreffend, dass diese vom Osmanischen Reich zu verantwortenden Taten sich gerade deshalb gegen die Armenier gerichtet haben, ›weil sie Armenier waren‹. Doch handelte es sich dabei auch tatsächlich, wie von Gauck weiter gesagt, um einen ›Völkermord‹ im juristischen Sinne?«

Wenn einer heute schreibt, es sei »wahrscheinlich auch zutreffend, dass diese vom Osmanischen Reich zu verantwortenden Taten sich gerade deshalb gegen die Armenier gerichtet haben, ›weil sie Armenier waren‹«, dann insinuiert er, es könnte noch andere Gründe gegeben haben, die Armenier vom Leben zum Tode zu befördern, als nur den, »weil sie Armenier waren«. Was könnte es gewesen sein? Hatten sie die Mehrwertsteuer nicht abgeführt? Im Halteverbot Partys gefeiert? Die Glocken zu oft und zu lange geläutet? Wie sollte man eine Maßnahme nennen, bei der mehr als die Hälfte des armenischen Volkes auf der Strecke geblieben ist? Einen Feldversuch zur Überprüfung der Evolutionstheorie von Darwin, »Survival of the fittest«?

Der Göttinger Richter legt dann ausführlich dar, warum es sich eher nicht um einen »Völkermord im juristischen Sinne« gehandelt hat, und kommt zu dem Schluss, »dass man sich ein endgültiges Urteil bis zu dem Bericht einer unabhängigen, juristisch beratenen Historikerkommission vorbehalten sollte«.

Man könnte meinen, es ginge darum, ein Tribunal vorzubereiten. Aber es geht eben nicht um eine juristische Aufarbeitung der »Ereignisse« von 1915, sondern um deren historische Bewertung. Keiner der Täter kann noch zur Verantwortung gezogen werden, es wird keine Prozesse geben. Die juristische Komponente hat sich im Wege der biologischen Amnestie erledigt. 100 Jahre nach der beinahe geglückten Ausrottung der Armenier durch die Türken dafür zu plädieren, mit einem endgültigen Urteil »bis zu dem Bericht einer unabhängigen, juristisch beratenen Historikerkommission« zu warten, ist ein Zynismus, der zur Grundausstattung eines jeden furchtbaren Juristen gehört, für den heute nicht Unrecht sein kann, was damals Recht war.

1. Mai

Liebes Tagebuch!

Während die werktätigen Massen ins Grüne strömen, um den Tag der Arbeit zu feiern, bleibe ich zu Hause und mache Ordnung in meinem Kleiderschrank. Als Erstes sind die Socken dran. Offenbar bin ich ein Sockenfetischist. Ich kaufe sie im Dreier-, Fünfer- und Zehnerpack und stopfe sie in die Sockenlade. Zusammengetuckert sehen sie so niedlich aus! Ich bringe es nicht übers Herz, sie auseinanderzureißen. Und so kommt es in der Sockenlade zu einem Sockenstau. Ich könnte jeden Abend die getragenen wegwerfen und am nächsten Morgen frische anziehen, der Vorrat würde für ein halbes Jahr, vielleicht sogar noch länger reichen, weil ich öfter Crocs ohne Socken trage. Aber so kann es nicht weitergehen. Ab morgen gilt ein Sockenkaufverbot. Aber nur bis zum Sommerschlussverkauf.

Während der Aufräumarbeiten höre ich im Radio einen neuen Begriff: Nach dem »Grexit« droht jetzt auch noch der »Brexit«. Fluch oder Segen? Und wenn ja, für wen? Ob die 50 Prozent arbeitsloser griechischer Jugendlicher überhaupt einen Feiertag am 1. Mai brauchen? Abschaffung der Feiertage, wäre das nicht eine Forderung zur Erhöhung des Bruttosozialprodukts in Hellas? Geht aber nicht, liebes Tagebuch, denn im Mai und Juni haben die Griechen nur Pfingsten als Feiertag. Christi Himmelfahrt und Fronleichnam kennen sie nicht. Wir schon. Ist schon toll, welche Produktivitätsreserven wir noch haben.

2. Mai

Liebes Tagebuch!

Rudolf Dressler, 1940 in Wuppertal geboren, ist ein Sozialdemokrat und Gewerkschafter alter Schule.

Er hat Schriftsetzer gelernt, war Vorsitzender des Betriebsrates bei der *Westdeutschen Zeitung* und Mitglied im Hauptvorstand der IG Druck und Papier. In der SPD hatte er verschiedene Ämter inne: Vorsitzender der Arbeitsgemeinschaft für Arbeitnehmerfragen, Mitglied im Parteivorstand und im Präsidium der Partei. Zwanzig Jahre lang, von 1980 bis 2000, saß Dressler für die SPD im Bundestag. Er diente kurz als Parlamentarischer Staatssekretär beim Bundesminister für Arbeit und Sozialordnung im Kabinett von Helmut Schmidt und galt lange als Anwärter auf ein Ministeramt, bis er, als Ausgleich für entgangene Ministerwürden, im Herbst 2000 von Gerhard Schröder beziehungsweise seinem Außenminister Joschka Fischer zum deutschen Botschafter in Israel ernannt wurde, wo er dann fünf Jahre wirkte. Seitdem gilt Rudolf Dressler als »Israel- und Nahostexperte«. In dieser Eigenschaft hat er jetzt dem *Spiegel* verraten, wie man den israelischen Ministerpräsidenten Bibi Netanjahu bewegen könnte, zum »Friedensprozess« zurückzukehren: »Wir könnten den Handel mit Israel einschränken, aber auch Unterstützungsleistungen wie Waffenlieferungen, ohne die israelische Sicherheit zu berühren.« Klar, man kann auch einem Patienten weniger zu essen geben, ohne seine Gesundheit zu gefährden. Im gleichen Sinne äußerte sich der stellvertretende Vorsitzende der SPD-Fraktion im Bundestag, Rolf Mützenich, auch er natürlich ein ausgewiesener Israelfreund, schließlich trägt Deutschland ja eine besondere Verantwortung für die verbliebenen Juden. Wenn sich die neue israelische Regierung von der Zwei-Staaten-Lösung verabschiede, dann wäre das »eine neue Geschäftsgrundlage, die wir auch neu zu bewerten hätten«. Da konnte der Vorsitzende des Auswärtigen Ausschusses im Europaparlament, Elmar Brok (CDU), nicht mehr an sich halten. Die Zwei-Staaten-Lösung aufzugeben, sei »unverantwortlich – auch aus israelischer Sicht«.

Brok muss es wissen. 1946 in Verl/Ostwestfalen geboren, gehört er dem Europaparlament seit 1980 an. Er hat, abgesehen von ein paar Lehrjahren als Lokalreporter für Radio- und Zeitungsredaktionen, nie etwas anderes als Politik gemacht. Der Mann ist ein Berufseuropäer und gilt in Brüssel und Straßburg als ein extrem tüchtiger Netzwerker, der es versteht, ein politisches Mandat mit seinen privaten Interessen zu verknüpfen. Wenn er nun sagt, die Aufgabe der Zwei-Staaten-Lösung sei auch aus israelischer Sicht »unverantwortlich«, dann spricht aus ihm nicht nur Selbstüberschätzung, sondern schieres Unwissen. Denn die Zwei-Staaten-Lösung wurde bereits verwirklicht. Es gibt einen Palästinenser-Staat in der Westbank und einen in Gaza.

Und weder die Fatah noch die Hamas denken daran, diese Zweistaatlichkeit aufzugeben, indem sie zum Beispiel Wahlen abhalten, die beide Seiten um ihre Pfründe bringen würde. Der jetzige Status quo ist gut für Israel und noch besser für die Palästinenser, die sich ihr Gejammer über die israelische Besatzung von den USA, den UN und der EU mit Milliarden vergolden lassen. Derweil Nahostexperten wie Dressler, Mützenich und Brok Israel auffordern, sich auf die Grenzen von 1967 zurückzuziehen, um die Bildung *eines* palästinensischen Staates zu ermöglichen. Weil es in der Region noch zu wenige »failed states« gibt, liebes Tagebuch? Weil wir dann nach dem Arabischen Frühling, der Ägypten, Syrien und Libyen intakte Demokratien beschert hat, einen Palästinensischen Frühling bekämen, in dem sich alle Parteien von der Hamas bis zur Hisbollah unter blühenden Mandelbäumen an den Händen fassen und im Kreis tanzen würden? Irre, oder?

Warum Leuten wie Brok, Dressler und Mützenich das Schicksal der Palästinenser, die in Lagern wie Jarmouk bei Damaskus dahinvegetieren, am Arsch vorbeigeht, während sie sich beharrlich und nachhaltig um die Palästinenser kümmern, die dank einer Rundumversorgung durch die UNRWA die geringste Kindersterblichkeit und die höchste Lebenserwartung aller Araber im Nahen Osten haben – diese Frage will ich lieber verdrängen, weil mir die Antwort zu unheimlich ist.

4. Mai

Liebes Tagebuch!

Wer »Angewandte Kulturwissenschaften« studiert, sein Studium mit einer Arbeit über »Improvisation und Kreativität im subventionierten Theaterbetrieb« abgeschlossen hat und nun nicht weiß, wie er seinen Lebensunterhalt verdienen soll, für den habe ich einen Rat: Er möge einen Hundesalon aufmachen. Waschen, Schneiden, Föhnen & More.

Mein israelischer Schwiegerhund Chico braucht dringend einen Haarschnitt. Neulich im Vorbeifahren fiel mir die »Terrier-Boutique« an der Friedrichshaller Straße in Berlin auf.

Ich lasse mich von 11 88 0 verbinden und frage als Erstes, ob auch Nicht-Terrier bedient werden. »Natürlich!« – »Prima«, sage ich, »wann können wir mal vorbeikommen? Heute oder lieber morgen?« – »Ich kann Ihnen leider keinen Termin geben«, sagt ein Mann, bei dem es sich vermutlich um den Herrn der Terrier handelt, »wir nehmen niemanden mehr an«. Ich denke, ich habe nicht richtig gehört: »Wie wäre es dann nächste Woche, sagen wir Montag?« – »Ich habe Ihnen doch eben gesagt«, sagt die Stimme, »dass wir niemanden annehmen, nicht diese Woche, nicht kommende Woche und auch danach nicht. Wir sind voll ausgebucht.« Und bevor ich fragen kann, ob er noch einen Termin zwischen Weihnachten und Neujahr hätte, hat er schon aufgelegt.

Nächster Versuch, »Hundesalon Corso« am Bundesplatz in Schöneberg. Bevor ich dort anrufe, schaue ich mir die »Erfahrungsberichte« auf Google plus an. Da lese ich unter anderem: »Ich kann den Laden nur wärmstens weiterempfehlen. Meine Hündin, die sehr scheu ist, freut sich jedes mal riesig auf den Termin, und das Ergebnis kann sich echt sehen lassen.«

Klingt gut, denke ich, und greife zum Telefon. »Ich kann Ihnen einen Termin Ende Mai geben«, sagt die Inhaberin. »Ginge es nicht früher?«, frage ich, »wir haben eine Einladung zum Geburtstag von Rolf Eden.« – »Ende Mai«, wiederholt die Inhaberin, völlig unbeeindruckt.

Ich lege auf und rufe meinen Allergologen an. »Mein Hund und ich haben Heuschnupfen.« – »Kommen Sie übermorgen«, sagt der Allergologe, »zwischen neun und zwölf, und bringen Sie Ihren Hund mit.«

5. Mai

Liebes Tagebuch!

Alle großen Werke der Literatur fangen mit einem Paukenschlag an. Tolstois »Anna Karenina« zum Beispiel mit der Feststellung: »Alle glücklichen Familien gleichen einander, jede unglückliche Familie ist auf ihre eigene Weise unglücklich.« Kafkas »Verwandlung« beginnt mit dem Satz: »Als Gregor Samsa eines

Morgens aus unruhigen Träumen erwachte, fand er sich in seinem Bett zu einem ungeheuren Ungeziefer verwandelt.« Bei einem Wettbewerb der Stiftung Lesen wurde im Jahre 2007 der »schönste erste Satz« eines deutschsprachigen Romans gesucht. Die Jury, der unter anderem die Präsidentin des Goethe-Instituts Jutta Limbach, die TV-Moderatorin Marietta Slomka und der Handball-Bundestrainer Heiner Brand angehörten, sichtete in monatelanger Arbeit 17000 Vorschläge und entschied sich dann für den ersten Satz aus Günter Grass' Roman »Der Butt«: »Ilsebill salzte nach.« Mit dem ersten Satz, so der Schriftsteller und Juror Thomas Brussig, »wird der Stein ins Rollen gebracht«. Er ist »Versprechen, Duftmarke, Rätsel, Schlaglicht – kurz: der Brühwürfel, mit dem die ganze folgende Suppe gekocht wird«.

Wäre Charlottes Roches Buch »Feuchtgebiete« nicht erst 2008 erschienen, hätte der Roman über die Folgen einer Analfissur gute Chancen gehabt, in die engere Wahl zu kommen. Der erste Satz lautet nämlich: »Solange ich denken kann, habe ich Hämorrhoiden.« Das Buch wurde zum »Bestseller des Jahres 2008« und 2013 verfilmt. Gestern zeigte das ZDF den Film in seiner Erotikreihe »Montagskino hautnah«. Ich habe leider nur die letzte halbe Stunde gesehen. Mein Eindruck war: Kein schlechter Film, eine durchaus angemessene Verfilmung eines Buches, in dem es vor allem um Erbrochenes, Exkremente und den Abbau von Ekelschranken geht. Wer sich zum Beispiel auf einem Wiesn-Klo, das eine Woche nicht gereinigt wurde, wohlfühlt, der wird auch Buch und Film mögen.

Es gab in der Verfilmung eine Szene, von der ich nicht sicher bin, ob sie auch in der Buchfassung vorkommt. Vier Männer stehen um einen Tisch herum, auf dem eine große Pizza liegt, und masturbieren. Jeder wichst für sich allein, wenn auch in Gesellschaft der anderen. Spermien fliegen wie Trapezkünstler durch die Luft und landen auf der – vegetarischen! – Pizza. Das sei eine ihrer Fantasien, sagt die junge Hauptdarstellerin, so eine

Pizza möchte sie mal vernaschen. Das wäre so, als würden die vier Männer ihr gleichzeitig in den Mund spritzen.

Aber das war es nicht, was mich an dieser Szene faszinierte. Es war etwas anderes. Die vier Männer hatten eine erstaunliche Ähnlichkeit mit vier leitenden Angestellten des ZDF – dem Intendanten Thomas Bellut, dem Programmdirektor Norbert Himmler, dem Chefredakteur Peter Frey und Elmar Theveßen, der je nach Anlass als »Geheimdienstexperte« oder »Terrorismusexperte« vorgestellt wird. So bekam die Szene rund um die Pizza einen höheren Sinn. Es war wohl die Programmkonferenz, auf der die Erotik-Reihe »Montagskino hautnah« beschlossen wurde.

6. Mai

Liebes Tagebuch!

Das Land Berlin und die Vertretung der Europäischen Kommission in der Hauptstadt haben gemeinsam einen neuen Preis kreiert, den »Blauen Bären«. Mit der Auszeichnung sollen, lese ich in einer Pressemitteilung des Regierenden Bürgermeisters, »beispielhafte Berliner Initiativen, Projekte und Personen gewürdigt« werden, die »zum Zusammenwachsen Europas und seiner Menschen beitragen und sich für unsere gemeinsamen europäischen Überzeugungen einsetzen«. Denn: »Angesichts eines zunehmenden antieuropäischen Populismus und der Bedrohung unserer europäischen Grundwerte soll diese Auszeichnung auch ein deutliches Zeichen des Bekenntnisses Berlins zur europäischen Integration setzen.«

»Zeichen setzen« ist derzeit schwer in Mode. Jeden Tag kann man in der Tagesschau hören, irgendjemand wolle »ein Zeichen setzen«. Gegen den alltäglichen Rassismus und Sexismus, gegen Homophobie und Islamophobie, gegen die Fremdenfeindlichkeit und das Artensterben. Für soziale Gerechtigkeit und mehr Kita-Plätze, für den Umweltschutz und die Nachhaltigkeit, für fair gehandelten Tee und eine gerechte Verteilung der Ressourcen.

Wir leben in einer Republik der Zeichensetzer. Alle sind dermaßen damit beschäftigt, Zeichen zu setzen, dass sie nicht dazu kommen, etwas zu tun. Und nun hat sich auch das Land Berlin, das auf einem Schuldenberg von 60 Milliarden Euro sitzt und nur mithilfe des Länderfinanzausgleichs als eigenständige politische Einheit überleben kann, etwas einfallen lassen. Es will ein deutliches Zeichen des Bekenntnisses Berlins zur europäischen Integration setzen. Ich vermute, dieser Entschluss kam nach einer längeren Debatte in der Senatskanzlei unter dem Vorsitz des Regierenden Bürgermeisters zustande. Zur Wahl standen ein Bekenntnis Berlins zur asiatischen Integration, eine Föderation mit dem Kosovo und eine Städtepartnerschaft mit Timbuktu.

Dass man sich am Ende für ein Bekenntnis zur europäischen Integration entschieden hat, hatte weniger ideologische als praktische Gründe: Dafür gibt es schließlich Kohle aus Brüssel.

Liebes Tagebuch, bevor ich dir verrate, welche Berliner Initiativen, Projekte und Personen mit dem »Blauen Bären« ausgezeichnet wurden, möchte ich, dass du einen Blick auf die Liste der Nominierten wirfst. Da hätten wir unter anderen: den Bezirksverband der Kleingärtner Reinickendorf e.V., den Freundeskreis der Schlösser und Gärten der Mark, den Freundeskreis der Musikschule Pankow Béla Bartók e.V., die Freunde Kolbergs e.V. und den Verein zur Förderung der Städtepartnerschaft Kreuzberg – San Rafael del Sur e.V. Sie alle haben »angesichts eines zunehmenden antieuropäischen Populismus und der Bedrohung unserer europäischen Grundwerte« Zeichen für die europäische Integration gesetzt. Dazu ein Dutzend Privatpersonen wie zum Beispiel der Treptower Künstler Werner Laube, der eine Städtepartnerschaft zwischen der Stadt Albinea in Norditalien und dem Bezirk Treptow initiiert und die offiziellen Partnerschaftsurkunden »künstlerisch« gestaltet hat.

So, und jetzt kommen wir zu der Siegerehrung. Der große »Blaue Bär 2015« geht an den Verein »Europa macht Schule«. Er begeistert »seit Jahren junge Menschen für Europa« und »bringt Europa in die Berliner Klassenzimmer«. Man könnte meinen, dass gerade in Berliner Klassenzimmern schon ziemlich viel Europa drinsteckt, vor allem in den Schulen, an denen die Bio-Deutschen gerade noch zehn Prozent aller Schüler ausmachen. Aber das ist es nicht. Der Verein »Europa macht Schule« lädt »Gaststudierende aus ganz Europa« in Berliner Schulen ein, wo diese »Botschafter« die Chance bekommen, »ihr Land zu präsentieren und zugleich in ein Stück lebensnaher deutscher Realität einzutauchen und nebenbei auch noch ihre sprachlichen und pädagogischen Fähigkeiten verbessern«.

Besonders apart stelle ich mir dieses Voneinanderlernen vor, wenn der oder die »Gaststudierende« aus Griechenland kommt und beim Versuch, in ein Stück lebensnaher deutscher Realität einzutauchen, mit der Frage konfrontiert wird, warum die faulen Griechen sich auf unsere Kosten ein gemütliches Leben machen. Im Gegenzug können der oder die »Gaststudierende« fragen, warum die deutschen Nazis immer noch nicht für die Zerstörungen und das Leid, das die Wehrmacht in Hellas hinterlassen hat, Kompensation geleistet hätten.

Ihre »sprachlichen und pädagogischen Fähigkeiten« verbessern könnten die Gäste, indem sie den Satz »Isch fick deine Mutter« in ihr Repertoire aufnehmen. »Die Bandbreite der kreativen Einfälle ist [...] überwältigend«, heißt es in der Laudatio der Europabeauftragten des Landes Berlin, Staatssekretärin Hella Dunger-Löper, auf den Verein »Europa macht Schule«; »es wird getanzt, gesungen, gekocht, gemalt und getextet«. So wird »Europa im persönlichen Austausch lebendig«, und so werden

»Brücken zwischen jungen Europäerinnen und Europäern« geschlagen.

Früher nannte man so etwas »Knutschen, bis der Hausmeister kommt«, heute soll »angesichts eines zunehmenden antieuropäischen Populismus und der Bedrohung unserer europäischen Grundwerte« ein »deutliches Zeichen« für die europäische Integration gesetzt werden.

Dann wurden noch zwei kleine »Blaue Bären« verliehen. Einer an den Verein »Give something back to Berlin«, der »eine beeindruckende Brücke zwischen sozialem Engagement und europäischer Integration« schlägt, und ein zweiter an Karin Zehrer, die den Bezirk Treptow-Köpenick »bei internationalen Anlässen vertritt« und eine Plakataktion ins Leben gerufen hat, in der »Bürgerinnen und Bürger [...] ihr Gesicht« zeigen und sich »zu einer Willkommenskultur« bekennen. Darüber hinaus sei sie sich »nicht zu schade, für eine Jugendbegegnung auch mal spontan den Grill in ihrem Garten anzuwerfen«.

Was tut man nicht alles für die europäische Integration, angesichts eines zunehmenden antieuropäischen Populismus und der Bedrohung unserer europäischen Grundwerte.

PS. Der »Blaue Bär«, liebes Tagebuch, ist eine Erfindung von Walter Moers – er ist der Schöpfer des »Käpt'n Blaubär«, ihm ist es zu verdanken, dass ein »blauer Bär« so viele Sympathien bei Groß und Klein genießt. Bestimmt hat man ihn nicht gefragt, ob man ihn derart politisch missbrauchen darf. Allerdings hat das Ganze womöglich einen tieferen Sinn: Der Blaubär spinnt »Seemannsgarn«, eine nette Metapher für: »Lügengeschichten«.

7. Mai

Liebes Tagebuch!

Der Protodeutsche, sagt mein Freund Giovanni, ist Sadist, Masochist und obendrauf noch nekrophil. Ich fürchte, Giovanni hat recht. Weltschmerz ist auch eine deutsche Erfindung. Der Deutsche leidet gerne, vor allem an sich selbst. Und er besteht darauf, dass andere mitleiden. Das nennt er dann »Erinnerungskultur« oder »Trauerarbeit«.

8. Mai

Liebes Tagebuch!

Das Blöde an Wahlen ist, dass sie oft nicht so ausgehen, wie es von den Meinungsforschern vorhergesagt wurde. Noch blöder ist, wenn sie nicht so ausgehen, wie es die Journaille gehofft hat.

In einem Moment, da sich – entgegen allen Vorhersagen – die absolute Mehrheit der Sitze im britischen Unterhaus für die Konservativen abzeichnet, titelt *Spiegel Online*: »Camerons Wahlsieg: Bad News für Europa«. Denn: »David Cameron wird weiter Großbritannien regieren. Doch trotz des überraschend klaren Wahlsiegs geht er geschwächt in die neue Legislaturperiode. Für Europa ist das fatal, das Referendum über den Brexit wird nun kommen.«

Wie es denn sein kann, dass ein »überraschend klarer« Wahlsieger »geschwächt« in die neue Legislaturperiode geht, muss wohl mit der speziellen Logik zu tun haben, die an der »Ericusspitze«, wo der *Spiegel* residiert, das Denken bestimmt. Dort, wo das Selbstbewusstsein der Redakteure mit fallender Auflage nicht ab-, sondern zunimmt, da setzen nicht nur die Gesetze der Schwerkraft aus, da ist es auch kein Problem, den Wahlsieger zum Wahlverlierer zu erklären, weil sich die Wähler nicht an die Vorhersagen der Experten gehalten haben.

Und spätestens in zwei Jahren, 2017, droht neues Ungemach. Da will Cameron die Briten über den Verbleib oder den Austritt des Königreiches aus der EU abstimmen lassen. Eine echte Sauerei, so ein Referendum, bei dem jeder Bürger mitmachen darf und nicht nur, wie beim *Spiegel*, die Anteilseigner in der GmbH & Co KG. »Cameron, der Schwache«, schreibt der ins Archiv entsandte Sonderkorrespondent von *Spiegel Online*, »wird in der eigenen Partei noch erpressbarer, als er es in den fünf Jahren schon war«, denn: »Seine europaskeptischen Schreihälse in den hinteren Reihen des Parlaments, die seit Jahren den Ton in der EU-Debatte angeben, werden noch mächtiger.«

So etwas nannte man früher, als der verlogene EU-Mainstream noch nicht das Gehirn von *Spiegel*-Redakteuren verklebt hatte, Demokratie, und die »europaskeptischen Schreihälse in den hinteren Reihen des Parlaments« sind frei gewählte Abgeordnete, die ihren Wählern verpflichtet sind und nicht einem Hinterbänkler aus der *Spiegel-Online*-Redaktion.

Liebes Tagebuch, sag doch den Briten, bevor sie das nächste Mal zu einer Wahl gehen, sollen sie bitte vorher bei *Spiegel Online* in Hamburg anrufen – +49 40 380 800 – und sich mit Christoph Scheuermann verbinden lassen. Er wird ihnen helfen, das Richtige zu tun. Für Großbritannien, für Europa und für die die Klickzahlen bei *Spiegel Online*.

9. Mai

Liebes Tagebuch!

Heute mal kein TV, keine Zeitung. Gar nichts erlebt. Auch schön!

10. Mai

Liebes Tagebuch!

In meinem nächsten Leben werde ich Freizeitpädagoge. Den Beruf gibt es wirklich. Als Freizeitpädagoge hat man die Wahl zwischen Erlebnispädagogik, Spielpädagogik und Medienpädagogik. Es gibt auch eine Menge Fachliteratur zu diesem Thema, unter anderem die *Freizeit Revue*, die *Freizeit Woche*, den *Freizeit Express*, den *Freizeit Blitz*, die *Freizeit Momente, das Freizeit Vergnügen*, die *Freizeit Illustrierte*, das *Freizeit Blatt*, die *Prima Freizeit*, die *Neue Freizeit*, die *Freizeit pur*, die *Freizeit heute* und – beinah hätte ich's vergessen – die *Freizeit exklusiv*.

Womit die Frage beantwortet wäre, warum die Gewerkschaften für kürzere Arbeitszeiten streiten. Man braucht viel Zeit, um all die Fachliteratur zu lesen.

11. Mai

Liebes Tagebuch!

Jetzt hat die Kanzlerin die Katze aus dem Sack gelassen. Ausgerechnet in Moskau, ausgerechnet zum »Tag des Sieges« und ausgerechnet in Anwesenheit des russischen Präsidenten, nannte sie die Annexion der Krim »verbrecherisch« und »völkerrechtswidrig«, derweil Putin regungslos zuhörte. Drei Wochen zuvor, im Zusammenhang mit dem Genozid an den Armeniern, schaffte sie es mit Rücksicht auf die Türken nicht, das Wort »Völkermord« über die Lippen zu bringen.

Woher der plötzliche Mut zur Wahrheit?

Ich vermute, der Kanzlerin geht es wie einem Trinker nach einem Saufgelage. Er schaut ins Glas und sieht den Boden. Die Party ist vorbei. Katzenjammer setzt ein. Hatte sie vor Kurzem noch von einem »Defizit bei der Umsetzung des Minsker Abkommens« gesprochen, so redet sie nun beinahe Klartext. »Der Erfolg [des Abkommens] ist alles andere als sicher, aber wir haben nichts anderes und deshalb müssen wir daran weiterarbeiten.« Ein Wodka mehr und sie hätte gesagt: Das Abkommen funktioniert nicht, aber es ist alternativlos – wie die Energiewende, die Maßnahmen zur Rettung des Euro und die Hilfen für Griechenland.

Merkel machte bei dem gemeinsamen Auftritt mit Putin klar, dass sie keine Illusionen über den Prozess hat. Die Vereinbarung sei »von Anfang an« nicht eingehalten worden, als die Kämpfe um den Ort Debalzewe weitergingen und die ukrainische Armee unter Beschuss abziehen musste. Mit Putin habe sie auch über die Kämpfe gesprochen, die »derzeit« im Ort Schirokine und am Donezker Flughafen geführt würden. Sie bestätigte, dass die »brüchige Waffenruhe« im Wesentlichen darin besteht, dass über die Kämpfe nicht berichtet wird. Es schweigen nicht die Waffen, sondern die Reporter.

Was Merkel nach wie vor vermied, war jede Schuldzuweisung an Putin. Sie forderte den russischen Präsidenten lediglich auf, »seinen Einfluss auf die Separatisten geltend zu machen«. Der Separatist, das unbekannte Wesen, macht nur Ferien in der Ukraine und nutzt die Zeit, um an den Übungen einer Kampfsportgruppe teilzunehmen. Wäre die Kanzlerin nach Kolumbien gereist, um dort den Chef des Medellin-Kartells zu treffen, hätten sie ihn bestimmt aufgefordert, seinen Einfluss auf die Drogendealer geltend zu machen.

12. Mai

Liebes Tagebuch!

Wenn ein Patient seit fünf Jahren im Koma liegt, wenn er maschinell beatmet und künstlich ernährt werden muss und wenn dann ein Arzt kommt und sagt, man müsse mit einem »überraschenden Exitus« rechnen, dann würden ihn seine Kollegen umgehend in die Wäschekammer des Krankenhauses abschieben.

Wenn aber Griechenland seit fünf Jahren gerettet wird und wenn Wolfgang Schäuble dann kurz vor einer neuen Brüsseler Runde, auf der über weitere Hilfen für die Griechen verhandelt werden soll, vor einer »überraschenden Staatspleite« Griechenlands warnt – »Erfahrungen anderswo auf der Welt haben gezeigt: Ein Land kann plötzlich in die Zahlungsunfähigkeit rutschen« –, dann legt er nicht nur Sachkenntnis an den Tag, sondern demonstriert auch seine humoreske Begabung. Der Austritt beziehungsweise Ausschluss Griechenlands aus der Euro-Zone ist beschlossene Sache, das Urteil ist gefällt, es muss nur noch vollstreckt werden. Vorher aber gilt es, diese Tatsache dem Publikum zu vermitteln, das jahrelang mit Sätzen wie »Scheitert der Euro, dann scheitert Europa« für blöd verkauft worden ist. Auch diese Aufgabe fällt in Schäubles Zuständigkeit. Deutschland, sagt er, werde »alles tun, um Griechenland unter verantwortbaren Konditionen in der Eurozone zu halten, an uns darf das nicht scheitern«.

In den zwei kurzen Sätzen steckt alles drin, was man wissen muss. Wenn Schäuble beschließt, dass die Konditionen nicht mehr zu verantworten sind, muss Griechenland gehen. Und scheitern »darf« das Projekt schon, nur eben nicht »an uns«. Deswegen hat sich der deutsche Finanzminister noch was ausgedacht. Vor dem gestrigen Treffen der Euro-Finanzminister in Brüssel brachte er ein Referendum über den Verbleib Griechenlands in der Euro-Zone ins Gespräch. »Das wäre vielleicht sogar eine richtige Maßnahme, das griechische Volk entscheiden zu lassen.« Keine dumme Idee, muss man zugeben. Entscheiden die Griechen, in der Euro-Zone zu bleiben, müssen sie die Konditionen der EU-Kommission und des IWF akzeptieren. Sie werden eine Art EU-Protektorat. Stimmen sie für den Austritt, kann Schäuble alle Verantwortung für die Folgen von sich weisen – die Griechen haben es so gewollt. Er wird nur die etwa 80 Milliarden Euro abschreiben müssen, mit denen Deutschland in den diversen Hilfspaketen und Krediten für Griechenland hängt. Für einen Schlaumeier wie Schäuble dürfte das kein Problem sein. Man habe die Notbremse ziehen müssen, wird er sagen. Alles andere hätte den deutschen Steuerzahler noch mehr gekostet. Und das wird ausnahmsweise sogar stimmen.

13. Mai

Liebes Tagebuch!

Vor einigen Jahren hatte ich eine Idee, die ich leider nicht weiter verfolgt habe. Ich wollte eine Firma mit dem Namen »Rent a Jew« gründen, die Juden für besondere Anlässe verleihen würde – Gedenkfeiern, Betriebsfeste und Gartenpartys. Es gab für so etwas einen Bedarf, den man nur hätte »formatieren« müssen. »Kritische Juden«, die sich von der Politik des Staates Israel distanzieren, standen hoch im Kurs, ebenso Holocaustüberlebende, die den Tätern beziehungsweise deren Kindern die Hand zu Versöhnung reichen. Schwule Juden wurden in den Szene-Cafés bevorzugt bedient, sobald sie sich als solche zu erkennen gaben. Es wäre bestimmt auch möglich gewesen, alleinerziehende jüdische Mütter zu vermarkten, aber zu mehr, als nur eine Idee zu haben, fehlte mir die Traute.

Nun ärgere ich mir einen Ast, weil ich jeden Abend im Fernsehen Berichte über junge Israelis sehe – Künstler, Musiker, Maler, Designer und andere Kreative, die der israelischen Tristesse entflohen sind, um Berlin kulturell zu bereichern. Vor ein paar Tagen lief im RBB eine Doku über »Israelis und ihr Berlin«. Früher freuten sich die Berliner über jeden Juden, der nach Palästina auswanderte, heute jubeln sie über jeden Israeli, der nach Berlin kommt. Über 20000 sollen es inzwischen sein. Allerdings hat keine Volkszählung stattgefunden, es handelt sich um eine »Schätzung«, die durch ständige Wiederholung zum Faktum wird. *Die Welt* hat sie vom *Tagesspiegel* übernommen, der *Tagesspiegel* von der *Berliner Zeitung*, die *Berliner Zeitung* von der *Frankfurter Rundschau*, die *Frankfurter Rundschau* von der *Berliner Morgenpost* und die *Berliner Morgenpost* von einem Taxifahrer aus Friedrichshain.

Auch für den Berlin-Tourismus spielt die jüdische Kultur eine große Rolle. Zum zehnjährigen Jubiläum des Holocaust-Mahnmals gab es wieder ein »Bürgerfest« am Rande des Stelenfeldes. Die Redner hoben hervor, dass es nicht nur der Erinnerung diene, sondern auch Ströme von Besuchern anlocke. Allein in den ersten fünf Jahren sollen es acht Millionen gewesen sein, inzwischen dürfte sich die Zahl verdoppelt haben. So betrachtet ist die Bilanz des Holocaustmahnmals noch ansehnlicher als die Begebenheit, die zu seinem Bau führte.

Und noch was, liebes Tagebuch. Vor zwei Tagen bekam ich eine Mail von einem Studenten an einer Pädagogischen Hochschule im Südwesten der Republik. Er schrieb: »Ich nehme an einer Exkursion diesen Herbst teil, die nach Berlin geht. Das Thema der Exkursion lautet ›Auf den Spuren jüdischer Geschichte, Kultur und jüdischen Lebens in Berlin‹. Wir würden uns geehrt fühlen, wenn wir mit Ihnen über das aktuelle jüdische Leben und Kultur diskutieren dürften. Wir sind vom 27.09.15–01.10.15 in Berlin. Hätten Sie da auch Zeit?« Und da fiel mir die Rent-a-Jew-Idee wieder ein. Was für ein Jammer, dass ich sie nicht verwirklicht habe! Ich überlegte, wie ich dem jungen Mann antworten sollte, bevor er sich auf den Weg nach Berlin macht.

Vielleicht so? *Sie erreichen mich jeden Dienstag und Donnerstag von 12 bis 17 Uhr auf dem jüdischen Friedhof in Weißensee*. Oder so? *Wenn Sie mit dem Besuch des Zoologischen Gartens fertig sind, gehen wir gemeinsam Juden in Charlottenburg gucken.*

Ich hab's nicht getan. Ich wollte ihn nicht kränken. Ich schrieb, dass ich von jüdischem Leben und jüdischer Kultur in Berlin keine Ahnung hätte, dafür aber alle guten Thai- und Vietnam-Imbisse in der Stadt kennen würde. Und dass es mir eine Freude wäre, ihn und seine Kommilitonen auf eine Runde Phad Thai auszuführen.

14. Mai

Liebes Tagebuch!

Die EU-Kommission hat eine Idee, und das ZDF trägt sie hinaus in die Welt. Es geht um eine »Quotenregel für Flüchtlinge«, die Kommission will »eine neue Verteilung der Hilfesuchenden auf alle Mitgliedsländer«, sagt Christian Sievers und betont dabei das Wort »alle«. Es ist »ein Vorschlag, der es in sich hat«, ein Masterplan, »um die derzeitige Situation in den Griff zu bekommen«. Mit »in den Griff zu bekommen« ist nicht das Ende der Massenflucht aus Afrika gemeint, sondern eine »gerechte« Verteilung der Flüchtlinge innerhalb der EU. So, wie die Produktion und die Ausfuhr von Obst, Gemüse, Getreide, Fleisch, Milch und Zucker quotiert und die Rücklaufquote von gebrauchten Batterien festgelegt wurde – derzeit sind es 25 Prozent, ab 2016 werden es 45 Prozent sein –, so soll auch beim »Import« von Flüchtlingen verfahren werden, denn: »Im Moment ist es nämlich so, manche Staaten nehmen sehr viele Flüchtlinge auf und stöhnen wegen der außerordentlichen Belastung, andere fast keine.«

Allein im vergangenen Jahr hätten 626000 Menschen einen Asylantrag in der EU gestellt. Zwei Drittel von ihnen in nur vier EU-Staaten: Deutschland, Frankreich, Italien und Schweden. Das letzte Drittel habe sich auf die übrigen 24 EU-Staaten verteilt. Anders als Deutschland und Schweden nähmen Länder wie Polen und Spanien »kaum Flüchtlinge« auf. Auch die Balten sträubten sich, die Briten ebenso. In dieser Situation versuche die EU-Kommission jetzt, »zu einer gemeinsamen Linie« zu kommen.

Die Quadratur des Kreises wäre dagegen die leichtere Aufgabe. Die Quoten sollen mithilfe objektiver Indikatoren festgelegt werden, je nach Größe, Wirtschaftsleistung und Ausmaß der

Arbeitslosigkeit. Bereits aufgenommene Flüchtlinge sollen »angerechnet« werden. Das versteht die EU-Kommission unter einer gerechten Verteilung der Lasten. Zweierlei bleibt bei der Quotenregelung unberücksichtigt: die Präferenzen der Flüchtlinge, die sich geradezu danach sehnen, Bulgarien, Rumänien oder Slowenien zugeteilt zu werden, und die Gründe, warum zum Beispiel die Polen keine Flüchtlinge aufnehmen wollen, die ihnen kulturell ein wenig unheimlich sind. Anders als die Deutschen, die sich ein »buntes Deutschland« wünschen, sind die Polen wenig von der Aussicht angetan, der Ruf des Muezzins könnte demnächst den Klang der Kirchenglocken übertönen. Das ist natürlich extrem engstirnig, kleingeistig und nationalistisch, aber so sind die Polen nun einmal – sie wollen unter sich bleiben. Auch das soziale Netz ist in Polen nicht so dicht geknüpft wie in Deutschland, weshalb Polen, die keine Arbeit daheim finden, ins Ausland gehen, während ein Deutscher lieber in Bremen bleibt und Stütze kassiert, bevor er nach Baden-Württemberg umzieht, um sich dort nach einem Job umzusehen.

Es grenzt ans Unmögliche, Flüchtlingsströme lenken und umleiten zu wollen. Die EU-Kommission mag beschließen, was immer sie für angebracht hält. Sie könnte auch dem Rhein befehlen, bergauf zu fließen. Aber ein Fluss bahnt sich immer seinen Weg, vorbei an allen Hindernissen. Solange die EU-Kommission nicht dafür sorgt, dass es in Bulgarien ebenso viele Job-Möglichkeiten gibt wie in NRW und in Sofia ebenso viel Kindergeld bezahlt wird wie in Duisburg, werden die Flüchtlinge Duisburg vorziehen, obwohl Sofia viel schöner ist. Und sollten sie tatsächlich das Pech haben, unter die bulgarische Quote zu fallen, werden sie bald herausfinden, dass die Grenzen innerhalb der EU durchlässig sind, und sich auf den Weg nach Duisburg machen.

15. Mai

Liebes Tagebuch!

»Warum bekommt Martin Schulz den Karlspreis?« fragt Gabor Steingart in seiner Vorschau auf das *Handelsblatt* von heute. Die Antwort: »Trotz einer Wahlenthaltung von 57 Prozent bei der letzten Europawahl […] erhielt Parlamentspräsident Martin Schulz gestern den renommierten Karlspreis. Wofür eigentlich? In Zeiten wachsender Europa-Skepsis – auch in Deutschland und Frankreich – reicht es nicht, ein überzeugter Europäer zu sein. Man muss auch ein überzeugender Europäer sein. Die jährliche Verleihung des Karlspreises an die Spitzen des europäischen Establishments – Schäuble, Trichet, Solana, Giscard d'Estaing, Van Rompuy – wirkt wie ein großes Selbstgespräch.«

Oder wie eine Feier des ZK der KPdSU beziehungsweise der SED, deren Teilnehmer sich gegenseitig mit Orden behängen und einander zu den großen Erfolgen gratulieren, die sie unter Aufbietung aller Kräfte erzielt haben. Die *Tagesschau* hat gestern mit einem Bericht über die Preisverleihung aufgemacht und mal wieder bewiesen, dass sie die bessere *Aktuelle Kamera* ist: autoritätshörig und staatsgläubig, auch wenn es nur um einen »Präsidenten« ohne Staat geht, der in seinem 35-köpfigen »Cabinet« zwei »Usher« (Amtsdiener, Platzanweiser, Zeremonienmeister) beschäftigt, die damit beschäftigt sind, Schulz' neue Schuhe einzulaufen.

Und wie es einmal mehr der Genosse Zufall wollte, wurde gestern bekannt, dass die vom Europaparlament »beschlossene« und von der Kommission abgesegnete Abschaffung der Roaming-Gebühren für grenzüberschreitende Handygespräche doch nicht in die Tat umgesetzt wird. Das hatte der EU-Ministerrat, der dritte Wasserkopf im Verbund der europäischen Institutionen, bereits am 27. April beschlossen und damit eines der am meisten bejubelten Projekte der EU zu Fall gebracht. Keine Roaming-Gebühren! Gleiche Tarife im Inland wie im Ausland! Europa ohne Grenzen!

Der Beschluss wurde erst gestern bekannt, nachdem irgendjemand aus dem Umfeld des Ministerrates das Geheimpapier an *Bild* geleakt hatte. Auch Martin Schulz hat von dieser Entscheidung offenbar nichts mitbekommen. Sonst hätte er umgehend seine Usher losgeschickt, um den Rat in die Schranken zu weisen.

16. Mai

Liebes Tagebuch!

Es gibt einiges, das mich abtörnt, einiges, was mich aufregt. Das ich verbieten würde, wenn ich die Macht dazu hätte. Frauen der Konfektionsgröße 54 in Leggins, Männer, die im Muscle-Shirt und in Flip-Flops bei Aldi vor mir an der Kasse stehen und transpirieren. Cora Schumacher, Olivia Jones, Natascha Ochsenknecht, Jürgen Drews, Howard Carpendale, Richard David Precht, Mario Barth und Rainer Calmund, der im Flugzeug zwei Plätze braucht und deswegen weiß, wo man »die billigsten Flüge« bekommt. Das alles bringt mich auf die Palme. Ebenso Fußballer, die über das Leben an sich philosophieren, und lobotomierte Praktikantinnen, die um einen »Bachelor« buhlen. In solchen Momenten weiß ich nicht, ob ich diese Leute hassen oder verachten soll. Und dann spüre ich, wie ein anderes Gefühl sich meiner bemächtigt, sozusagen der dritte Weg zwischen Hass und Verachtung: Neid.

Dabei bin ich von Natur aus nicht neidisch. Wirklich nicht,

liebes Tagebuch! Es ist mir egal, wie viel andere verdienen, wie oft sie schon auf den Malediven waren und ob sie zum Sommerfest der Kanzlerin eingeladen werden. Ich kenne Leute, die es sich leisten können, wochenlang zu überlegen, welche Grohe-Armaturen zu welchen Villeroy-&-Boch-Bidets passen, und die dennoch immer unglücklich und unzufrieden sind. Natürlich würde ich lieber wie George Clooney aussehen, aber ich bin schon froh, dass ich nicht wie Karl Dall aussehe. Also, Neid ist meine Sache nicht. Mit einer Ausnahme: Ich beneide Leute, denen das Gen für Peinlichkeit fehlt. Daniel Küblböck zum Beispiel oder Heidi Klum, die vor Kurzem in aller Unschuld erzählt hat, wie ihr Papa, der auch ihr Manager ist, die Geburten ihrer vier Kinder gefilmt hat. Das ist sogar in Bergisch-Gladbach, wo die Klums residieren, eher ungewöhnlich, dass der Opa nicht nur bei der Geburt seiner Enkel anwesend ist, sondern den Vorgang auch kinematografisch festhält. Damit sich später alle alles in Ruhe ansehen können. In Slow Motion und im Replay Modus.

Aber Klum und Kübelböck sind bescheiden, schüchtern und zurückhaltend verglichen mit Leuten, die wirklich nicht wissen, was peinlich ist. Christian Lindner, der Vorsitzende der FDP, zum Beispiel. Nach den Wahlerfolgen seiner Partei in Bremen und Hamburg stellte auch er sich zur Wiederwahl und hielt vor den Delegierten des Parteitages eine Rede, die ihm einer der drei Musketiere geschrieben haben muss. »Wer einen von uns Freien Demokraten angreift«, schrie Lindner in den Saal, »der bekommt es mit allen Freien Demokraten zu tun! Denn wir lassen uns nicht mehr auseinanderdividieren!« Dabei war er so berauscht von sich selbst, als hätte er grade den Widerspruch zwischen der Korpuskel- und der Wellentheorie des Lichts gelöst.

Man muss Christian Lindner zugutehalten, dass er sogar von Anhängern seiner Partei mit Patrick Lindner verwechselt wird.

Das ist in der Tat ein mildernder Umstand, der manche Fehlleistung erklärt. Für Yasmin Fahimi, die Generalsekretärin der SPD, kann es eine solche Entlastung nicht geben. Sie ist absolut singulär. Unvergessen ihr Vorschlag, die Wahlbeteiligung zu erhöhen, indem man »das Wählen an viel mehr öffentlichen Plätzen« ermöglicht, in Rathäusern, Bahnhöfen, öffentlichen Bibliotheken und – Supermärkten. Sie lasse prüfen, gab sie in einem Interview Ende 2014 bekannt, »ob so etwas wie eine fahrende Wahlkabine möglich ist, vergleichbar mit einer mobilen Bücherei in ländlichen Gebieten«.

Ich fand den Vorschlag gut, auch wenn er mir nicht weit genug ging. Ich wäre dafür, die »fahrende Wahlkabine« jedem Wähler ins Haus zu schicken, damit er seine Stimme abgeben kann, ohne auch nur eine Minute vom ZDF-*Fernsehgarten* oder *Logo* im Kinderkanal zu verpassen. Und wenn er trotzdem nicht will, könnte ihm Frau Fahimi einen Vortrag über seine Staatsbürgerpflichten halten. Das wäre wirklich wählerfreundlich.

Apropos Fahimi: Unbestreitbar lernt sie dazu. Jetzt hat sie der Kanzlerin die Leviten gelesen. Im Zusammenhang mit dem Gerangel zwischen der NSA und dem BND, wer wen ausgespäht beziehungsweise beim Ausspähen geholfen hat, sagte sie: »Eine deutsche Kanzlerin darf nicht unterwürfig sein gegenüber den USA. Wir dürfen uns nicht zum Vasallen der USA machen und die Rechte des Bundestags ignorieren.«

Nein, das dürfen wir nicht. Vor allem die SPD kann nicht zusehen, wie die Kanzlerin den Amis die GI-Stiefel leckt, nachdem die USA den Willen des deutschen Volkes missachtet und einen demokratisch gewählten Vor-Vorgänger der jetzigen Kanzlerin unter Einsatz militärischer Gewalt entmachtet haben. Damals schon haben sie die deutsche Souveränität verletzt, und sie tun es immer noch, indem sie uns abhören.

Als ich das Interview mit Yasmin Fahimi las, liebes Tagebuch, wäre ich vor Neid fast geplatzt. Fortan ist Fahimi die Einheit, mit der Peinlichkeit gemessen wird. Nach mir wurde bis jetzt nur ein Asteroid benannt.

17. Mai

Liebes Tagebuch!

Jetzt habe ich mir doch einen Ruck gegeben und die Rede gelesen, die Martin Schulz bei der Entgegennahme des Internationalen Karlspreises in Aachen am 14. Mai gehalten hat. Und was soll ich sagen? Ich bin erschüttert. Nicht wegen Martin Schulz. Von ihm hab ich nichts anderes erwartet als Selbstüberschätzung, Selbstbeweihräucherung und jene Art von Scheinheiligkeit, die zur rheinischen Folklore gehört wie der Katzenjammer zum Karneval. Nein, ich war erschüttert über das Publikum, mehrere Hundert erwachsene Menschen, die gerührt und widerspruchlos einer Performance lauschten, wie sie seit der Premiere des Stückes »Der Hauptmann von Köpenick. Ein deutsches Märchen in drei Akten« im Jahre 1931 am Deutschen Theater in Berlin nicht mehr gespielt worden war. Nur dass in Aachen kein Kind da war, das die Show mit einem einzigen Satz entzaubert hätte.

Mir ist nicht danach, die Rede auseinanderzunehmen. Ich bin schon vom Lesen genug traumatisiert. Sie steht auf der Homepage des »Präsidenten«, wie alle seine Reden, in denen er die EU und sich hochleben lässt. Das hier soll genügen, um zu belegen, warum ich Schulz für einen Hochstapler halte, der süchtig ist nach Ruhm und Ehre.

Schulz sagt zu Beginn seiner Rede, er könne sich noch an ein Leben »in engen, durch hölzerne Schlagbäume markierte Grenzen« erinnern, »Grenzen, an denen sich lange Schlangen bildeten, wenn man am Wochenende zum Einkaufen oder zum

Verwandtenbesuch rüberfuhr«. Mit der europäischen Einigung verschwanden die Schlagbäume. »Wir überwanden das Trennende, um das Einende zu schaffen. Das ist die Botschaft Europas: das Trennende zu überwinden, um das Einende zu schaffen. Deshalb stelle ich mich auch jedem energisch in den Weg, der uns diese Freiheit nehmen will! Wer Grenzen wieder einführen will, der will uns erneut trennen!«

Mit dem Wechsel vom majestätischen Plural – »Wir überwanden das Trennende« – zur ersten Person Singular – »Ich stelle mich jedem in den Weg« – macht er sich zum Helden im Kampf gegen einen Popanz. Offene Grenzen könnte es auch ohne den Turmbau zu Brüssel geben, wo man ein Grenzregime namens Schengen etabliert hat, das zur Geschäftsgrundlage von Schleppern und Menschenhändlern geworden ist. Die EU, sagt Schulz, sei eine »großartige Idee«. Das war auch der Sozialismus, bevor er zu einem Apparat degenerierte, dem es, wie der EU heute, am Ende nur um Selbsterhalt ging. Das sage ich, Schulz aber sagt: »Deshalb bin ich als Präsident des Europarlamentes angetreten, um die Türen und Fenster des Hauses Europa zu öffnen. Damit die Menschen hineinschauen können, und verstehen, was drinnen passiert – wer was, wann, wo und warum macht. Nur so kann das verloren gegangene Vertrauen wiedergewonnen werden.«

Falls du, liebes Tagebuch, einmal Martin Schulz beim Wort nehmen willst, dann ruf seinen Kabinettschef Markus Winkler an (+32 228 40 737) und sag ihm, du möchtest dich gerne in Schulz' Büro umsehen, um zu verstehen, was drinnen passiert – wer was, wann, wo und warum macht. Er wird dich an den Besucherdienst des Europäischen Parlaments verweisen. Schulz hat Wichtigeres zu tun, als dich zu empfangen. Er muss das »Projekt Europa« retten. Denn: »Wer Hand an dieses Projekt legt, versündigt sich an der Zukunft der nachfolgenden Generationen.«

Bis jetzt war es so, dass man für begangene Sünden büßen

musste. Nun sollen noch nicht begangene Sünden sanktioniert werden, sozusagen auf Verdacht. Im Aachener Dom werden bereits neue Beichtstühle aufgestellt – für Sünder, die nicht Hand an sich, sondern an das »Projekt Europa« gelegt haben. Das Argument, es gehe um die nachfolgenden Generationen, ist auch eine Methode der seelsorgerischen Disziplinierung. An die Stelle des Lebens nach dem Tode, das man sich mit Wohlverhalten im Diesseits erarbeiten kann, ist die Zukunft der nachfolgenden Generationen getreten, das säkularisierte Jenseits. Wie jede Religion hat auch der Glaube an die EU eine Priesterkaste, welche auf die Einhaltung der Spielregeln achtet, von denen sie selbst am meisten profitiert. Martin Schulz zum Beispiel kassiert für seine Tätigkeit als Oberpriester nicht nur etwa eine Viertelmillion Euro im Jahr, er bekommt zusätzlich den Karlspreis, Platz 1 in der *Tagesschau* und auch ein »Tagegeld« von 304 Euro pro Tag, unabhängig davon, was, wo und warum er etwas macht. Dieses »Tagegeld« summiert sich zu knapp 110 000 Euro jährlich, steuerfrei. Er lebt im Hier und Heute. Und die Zeche bezahlt die Gemeinde der Gläubigen, die an die Zukunft der EU glauben. Irre, oder?

Liebes Tagebuch!

Anfang des 19. Jahrhunderts, also vor 200 Jahren, lebten 75 Prozent der Deutschen auf dem Land und 25 Prozent in den Städten. Heute siedelt nur noch jeder sechste Deutsche auf dem Land, während die große Mehrheit in sogenannten »halbstädtischen« oder städtischen Gebieten wohnt und arbeitet. Aber die Deutschen sind und bleiben Romantiker. Je mehr Menschen die ländlichen Gebiete verlassen, umso mehr träumen von einem Leben auf dem Lande. Weil sich der Traum nur für die wenigsten erfüllt, boomen die Magazine, die vom Leben außerhalb der Städte erzählen. Heute habe ich bei Reichelt nicht weniger als 16 Titel gezählt:

LandSpiegel – Natürlich leben und genießen
LandIdyll – Das Original aus Skandinavien
Landluft
LandLiebe – Land erleben und genießen
LandLust – Die schöne Seite des Landlebens
Landfrau – Für alle, die das Landleben lieben
Landhaus
Mein schönes Land
Aufs Land
LandKind – Landglück für die ganze Familie
Land & Berge
LandWerk – Lebensart und Heimwerk auf dem Land
Mein schönes Landhaus
Landhäuser – Ländlich wohnen mit Stil
Landzauber – Die Vielfalt des Landlebens
LandLeben – Lebensstil mit Liebe zur Natur

Ich bin mir sicher, dass weitere Titel schon in der Planung sind. *LandEhen*, *LandSex*, *LandPest*. Demnächst bei Reichelt im Zeitschriftenregal.

19. Mai

Liebes Tagebuch!

Gestern ging es in der *Kulturzeit* auf 3sat wieder um ein Thema, das an die Wurzel der deutschen Identität geht: Kultur und Kommerz. Kultur ist gut, Kommerz ist schlecht. Es ist noch nicht lange her, da gehörte Jodeln zur Kultur und »Negermusik« zum Kommerz. Andy Warhol war Kommerz, Kaspar David Friedrich war Kultur. Wagner war eindeutig Kultur, Irving Berlin ebenso eindeutig Kommerz. Inzwischen sind die Grenzen zwischen Kommerz und Kultur etwas flexibler geworden. Pavarotti gehörte von seiner Herkunft her zum Kulturbetrieb, weil er aber in Sportstadien aufgetreten ist, wurde er exkommuniziert und dem Kommerz zugeschlagen. Nun droht der deutschen Kultur neues Ungemach: das transatlantische Freihandelsabkommen TTIP. Und die deutschen Künstler haben »Angst«.

Während ein Orchester »Freude, schöner Götterfunken« anstimmt, sagt eine Stimme aus dem Off: »Die Angst geht um im Orchesterland Deutschland, und nicht nur unter Musikern wächst die Sorge, dass der ganze deutsche Kulturbetrieb vor dem Ausverkauf steht, geopfert den Interessen des transatlantischen Freihandelsabkommens TTIP.«

Wie das? Sollen die Orchester an amerikanische Investoren verhökert werden, so wie deutsche Kommunen ihre Kanalisationen, Messehallen, Wasserwerke, Verkehrsbetriebe im Zuge des sogenannten Cross-Border-Leasing verkauft haben? Das hat sich als ein ausgesprochen schlechtes Geschäft für die Kommunen erwiesen.

Der Dirigent des Orchesters, das die »Ode an die Freude« zu einer »Ode an die Politik« umgedichtet hat, sagt: »Wir befürchten, dass das aktuell verhandelte transatlantische Handelsabkommen TTIP eine große Gefahr für die Orchester in Deutschland, für die Theater in Deutschland und auch für die Rundfunkklangkörper in Deutschland darstellen wird.«

Schön und gut, aber warum? »Noch weiß man kaum etwas über die TTIP-Verhandlungen, die hier in der EU-Kommission streng geheim geführt werden«, sagt die Stimme aus dem Off. Aber die Künstler haben schon mal Angst, vorsorglich. Warum sie nicht verkehrt liegen, erklärt Ursula Sinnreich, die Generalsekretärin der Kunststiftung NRW. Sie »beobachtet die Verhandlungen für den Fachausschuss Kultur der deutschen Unesco-Stiftung«.

Nun wird niemand Generalsekretär(in) einer Kunststiftung und Mitglied im »Fachausschuss Kultur« der deutschen Unesco-Stiftung, der sich als Künstler hervorgetan hat. Solche Posten und Positionen sind Kunst- und Kulturverwaltern vorbehalten, deren Kreativität sich darin erschöpft, Richtlinien für die Förderung von Kunst und Kultur zu erarbeiten und das zu fördern, was sie für förderungswürdig halten. Natürlich ohne jeden kommerziellen Hintergedanken. Frau Sinnreich sagt, was Sache ist: »Also bis zum jetzigen Zeitpunkt, Mai 2015, gibt es keinerlei Klarheit darüber, ob die Kultur wirklich von diesen Verhandlungen ausgenommen ist. Und die Vermutung besteht, dass es nicht der Fall ist.«

Also, nichts Genaues weiß man nicht, aber vorsorglich hat man schon mal Angst. Aufgrund einer Vermutung, die ihrerseits darauf basiert, dass man nichts weiß, nicht einmal, ob über »Kultur« bei den TTIP-Verhandlungen überhaupt geredet wird. Das ist die Steigerung der German Angst, eine Ejaculatio praecox des deutschen Kulturklangkörpers. Frau Sinnreich, die Generalsekretärin der Kunststiftung NRW, ahnt jedenfalls, was da auf uns zukommen könnte: »In diesen Verhandlungen treffen zwei ganz unterschiedliche Vorstellungen des Wertes von Kultur aufeinander. Die US-amerikanische Seite begreift Kultur als Ware, die europäische Seite begreift Kultur und die Äußerung von Kultur als ein Menschenrecht, als einen Freiraum, der die Identität von Nationen und Personen garantiert.«

Frau Sinnreich ist nicht die Erste, die das Banausentum der Amerikaner, für die Kultur eine Ware ist, beklagt. Als der Begriff »Antiamerikanismus« noch nicht erfunden war, reiste der deutsch-österreichische Dichter Nikolaus Lenau im Jahre 1832 nach Amerika, wo er zu sich selbst zu finden hoffte. Seine anfängliche Begeisterung für das Land mutierte zur Verachtung, als ihm bewusst wurde, dass es in Amerika »überhaupt keine wahren Singvögel« gibt. Die Nachtigall sei im Recht, »dass sie bei diesen Wichten nicht einkehrt«. Und wo die Nachtigall nicht singen mag, da kann es keine Kultur geben. Sechs Generationen später ist das immer noch die erkenntnistheoretische Grundlage der Amerikakritik: Die Amis haben keine Kultur, kein Gemüt, keine »echten« Gefühle, sie werden nur von der Gier nach Geld getrieben. Dementsprechend sagt die Stimme aus dem Off:

»Im Land der unbegrenzten Möglichkeiten bedeutet Freiheit der Kunst vor allem die Freiheit des Marktes. Kultur ist, was sich kommerziell durchsetzt, Liberalismus radikal. Wird das zum Leitmodell in Deutschland, ist die Zeit der öffentlichen Kulturförderung abgelaufen.« Frau Sinnreich stimmt zu. Das amerikanische Staatssystem kenne »keine Förderung, weil es sagt, es muss diese sogenannte geistige Freiheit geben, und die ist nur gewährleistet, wenn man sie an den Markt delegiert«. Und wenn »der Markt sagt, wo's lang geht«, ergänzt die Stimme aus dem Off, dann genügt »ein Blick auf den Broadway«, um zu sehen, »wie die kulturliberale Monokultur aussehen kann«. Schon heute sei »der Einfluss solcher Produktionen in Europa enorm, wird er bald zur einzigen Kulturform?«

Eine rhetorische Frage, natürlich. Wenn diese Art der »Ökonomisierung der Kultur vorangetrieben wird«, klärt Frau Sinnreich auf, dann drohe die Gefahr, »dass wir Musical statt Oper haben und Da Vinci Code statt Houellebecq und im Film vielleicht nur noch die Blockbuster aus Hollywood und nicht mehr den Autorenfilm«. Und außerdem würde Frau Sinnreich arbeitslos!

Ja, das wäre der Untergang des Abendlandes. Ein Super-Gau. Langweilige Hollywood-Blockbuster statt der aufregenden deutschen Autorenfilme, die außer einer überschaubaren Cineasten-Gemeinde niemand sehen will – und oft nicht einmal mehr diese. Was Frau Sinnreich »öffentliche Kulturförderung« nennt, ist eine Form der Umlage, die den Gipfel des Absurden erreicht hat. Nicht nur, weil die vielen, die keinen Gebrauch von den Kulturangeboten machen, gezwungen werden, die Marotten einiger weniger zu finanzieren, sondern weil inzwischen auch US-Blockbuster von der deutschen Filmförderung profitieren. Dafür genügt es, dass Tom Cruise oder George Clooney ein paar Szenen in Bad Doberan oder Dinslaken drehen.

Und was Houellebecq angeht: Ein blöderes Beispiel hätte sich die Chefin der Kunststiftung NRW nicht aussuchen können. Houellebecq hat sich auf dem freien Markt durchgesetzt, weder wollte noch musste dieser Bestsellerautor gefördert werden.

Am Ende der *Kulturzeit* gab es dann ein Beispiel für die kommerzielle Unkultur, die unsere Kultur bedroht. Es war ein kurzer Nachruf auf B.B. King, der aus prekären Verhältnissen stammte, von niemand gefördert wurde und es trotzdem irgendwie geschafft hat. Und das in einem Land, um das die Nachtigall einen Bogen macht.

Liebes Tagebuch!

Schau, was ich gerade in meiner E-Post gefunden habe:

Sehr geehrte Redakteurinnen und Redakteure,
als Wegbereiter und Impulsgeber für einen vorurteilsfreien Dialog mit Muslimen verleiht die Initiative Seniorensiegel Deutschland (www.seniorensiegel.de) dem ehemaligen Bundespräsidenten Christian Wulff das ›Seniorensiegel für besondere Verdienste‹. Aiman Mazyek, Vorsitzender des Zentralrats der Muslime, wird Wulff die Auszeichnung am 24. Juni 2015 im Wintergarten des Hotels Adlon in Berlin, stellvertretend für 300 000 über 60-jährige Muslime in Deutschland, überreichen. Ein zweieinhalb Quadratmeter großer illuminierter Kubus aus 5 000 Bibeln und Koranen soll als »Haus der Religionen« die Kulisse der Verleihung bilden und die gegenseitige Wertschätzung und Akzeptanz aller Religionen und Weltanschauungsgemeinschaften in Deutschland symbolisieren.

Ehrengäste:

Aiman Mazyek, Vorsitzender des Zentralrats der Muslime in Deutschland

Friederike von Kirchbach, Stellvertreterin des Bischofs der Evangelischen Kirche Berlin-Brandenburg

Vera Krause, Missionsdirektorin und Leiterin der Stabsstelle Weltkirche / Dialog mit den Religionen im Erzbistum Berlin

Michaela Fuhrmann, Leiterin der Politischen Abteilung des Zentralrats der Juden in Deutschland

Fereshta Ludin, Autorin ›Enthüllung der Fereshta Ludin: Die mit dem Kopftuch‹

»Mit dem Satz *Der Islam gehört zu Deutschland* hat Christian Wulff am 20. Jahrestag der deutschen Einheit ein sensibles Thema mutig in den öffentlichen Fokus gerückt und damit den Weg für einen intensiven und nachhaltigen Dialog mit Muslimen in Deutschland geebnet«, so Sven Lilienström, Gründer der Initiative Seniorensiegel Deutschland.

Lilienström ist überzeugt, dass das Hotel Adlon einen würdigen Rahmen für die Verleihung bildet. Die gewählte Kulisse habe Symbolcharakter. »Ein Haus bestehend aus den heiligen Schriften zweier großer Weltreligionen – errichtet im Herzen Berlins, dem Schmelztiegel der Kulturen in Deutschland –, so etwas hat meines Wissens noch keiner gemacht.«

Laut Studie »Muslimisches Leben in Deutschland« des Bundesamts für Migration und Flüchtlinge (BAMF) im Auftrag der Deutschen Islam Konferenz (DIK) leben derzeit zwischen 3,8 und 4,3 Millionen Muslime in Deutschland. Der Anteil der über 60-jährigen Muslime beträgt 7,2 Prozent. Daraus ergibt sich, dass in Deutschland zwischen 273.600 und 309.600 Muslime im Alter von über 60 Jahren leben.

»Über das Seniorensiegel:

Die Initiative Seniorensiegel Deutschland würdigt seit dem Sommer 2012 Händler und kennzeichnet Märkte, welche bereits heute Maßnahmen für ein seniorengerechtes Einkaufen umgesetzt haben und sich der Philosophie verpflichtet fühlen, der wachsenden Zahl betagter Konsumenten ein müheloses und selbstbestimmtes Einkaufen zu ermöglichen. Im Juni 2013 überreichte die stellvertretende nordrhein-westfälische Ministerpräsidentin Sylvia Löhrmann das neue Siegel SENIORENGERECHT FITNESS an die Geschäftsführerin des bundesweit ersten ausgezeichneten Fitnessstudios.

Prominente Botschafter der Initiative Seniorensiegel Deutschland sind Frau Prof. Dr. Adelheid Kuhlmey, Direktorin des Instituts für Medizinische Soziologie an der Berliner Charité, Karl

Blecha, Bundesinnenminister a. D. und Präsident des österreichischen Seniorenrates sowie Aiman Mazyek, Vorsitzender des Zentralrats der Muslime in Deutschland (ZMD).

Die Initiative Seniorensiegel Deutschland setzt sich seit dem Gründungsjahr 2011 für ein selbstbestimmtes Leben von Senioren aller Herkunft und Glaubensrichtungen ein. Der Seniorensiegel Deutschland ist ein Projekt von rheingewinn® marketing & public relations, Sven Lilienström (Master of Global Management).«

Bitte, liebes Tagebuch, glaube nicht, ich hätte mir das ausgedacht! Die Verbindung von Senioren und Muslimen hört sich nach Caritas und Heilsarmee an, ist aber nichts anderes als eine clevere Geschäftsidee – man nennt das »social entrepreneurship«. Wer dabei sein will, muss zahlen: »Die Nominierungsgebühr pro Teilnehmer beträgt netto 198,– EUR. Die Auszeichnung und 36-monatige uneingeschränkte Nutzung des Siegels SENIORENGERECHT, SENIORENGERECHT FITNESS und SENIORENGERECHT HOTEL ist pro Teilnehmer mit einer Lizenzgebühr von netto 998,– EUR verbunden.

Jeweils nach Ablauf des 36-monatigen Auszeichnungszeitraums wird eine erneute Überprüfung der Kriterien nötig. Für diese Überprüfung wird eine Bearbeitungsgebühr von netto 198,– EUR berechnet.«

21. Mai

Liebes Tagebuch!

Gestern stand das Flüchtlingsproblem auf der Tagesordnung des Europäischen Parlaments. Über Parteigrenzen hinweg riefen die Abgeordneten zum »solidarischen Handeln in der Flüchtlingspolitik« auf. Anlass der Debatte war der Vorschlag der EU-Kommission, Flüchtlinge künftig nach einer Quotenregelung auf die EU-Länder zu verteilen, wogegen mindestens zehn der 28 EU-Länder, darunter England, Frankreich, Polen und die baltischen Staaten, Einspruch erhoben. Der Präsident des Europäischen Parlaments, Martin Schulz, warf einigen Mitgliedstaaten »mangelnde Solidarität« vor. In einem Interview mit dem SWR sagte er, die Vorschläge scheiterten an »nationalen oder gar nationalistischen« Haltungen.

In diesem Sinne äußerte sich auch der Abgeordnete Manfred Weber von der CSU: »Es ist kleinkrämerisch, was wir dort erleben, nämlich nur das Blicken auf die eigenen Zahlen, auf die eigene persönliche Situation.«

Birgit Sippel, SPD, sagte: »Das ist unsäglich, das widerspricht europäischen Werten, und ich erwarte jetzt von den Mitgliedsstaaten, dass sie ihre Verantwortung endlich gemeinsam wahrnehmen.«

Ska Keller von den Grünen, die sich schon im Wahlkampf durch besonders infantile Auftritte ausgezeichnet hatte, erklärte: »Das Einzige, worauf sich die Regierungen einigen können, ist, dass sie die Armee schicken im Kampf gegen Menschenhändler, als wenn das helfen würde. Das Einzige, was dagegen hilft, sind sichere und legale Wege für Flüchtlinge nach Europa.« Es war eine der Sternstunden in der Geschichte des Europäischen Parlaments, in der die Abgeordneten sagen konnten, was sie wollten, ohne befürchten zu müssen, dass es irgendwelche Folgen haben würde. Ein Placebo-Parlament, das nicht einmal in der Lage ist, die Roaming-Gebühren innerhalb der EU festzulegen, zelebrierte einmal mehr seine eigene Bedeutungslosigkeit.

MdEP Weber nannte das Verhalten der EU-Staaten, die sich dem Diktat der EU-Kommission nicht unterwerfen wollten, »kleinkrämerisch«, weil sie nur »auf die eigene persönliche Situation« blickten, also genau das taten, was der bayerische Ministerpräsident zwei Tage zuvor vorexerziert hatte, als er es ablehnte, eine der neuen Nord-Süd-Stromtrassen durch Bayern laufen zu lassen und eine Umleitung über Hessen und Baden-Württemberg empfahl. Das war freilich nicht »kleinkrämerisch«, sondern dem Wohle Bayerns geschuldet. Der Auftritt der Abgeordneten Sippel, die sich auf europäische Werte bezog, war zwar dazu angetan, für Unruhe zu sorgen, verhallte aber ungehört.

Anders als erwartet hat Präsident Hollande die Kanzlerin nicht angerufen, um ihr zu sagen: »Angela, wir müssen etwas unternehmen, Frau Sippel erwartet es von uns!« Er ließ sich nur eine Flasche Pommery Brut Royale kommen und machte mit der Lektüre der letzten Ausgabe von *Charlie Hebdo* weiter.

22. Mai

Liebes Tagebuch!

Gestern kamen in Riga, der Hauptstadt Lettlands, die Staats- und Regierungschefs der EU zusammen, um im Rahmen der »Östlichen Partnerschaft« über die weitere Entwicklung der Beziehungen zu sechs ehemaligen Sowjetrepubliken zu beraten: Weißrussland, Ukraine, Moldawien, Armenien, Georgien und Aserbaidschan.

»Die Östliche Partnerschaft«, sagte die Kanzlerin, »ist kein Instrument der Erweiterung der Europäischen Union, aber sie ist ein Instrument der Annäherung an die Europäische Union, und so werden wir die Gespräche heute Abend auch führen.«

Keine Erweiterung, nur Annäherung. Woran erinnert uns das? Könnte es die alte Parole »Überholen, ohne einzuholen« sein, mit der Walter Ulbricht das Ziel der Wirtschafts- und Sozialpolitik der DDR gegenüber der BRD beschrieb? Nun heißt es: Annäherung statt Erweiterung. Auch die jetzige Kanzlerin hat das politische Handwerk dort gelernt, wo die Salatgarnitur und die Sättigungsbeilage erfunden wurden. Sie weiß, es kommt nicht auf den Inhalt, sondern auf die verbale Verpackung an. »Überholen, ohne einzuholen« stellt alle physikalischen Gesetze auf den Kopf.

Ich fasse mir an den Kopf, wenn ich so etwas lese. Liebes Tagebuch, warum telefoniert Merkel dauernd mit Putin oder besucht ihn sogar, wenn sie immer noch nicht verstanden hat, dass der einstige Hegemon die »Annäherung statt Erweiterung« als Einmischung in sein Interessengebiet ohne Gegenleistung versteht und nicht als Kaffeekränzchen? Damit die *Tagesschau* ein Thema hat und die Russlandexperten Grund zum Raunen? Warum sagt man denn nicht klipp und klar: Die EU hat geopolitische und geostrategische Interessen in diesen Ländern – einen »Korridor für Waren« beispielsweise von und nach Zentralasien –, und das gefällt den Russen eben nicht. Für diesen Konflikt sind wir bereit, ein paar Tausend Tote in der Ostukraine, in Georgien oder wo auch immer in Kauf zu nehmen. Basta.

23. Mai

Liebes Tagebuch!

Seit Ursula von der Leyen eingeräumt hat, das 1997 eingeführte G36-Sturmgewehr der Bundeswehr habe »offenbar ein Präzisionsproblem bei hohen Temperaturen, aber auch im heißgeschossenen Zustand«, rätseln Experten darüber, warum das Problem erst nach 18 Jahren bemerkt worden ist und was seine Ursache sein könnte.

Zumindest für die zweite Frage gibt es eine Erklärung: Die Bundeswehr wollte ein Gewehr haben, das auch »frauentauglich« war. Wesentliche Teile des G36 bestehen aus glasfaserverstärktem Kunststoff, der viel leichter ist als Stahl, dafür aber auch weniger belastbar.

Vor 1975 gab es keine Frauen in der Bundeswehr. Die ersten wurden zum Sanitätsdienst zugelassen, seit 1991 durften sie auch im Militärmusikdienst trommeln und blasen. 1996 bewarb sich eine Waffenelektronikerin bei der Bundeswehr und wurde – weil Frau – abgelehnt. Worauf sie durch alle Instanzen klagte und schließlich im Jahr 2000 vor dem Europäischen Gerichtshof recht bekam. Heute dienen 19000 Frauen in der Bundeswehr, 18000 als Berufssoldatinnen, 1000 leisten freiwillig Wehrdienst.

Mit dem G36, das fast ein Kilo leichter ist als sein Vorgänger G3, kommen Frauen besser zurecht. Das »Präzisionsproblem« ist eben der Preis dafür, dass es zu aufwendig wäre, einen Waffentyp für Männer und einen für Frauen zu bauen. Zudem wäre so etwas auch vom Standpunkt der Gleichstellungsbeauftragten problematisch. Nun soll das G36 weiterentwickelt werden. Das nächste Modell soll G36f heißen und mit einem ausklappbaren kleinen Kosmetikspiegel geliefert werden. Die Verteidigungsministerin lässt zurzeit außerdem prüfen, ob im neuen Kampfpanzer, der eines Tages den *Leopard* ersetzen soll, Kindersitze eingebaut werden können, um alleinerziehenden Müttern den Dienst in der Bundeswehr zu ermöglichen.

24. Mai

Liebes Tagebuch!

Das Verlieren haben wir ja gelernt. Kunersdorf, Verdun, Stalingrad. Siebenjähriger Krieg, Erster Weltkrieg, Zweiter Weltkrieg. 1759, 1916, 1943. Dem gegenüber stehen die deutschen Siege bei Fußball-Weltmeisterschaften 1954, 1974, 1990 und 2014 und die Wahl von Kardinal Josef Ratzinger zum Papst Benedikt XVI. im Jahr 2005.

Man könnte von einer historisch ausgewogenen Bilanz sprechen, bei der sich Siege und Niederlagen einigermaßen die Waage halten, wäre da nicht der letzte Eurovision Song Contest, bei dem Deutschland, vertreten durch die attraktive und begabte Sängerin Ann Sophie, keinen einzigen Punkt abbekam und auf dem letzten Platz landete. Dass es dem Gastgeberland Österreich genauso erging, ist nur ein schwacher Trost, immerhin hatten die Habsburger im Vorjahr mit Conchita Wurst triumphiert. So ein Sieg ist wie ein Hauptgewinn im Lotto. Er hält eine Weile vor.

Es wäre okay gewesen, wenn wir unter den 27 Teilnehmern irgendwo im Mittelfeld gelandet wären, wie bei den PISA-Studien, sagen wir zwischen Montenegro und Rumänien, die 44 beziehungsweise 35 Punkte bekamen. Aber null Punkte? Die Feuilletonisten raufen sich die Haare und können es nicht fassen. Wie konnte das passieren? Wo wir doch Exportweltmeister und Weltmeister der Herzen sind und Deutschland nach einer Umfrage der BBC das beliebteste Land der Welt ist.

Es liegt nicht an uns, aber es hat was mit uns zu tun. Man ist nicht ungestraft Klassenbester. Angela Merkel bestimmt, wo es in der EU langgeht, ihr Wort ist Gesetz. Überall in Europa knirscht es. Nur in Deutschland läuft alles wie geschmiert. Zumindest scheint es so.

Der Finanzminister legt einen ausgewogenen Haushalt vor, der Mindestlohn ist gesetzlich festgelegt, ebenso die Rente mit 63. Dank einer kreativen Statistik wurde die Arbeitslosigkeit praktisch abgeschafft. Ist es da ein Wunder, dass wir unseren Nachbarn unheimlich sind? Nein, ist es nicht. Der ESC in Wien war die ideale Gelegenheit, dem Musterknaben den Stinkefinger zu zeigen. Mögen deutsche Motorsägen weltweit die besten sein, in der Unterhaltung sind uns sogar die tiefgekühlten Schweden überlegen. Und eine platin-blonde Russin, die Gagarina heißt. Wenn das nicht ballaballa ist.

26. Mai

Liebes Tagebuch!

Nur noch zwölf Tage bis zum G7-Treffen in Elmau, das vor allem deswegen stattfinden muss, weil sich Merkel und Obama, Merkel und Hollande, Merkel und Cameron, Merkel und Renzi, Merkel und Abe, Merkel und Harper lange nicht mehr in die Augen geschaut haben. Sie könnten sich auch zu einer Telefonkonferenz verabreden oder miteinander skypen, aber das wäre nicht so romantisch wie eine Jause am Fuße des Wettersteinmassivs. Während Putin daheim im Kreml sitzt und grollt, weil er wieder nicht eingeladen wurde, scharren die deutschen Fachkräfte für Agitation und Propaganda schon mit den Hufen. *Antenne Bayern*, mit über vier Millionen Hörern am Tag der reichweitenstärkste Hörfunksender Deutschlands, meldet, rund um Elmau hätten bereits Tausende von Sicherheitskräften ihre Stellungen bezogen, und lässt eine junge Polizeimeisteranwärterin zu Wort kommen, die »ihrem ersten Einsatz entgegenfiebert«.

Das erste Mal ist immer etwas Besonderes. Man erinnert sich das ganze Leben daran, frau auch. Der erste Sex, der erste Joint, der erste Polizeieinsatz. Und wer würde nicht einem Event entgegenfiebern, das unter dem Motto steht: »An morgen denken, gemeinsam handeln«? So etwas darf dann mehr als 200 Millionen Euro kosten, die sich der Bund und das Land Bayern teilen. Das weltweit größte Heavy-Metal-Festival, das jedes Jahr am ersten Augustwochenende in Wacken in Schleswig-Holstein stattfindet, ist wesentlich preiswerter, obwohl es auch zwei Tage dauert. Allerdings wird in Elmau nicht gerockt und gebangt und nicht nur über Entwicklungspolitik und Klimaschutz geredet, sondern auch über »Antibiotikaresistenzen« und »Stärkung von Frauen bei Selbstständigkeit und beruflicher Bildung«.

Die Bürgermeisterin von Garmisch-Partenkirchen, Sigrid Meierhofer, wollte auch das Thema »Was tun, wenn der Schnee ausbleibt?« auf die Tagesordnung von Elmau setzen, kam aber bisher mit ihrem Vorschlag bei der Kanzlerin nicht durch.

29. Mai

Liebes Tagebuch!

Eben noch war der britische Premierminister eine lahme Ente auf dem Weg in den Ruhestand als Sonderbeauftragter seiner Majestät für die Beziehungen zu Kiribati und Tuvalu. Dann hat David Cameron entgegen den Vorhersagen aller Demoskopen die Wahlen gewonnen wie kein Brite seit Thatcher, und die Welt muss wieder mit ihm rechnen. Spätestens 2017 sollen die Briten abstimmen, ob sie in der EU bleiben oder gehen wollen. Eben noch war ein solcher Gedanke ein totales »No-Go«, jetzt rückt er langsam näher und näher. Zum Abschluss seiner Europatour besucht Cameron die Kanzlerin, und die hat plötzlich – was für eine Überraschung! – ein offenes Ohr für das Anliegen des Briten. Er hat eine Wunschliste mitgebracht und dazu gesagt, wenn die nicht beachtet werde, dann könne er am Tag des Referendums für nichts garantieren. »Die Kanzlerin Merkel zeigte Verständnis und schloss erstmals auch eine Änderung der EU-Verträge nicht mehr aus«, sagt Christian Sievers im *Heute-Journal*. Denn Cameron wolle die Briten milde stimmen und ihnen einen Verbleib in der EU »schmackhaft machen«. Mit Speck fängt man

Mäuse, und was Cameron möchte, passt auf einen Bierdeckel: Einschränkung von Sozialleistungen für Migranten, kein weiterer Ausbau der EU, mehr Mitsprache für die Nicht-Euro-Länder.

Und was sagt die Kanzlerin dazu? »Wo ein Wille, da ist auch ein Weg, das hat Europa schon häufig bewiesen. Natürlich kann man, wenn man inhaltlich von etwas überzeugt ist, nicht sagen, eine Vertragsänderung ist eine völlige Unmöglichkeit, wir kennen alle die Schwierigkeiten, Verträge in Europa zu ändern, aber ich habe mich im Zusammenhang mit der Euro-Zone immer dafür ausgesprochen, dass sachlich-inhaltlich Notwendige zu tun und nicht die Formfragen an den Beginn einer Diskussion zu stellen.«

Hat sie eben nicht! Verträge konnten zwar gebrochen werden (Verschuldung, Staatsfinanzierung), aber geändert? Merkel hat das Sachlich-Inhaltliche hintangestellt und die Basta-Methode ihres Vorgängers bruchlos weitergeführt. Sie nennt das »alternativlos«. Dabei spielte es keine Rolle, ob sie es selbst sagte (»Mit mir wird es keine Pkw-Maut geben«) oder durch ihren Sprecher sagen ließ (»Es wird keine gesetzlich verpflichtende [Frauen]-Quote geben«).

Und nun schwebt Merkels Diktum »Wenn der Euro scheitert, dann scheitert Europa!« über allem. Doch plötzlich zeigt sie sich nach allen Seiten hin offen, man könne über alles reden, wobei der Wink mit der Euro-Latte im Falle von England reine Augenwischerei ist. Weder wollen die Briten der Euro-Zone beitreten noch sie verlassen. Merkel tut so, als käme sie den Engländern in einem Punkt entgegen, der nicht zur Debatte steht. Das ist hinterhältig und verschlagen und basiert auf der Gewissheit, dass ohnehin kein Mensch zwischen der EU und der Euro-Zone, zwischen dem Europarat und dem Europäischen Rat, zwischen dem Europäischen Parlament und der Parlamentarischen Versammlung des Europarates, der Europäischen Kommission, der Organisation für Sicherheit und Zusammenarbeit in Europa, der

Östlichen Partnerschaft innerhalb der Europäischen Nachbarschaftspolitik und der Union für das Mittelmeer unterscheiden kann, um nur die größten grenzüberschreitenden europäischen Organisationen zu nennen, die alle miteinander verbandelt und verbunden sind und nur zum dem Zweck gegründet wurden, Abertausenden von Schiffsschaukelbremsern auf der EU-Kirmes gut bezahlte Jobs zu verschaffen.

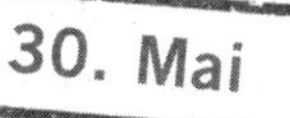

Liebes Tagebuch!

Der Präsident des Europäischen Parlaments, Martin Schulz, lässt keine Gelegenheit aus zu versichern, alle Maßnahmen zur Stabilisierung des Euro und zum Verbleib der Griechen in der Euro-Zone hätten bis jetzt keine Kosten verursacht, im Gegenteil, wenn man die Ausgaben und die Einnahmen gegeneinanderhalte, komme für die Bundesrepublik unterm Strich sogar ein Plus heraus. Folgt man Schulz, müsste man annehmen, die Euro-Krise sei das Beste, was der Bundesrepublik zustoßen konnte – gleich nach der Wahl von Schulz zum Präsidenten des Europäischen Parlaments. Sein Sprecher, Armin Machmer, verteidigt die Ansicht seines Chefs:

Sehr geehrter Herr Machmer,
Martin Schulz hat neulich auf der Welt-Währungskonferenz in Berlin behauptet, die Rettungsmaßnahmen für den Euro und die Hilfe für Griechenland hätten bis jetzt »keinen Euro gekostet«. Er sagte auch: »Wir finanzieren das zum Nulltarif.«

Ich wäre Ihnen sehr dankbar, wenn sie Herrn Schulz fragen würden, ob diese Äußerungen in der Hitze der Debatte zustande gekommen sind oder ob sie wirklich seine Überzeugung wiedergeben.

Seien sie bitte so nett und lassen es mich wissen.

Gruß aus Berlin

Ihr

HB

Sehr geehrter Herr Broder,
Kleiner aber feiner Irrtum.

Er hat nicht gesagt ›wir finanzieren die Griechen zum Nulltarif‹

Sondern ›Deutschland finanziert sich praktisch zum Nulltarif‹, dies aufgrund der Null bzw Negativzinsen, die es für D Anleihen auf dem Markt derzeit gibt

Keinen Euro gekostet entspricht den Fakten, wie die Experten bestätigen werden, da die von den EU-Partnern bereitgestellten Garantiesummen in den jeweiligen Rettungstöpfen bisher noch nicht abgerufen wurden. Was durch Schuldabschreibungen oder Umschuldungen in der Vergangenheit indirekt möglicherweise verloren ging, ist durch Zinseinnahmen mehr als wettgemacht worden;

In der Hoffnung Ihnen hiermit gedient zu haben verbleibe ich, mit freundlichen Grüßen

Armin Machmer

Sehr geehrter Herr Machmer,
Sie haben recht. Herr Schulz hat in der Tat gesagt: »Deutschland finanziert sich praktisch zum Nulltarif.« Allein, das ist noch viel schlimmer, als wenn er gesagt hätte: »Wir finanzieren die Griechen zum Nulltarif.« Zum einen hat es in der Geschichte der Menschheit noch keinen Staat gegeben, der sich zum Nulltarif finanziert hätte. »There is no such thing as a free lunch«, sagen die Amis. Das gilt auch für die EU.

Zum anderen finanziert sich Deutschland derzeit zu einem wesentlichen Teil über die schleichende Enteignung der Sparer, die keine Zinsen für ihre Einlagen bekommen. Das ist die Kehrseite »der Null bzw Negativzinsen, die es für D Anleihen auf dem Markt derzeit gibt«. Dies werden Ihnen Experten gerne bestätigen.

Dass die Rettung des Euro und der Verbleib Griechenlands in der Euro-Zone bis jetzt »keinen Euro« gekostet haben, entspricht mitnichten den Fakten. »Deutschland« hat beim ersten Schuldenschnitt für Griechenland viele Milliarden verloren, auch wenn es nicht die Staatskasse war, sondern Banken und Anleger, die ihre Griechenland-Investitionen zum Teil abschreiben mussten. Diese Verluste wiederum konnten die Banken und die Anleger steuerlich geltend machen. Also hat am Ende der Wertvernichtungskette der Steuerzahler einen Teil der Zeche beglichen.

Und was die »bereitgestellten Garantiesummen« angeht, die »bisher noch nicht abgerufen wurden«, lautet das entscheidende Wort »bisher«.

»Bisher ist noch alles gut gegangen«, denkt sich der Selbstmörder auf halber Strecke zwischen der Aussichtsplattform des Empire State Building und der 33. Straße.

Glauben Sie wirklich, Griechenland werde jemals in der Lage sein, seine Schulden zurückzuzahlen, sodass »wir« ohne Schaden aus »unseren« Garantien herauskommen? Wenn Sie das glauben, dann glauben Sie auch an die unbefleckte Empfängnis, die baldige Ankunft des Messias und den Erfolg der Energiewende. Ihre Argumentation dient allein der bewussten Irreführung des Publikums, das nicht merken soll, dass es demnächst zur Kasse gebeten wird.

Aus der Tatsache, dass es »bisher« noch nicht viel gekostet hat, lässt sich nicht ableiten, dass es nicht bald sehr viel kosten wird. Auch wenn die Zinsen, die Griechenland zahlt, gesenkt und die Zahlungsfristen bis 2050 gestreckt wurden, was de facto einem weiteren Schuldenschnitt auf Raten gleichkommt, den diesmal der Steuerzahler finanziert.

Es gibt nur eines, das ich noch eindrucksvoller finde als das Finassieren und Taktieren der Griechen – die Art, wie Sie sich Ihre »Tatsachen« zurechtlegen und zurechtbiegen. Bis jetzt ist noch alles gut gegangen. Bis jetzt. Solange Herr Schulz zusätzlich zu seinem kargen Gehalt als Präsident des Europäischen Parlaments jährlich 110 000 Euro an Tagegeldern steuerfrei überwiesen bekommt, müssen wir uns um den Zustand der EU keine Sorgen machen.

Mit den besten Empfehlungen

B. in B.

31. Mai

Liebes Tagebuch,

Du wirst es nicht glauben, was ich grade im *Spiegel* gelesen habe – eine eurokritische Geschichte! Nein, nicht das übliche Gefasel, dass man die Integration vertiefen und erweitern müsse, wenn man das »Projekt Europa« retten möchte, sondern eine gründliche Abrechnung mit einer Idee, die zu »einer Gefahr« geworden ist. Die Geschichte wird so eingeleitet:

»Wie kann es passieren, dass die Schulden eines kleinen Landes einen ganzen Kontinent ins Wanken bringen? Das griechische Drama legt offen, warum der Euro zur gefährlichsten Währung der Welt geworden ist: auf Schulden und Schwindel gebaut, ohne Fundament und Führung. Die Geschichte einer guten Idee, die zur Tragödie wird.«

Und so geht es weiter: »In den Kanzler- und Präsidentenbüros weiß man, wie es um den Euro steht, aber die Kanzler und Präsidenten meinen, dieses Wissen sei den Bürgern nicht zuzumuten. Sie wollen [...] nur Zeit gewinnen, aber sie verkennen, dass die Regierten sich fragen, wofür die Regierenden eigentlich Zeit gewinnen wollen [...] Wie hat dieses Geld eine Zukunft? Besteht die Gefahr, dass Griechenland nur der erste Dominostein in einer Reihe ist, an deren Ende Deutschland steht? Ist die Euro-Zone eine Fehlkonstruktion?«

Nicht weniger als zwölf Reporter waren unterwegs, um Antworten auf diese Fragen zu finden. Das Resümee fällt verheerend aus, nicht nur, was die griechische Ökonomie angeht, die auf zwei Säulen ruht: Bürokratie und Korruption. Man könne, schreiben die Autoren, über alles den Kopf schütteln, »über die Griechen und ihre Sturheit und Rückständigkeit, ihre ganze Art des Wirtschaftens, die der mittel- und nordeuropäischen sehr fremd ist«. Man sollte sich allerdings noch mehr wundern »über die Politik und ihre Macher in Europa, das beharrliche Wegsehen, Verdrängen, Verleugnen über Jahre hinweg«. Die »vier großen Versprechen des Euro«, wie sie im Vertrag von Maastricht festgeschrieben wurden, seien »alle gebrochen« worden. Die Staatsschulden wurden »nicht begrenzt, sondern verdoppelt«, die Haushaltsdefizite »nicht gedeckelt«, das Bail-out-Verbot außer Kraft gesetzt, die Europäische Zentralbank zu einer »Bad Bank für notleidende Staatsanleihen«.

Hut ab! Alle Achtung! Selten ist die Euro-Krise besser analysiert worden. Und jetzt, liebes Tagebuch, halte dich fest: Die Geschichte ist nicht im jüngsten *Spiegel* erschienen, sondern in der Ausgabe vom 26. September 2011, also noch bevor das zweite Rettungspaket für Griechenland beschlossen wurde! Wer wollte, konnte schon damals wissen, woran der Euro krankt und warum die Euro-Zone in der Tat eine Fehlkonstruktion ist. Leider sind die Erkenntnisse von gestern die Makulatur von heute.

1. Juni

Liebes Tagebuch!

Kann man Wahnsinn inventarisieren? So wie Knöpfe in einem Kurzwarengeschäft? Früher gab es in jedem Laden einen »Inventurtag«, heute genügt es, die entsprechende Taste auf einem Computer zu drücken. Und kann man »wahnsinnig« überhaupt steigern? Gibt es einen Komparativ und einen Superlativ? Ist das G7-Treffen auf Schloss Elmau – ein Gastgeber, sechs Gäste, über 20 000 Polizisten, zwischen 140 und 300 Millionen Euro Kosten – noch wahnsinnig oder schon wahnsinniger als der Vorschlag des stellvertretenden Chefredakteurs der *Süddeutschen Zeitung*, im »Namen der Menschlichkeit« Afrika-Flüchtlinge als Bauern im verödeten Mecklenburg-Vorpommern anzusiedeln? Wo sie sich dann »mit den Erfahrungen ihrer uralten Subsistenzwirtschaft, also der Selbstversorgung, eine bescheidene Existenz aufbauen« könnten, ohne dem Sozialstaat zur Last zu fallen oder den Verlockungen des Großstadtlebens von Greifswald oder Schwerin zu erliegen?

Auf der nach allen Seiten offenen Irrsinnsskala rangiert dieser Vorschlag schon recht weit oben. Wobei man nicht übersehen darf, dass er einen rationalen Kern enthält, vielleicht sogar zwei. Zum einen setzt er das Programm »Lebensraum im Osten« zeitgemäß fort. Ein Land ohne Volk für Menschen ohne Ländereien. Zum anderen wäre der stellvertretende Chefredakteur der SZ nicht mehr den Bettlern ausgesetzt, die ihm täglich auf dem Weg zur *Osteria Bavaria* auflauern. Der Vorschlag, die Flüchtlinge in Meck-Pomm anzusiedeln, ist ja in sich schon ein Kompromiss. Noch besser, das heißt: Weiter weg von München, wäre Ostpreußen, aber das steht derzeit nicht unter deutscher Verwaltung.

Man kann »wahnsinnig« also doch steigern. G7 in Elmau, Neu-Kolonialisierung von Meck-Pomm. Und als Superlativ: Neustart der Fifa. Ein Traum wird wahr. Wir drehen die Uhren zurück und fangen wieder von vorne an. Die von Skandalen erschütterte Fifa, sagt Bundesaußenminister Steinmeier, zu dessen Kompetenzbereich alles gehört, was nicht ausdrücklich von Horst Seehofer beansprucht wird, diese Fifa müsse »einen klaren Neuanfang« wagen. Es habe sich nämlich eine Kluft aufgetan zwischen den Machenschaften der Funktionäre auf der einen Seite und den Spielern, Trainer, Betreuern, Eltern, Schiedsrichtern auf der anderen Seite, wie sie »größer nicht sein könnte«.

Es ist ja nicht das erste Mal, dass eine Gruppe von gewissenlosen Funktionären das Volk hinters Licht geführt hat, dem erst, als die Sowjetfahne über dem Brandenburger Tor wehte, bewusst geworden ist, worauf es sich eingelassen hatte. Früher hatte ja noch Angela Merkel die Hoheit über die diplomatischen Beziehungen zu Sepp Blatter. Obwohl das Geraune, dass die Fifa ein korrupter Haufen sei, schon längst amtsbekannt war, ließ sie sich gerne mit ihm auf den Fußballtribünen der Welt sehen, um dem gemeinen Fußballvolk ihre Nähe zu zeigen. Aber nun wird alles gut, nun wird sich Steinmeier der Sache annehmen. Der Fußball als Ganzes habe »in Zürich eine bittere Niederlage erlitten«, sagte er der *Welt am Sonntag* und brach anschließend zu einer weiteren Reise in den Nahen Osten auf, um dort die »Möglichkeiten für eine Konfliktlösung« auszuloten.

Unser Steini, liebes Tagebuch, ist immer für einen Superlativ gut. Manchmal sogar für zwei an einem Tag.

Apropos Superlative, liebes Tagebuch. Der letzte Monat ist für uns angebrochen – und: Griechenland ist immer noch nicht amtlich pleite. Die Flüchtlingsproblematik dramatisiert sich weiter.

In der Ostukraine wird geschossen, mit schweren Waffen, es gibt Tote. In Syrien und im Irak tobt der IS, tötet, vergewaltigt, versklavt und zerstört Weltkulturerbe. Der Islam gehört mehr denn je zu Deutschland. Irre, oder?

2. Juni

Liebes Tagebuch!

Seit einem Dreivierteljahr versucht eine internationale Koalition, den Islamischen Staat in Syrien und im Irak zu stoppen. Die US-geführte Allianz setzt auf Luftschläge, doch auch Tausende solcher Bombardements konnten nicht verhindern, dass der IS weitere Gebiete unter seine Kontrolle gebracht hat. Und täglich grüßt das Murmeltier, wenn auch immer von einem anderen Ort. In Paris beraten heute die Vertreter aus über 20 Staaten über die Strategie im Kampf gegen den IS. Der Irak verlangt mehr Unterstützung für seine Bodentruppen. Deutschland, das den Kampf mit Waffen für die Kurden unterstützt, setzt vor allem auf den Wiederaufbau. So sollen 20 Millionen Euro in Gebieten zur Verfügung gestellt werden, aus denen der IS vertrieben wurde. Verspricht Steinmeier und analysiert messerscharf:

»Es ist ein Teilstück, das wir gegangen sind, aber ich glaube, ein wichtiges Teilstück, und ich sage es noch einmal, für die weitere Zukunft müssen wir den notwendigen langen Atem bewahren.«

Den notwendigen langen Atem hatten auch die Teilnehmer des Krisengipfels im Kanzleramt gestern Nacht, bei dem – zum wievielten Male eigentlich? – über Wege aus der Griechenland-Krise beraten und Griechenland eine »allerletzte Chance« angeboten wurde. Dazu Sigmar Gabriel am Ende des Krisentreffens:

»Viele Menschen haben so ein bisschen den Eindruck, besser ein Ende mit Schrecken als ein Schrecken ohne Ende; die Wahrheit ist, dass wenn der erste Stein aus dem europäischen Haus herausbrechen würde, dann Europa in einem anderen Aggregatzustand wäre…«

Und das ist auch schon alles, was man über die beiden Obergurken der SPD in der GroKo wissen muss. Der eine labert was vom »langen Atem« und stellt – just in dem Moment, da der IS immer mehr Gebiete erobert – 20 Millionen Euro für den Wiederaufbau in jenen Gebieten in Aussicht, aus denen der IS erst vertrieben muss; der andere leistet Beihilfe zur Konkursverschleppung. Denn nur darum geht es. Aus dem »europäischen Haus« darf kein Stein herausgebrochen werden. Nicht nur Europa beziehungsweise die EU wäre dann in einem »anderen Aggregatzustand« – eine schöne Umschreibung für das hässliche Wort »pleite«.

Gabriel weiß, dass Deutschland mit über 80 Milliarden Euro in Griechenland drinhängt. Müsste das ganze Geld auf einen Schlag abgeschrieben werden, wäre nicht Griechenland, sondern die Bundesrepublik insolvent, also gilt es, den Moment der Wahrheit so lange wie möglich hinauszuzögern. Solange die Kredite an Griechenland als Aktiva in den Büchern stehen, kann man sich damit trösten, dass sie eines Tages doch noch zurückgezahlt werden, obwohl jeder weiß, dass dies nie der Fall sein wird. Derweil arbeitet man an irgendeiner kreativen Regelung, die irgendeinen irren Namen tragen wird (»Sambia-Option«), um die simple Tatsache zu verschleiern, dass Griechenland alte Schulden mit neuen Krediten abbezahlt. Wobei der Schuldenberg immer größer wird. Hauptsache, aus dem europäischen Haus wird kein Stein herausgebrochen. Es soll, bitte schön, am Stück kollabieren.

Ich merke, halt mich zurück, liebes Tagebuch, wie ich langsam, ganz langsam in einen anderen Aggregatzustand gerate, der mit den Worten »zunehmend unkontrollierte Gewaltbereitschaft« richtig beschrieben wäre. Die rechte Hand ballt sich zur Faust, die linke macht es ihr nach. Wie soll ich da noch schreiben?

Liebes Tagebuch!

Apropos Gewaltbereitschaft. Der Pressesprecher der Berliner Polizei gibt bekannt, gestern Abend sei es auf einem Berliner Spielplatz zu »einem Wortgefecht zwischen zwei Frauen« gekommen, das in kürzester Zeit so sehr eskaliert sei, »dass die Polizei mit einem Großaufgebot von knapp 90 Beamten eingreifen musste«.

Nanu, dachte ich, als ich diese Meldung las, ist das nicht ein wenig übertrieben? Neunzig Beamte, um ein »Wortgefecht« zwischen zwei Frauen zu schlichten? Handelte es sich um Allison Hayes, die in dem Film *Attack of the 50 Foot Woman* in der Hauptrolle zu sehen war, und Uma Thurman, die in Quentin Tarantinos *Kill Bill* eine blutrünstige »Braut« spielte, die mit dem Töten nicht aufhören kann? Dann wäre ein solches »Großaufgebot« freilich gerechtfertigt gewesen.

Aber nein, es waren nur zwei ganz normale Frauen, die ihre Mobiltelefone bei sich hatten und ihre Männer, Söhne, Väter und Cousins herbeiriefen, die daraufhin alles liegen und stehen ließen, um den beiden Frauen zu Hilfe zu eilen. Einige hatten nicht einmal Zeit, ihre Mercedes-S-Klasse-Limousinen ordentlich einzuparken. Am Ende waren es dann summa summarum »70 Streithähne«, die den Spielplatz in eine Kampfarena verwandelt hatten. Die beiden an der Auseinandersetzung beteiligten Familien sollen einen »arabischen Hintergrund« haben. So stand es nicht im Polizeibericht, sondern im *Tagesspiegel.*

Ich wäre gerne bei diesem Kampf der Kulturen dabei gewesen. Natürlich in sicherer Entfernung. Erst einmal hätte mich interessiert, was die eine Frau zu der anderen gesagt hat. »Isch fick deine Mutter!« kann es kaum gewesen sein. Dann hätte ich beobachtet, wie die Beamten versucht haben, die Lage zu deeskalieren. Hat der Einsatzleiter gerufen: »Meine Damen und Herren, wir können uns doch über alles friedlich unterhalten!«? Oder: »Im Namen Allahs, des Gnädigen, des Barmherzigen, beruhigen Sie sich bitte!«? Tat er es auf Deutsch oder auf Arabisch, das er im Integrationskurs für Polizeibeamte gelernt hat? So oder so, wir können aus dem Zwischenfall auf einem Berliner Spielplatz eine wichtige Lehre ziehen: *Den einen Islam* gibt es tatsächlich nicht. Ein falsches Wort – und schon fliegen die Fetzen.

5. Juni

Liebes Tagebuch!

Ich zitiere: »Also, das Bild von der Festung Europa ist zunächst einmal, kann man unterschiedlich verstehen. Aber es ist ein ganz schlechtes Bild, wenn man damit meint, Abschottung und vor allen Dingen Gleichgültigkeit gegenüber denen, die in dem Wassergraben vor der Festung ertrinken. Man könnte sich auch eine Festung vorstellen mit runtergelassenen Zugbrücken, in der sich die Bewohner darüber unterhalten, nach welchen Kriterien Außenseiter, Außenstehende aufgenommen werden. Diese Deutung wäre mir eigentlich ganz sympathisch, weil sie Wert darauf legt, dass die, die sozusagen in der Festung leben, einerseits ihre Grenzen sichern, sich andererseits aber auch interessieren für das Land rings um die Festung herum, sich aber trotzdem das Recht vorbehalten, wer denn eingelassen wird und wer nicht.

Also, es gibt ja eine Diskussion, durchaus auch bei den Vereinten Nationen, um eine Seeblockade vor den Küsten Libyens. Libyen deswegen, weil es dort keine Regierung gibt, mit der man kooperieren kann. Diese Überlegung hat den Sinn, die jetzige Situation grundlegend zu verändern, die nämlich darin besteht, dass wir eigentlich so eine Art Sozialdarwinismus haben. Nur diejenigen haben eine Chance, einen Asylantrag zu stellen, die es überhaupt an die Küsten schaffen, die das Geld für die Schlepper aufbringen und die dann auch noch den Weg über das Mittelmeer überleben ... Und diejenigen, die ankommen, um die wird sich gekümmert, und über die sprechen wir nun. Eine Seeblockade hätte den Sinn, erst mal eine andere Ausgangssituation zu schaffen. Die Seeblockade müsste natürlich begleitet werden von der Öffnung legaler Möglichkeiten der Einreise. Das heißt, man müsste darüber nachdenken, welche Formen es gäbe, in den Herkunftsländern der Migrationsströme Anlaufstellen zu schaffen, wo sozusagen vor Ort geprüft wird, wer einen Passagierschein erhält nach Europa.

Es kommen heute Leute nach Europa, so wie früher in andere Weltregionen, nur dass wir heute keine Freiheitsstatue ins Mittelmeer bauen, sondern diese Abschottungsreflexe zeigen, und das ist eigentlich ganz merkwürdig, weil es mit einem gewissen Patriotismus und einem europäischen Patriotismus vereinbar wäre zu sagen, es ist wunderbar, dass es in Mali auf der Straße die Devise gibt, ›Europa oder der Tod‹. Wer sagt das denn in Europa noch?«

Es ist Volker Heins, Politikwissenschaftler am Kulturwissenschaftlichen Institut Essen. Und wenn ich jetzt frage, wo der Mann diesen kulturwissenschaftlichen Dünnschiss ablassen durfte? Ja, liebes Tagebuch, in der *Kulturzeit* auf 3sat, wo auch sonst? Und zwar inmitten einer idyllischen grünen Parkanlage, die so aussieht, wie Afrika aussehen würde, wenn dort keine Afrikaner, sondern deutsche Kulturwissenschaftler leben würden.

Allerdings ist der Mann aus Essen nicht der erste Fabulator, der in den Herkunftsländern der Migrationsströme Anlaufstellen einrichten möchte, wo vor Ort geprüft wird, wer einen Passagierschein nach Europa erhält und wer nicht. Früher, als das Fach »Kulturwissenschaften« noch »nationalsozialistische Rassenlehre« hieß, nannte man derlei Vorgehen »Selektion«.

Aus dem Reich herbeigeeilte Experten entschieden, wer ein Ticket nach Peenemünde bekam, um dort an der Wunderwaffe mitbauen zu dürfen, und wer daheim verrecken musste. Ich stelle es mir sehr lustig vor, wie deutsche beziehungsweise europäische Beamte, vielleicht als »Blaue Bären« verkleidet, mit Leitzordnern, Stempeln und Stempelkissen in Raqqa, Asmara, Tripoli, Mogadischu, Ouagadougou und Bamako einfallen, um dort EU-Büros für Ausreisewillige zu eröffnen; wie sich vor diesen EU-Büros lange Schlangen bilden mit Menschen, die in sengender Hitze darauf warten, dass sie aufgerufen werden. Und wie diejenigen, die keinen Passagierschein nach Europa bekommen, enttäuscht, aber ruhig nach Hause gehen, um es in einer Woche unter einem anderen Namen noch einmal zu versuchen.

Aber so weit sind wir noch lange nicht. Erst einmal müssen in den potenziellen Aufnahmeländern, also bei uns, Anlaufstellen für diejenigen eingerichtet werden, die nach Äthiopien, Eritrea, Somalia, Burkina Faso und Mali gehen möchten, um dort die Spreu vom Weizen zu trennen. So könnten wir elegant und effektiv den Überhang an arbeitslosen Akademikern loswerden, die am Kulturwissenschaftlichen Institut Essen ausgebildet wurden und keinen Arbeitsplatz bekommen haben.

6. Juni

Liebes Tagebuch!

In der Redaktion der *Aktuellen Kamera* der ARD scheint es ein Widerstandsnest zu geben. Jedenfalls ist mir aufgefallen, dass besonders unsympathische Politiker, die besonders dummes Zeug reden, aus einer für sie besonders ungünstigen Perspektive aufgenommen werden, meistens von unten, was die Gesichter bräsig bis breiig erscheinen lässt. Gestern zum Beispiel haben die Grünen einen Ausflug zur Zugspitze unternommen, um dort, in 2962 Metern Höhe, ein Transparent mit dem Satz aufzuspannen: »Das Wasser steht uns bald bis hier.«

Die Vorstellung, eine Flut wie zu Noahs Zeiten könnte die grüne Fraktion beziehungsweise Parteispitze unter Wasser setzen, finde ich durchaus sympathisch. Es wäre der angemessene Protest der Natur gegen ihren Missbrauch. Und es würde keine Unschuldigen treffen, sondern Apokalyptiker, die uns mit ihren Visionen terrorisieren. Gestern erst hieß es, bald würden nur die Spitzen des Kölner Doms aus den Fluten ragen, was mir auch recht wäre, heute ist bereits die Zugspitze akut bedroht.

Es muss also etwas gegen diesen Klimawandel unternommen werden. Staats- und obrigkeitsgläubig, wie die Grünen so sind, rufen sie die Teilnehmer des »Gipfels« dazu auf, tätig zu werden. »Als Minimum in Sachen Klimapolitik erwarte ich vom Gipfel«, sagt Anton Hofreiter in die zu seinen Füßen lauernde Kamera, »dass sich die Staats- und Regierungschefs zum Zwei-Grad-Ziel bekennen, damit es möglich ist, dass in Paris wenigstens ein Minimum-Vertrag zustande kommt.«

Die Pointe, die nicht ganz rüberkommt, weil zwischen ihr und dem Zuschauer der Hofreiter Anton steht, liegt in der doppelten Bedeutung des Wortes »Gipfel«. Einmal ist es die Zugspitze und einmal das Treffen in Elmau. Alles, was rüberkommt, ist, dass Hofreiter von den Teilnehmern des Elmau-Gipfels ein »Bekenntnis« zum »Zwei-Grad-Ziel« erwartet. In Elmau soll beschlossen werden, dass sich die Erde um nicht mehr als zwei Grad erwärmen darf. Eins Komma acht wäre zu wenig, zwei Komma zwei wären schon zu viel. Zwei Grad sind ideal. An diesen Beschluss soll sich dann die Erde halten, sonst bekommt sie es mit Hofreiter und den Seinen zu tun.

Unter normalen Umständen hätte jeder Reporter oder Redakteur gesagt: »Herr Hofreiter, das versteht kein Mensch, das müssen wir noch mal machen. Stellen Sie sich einfach vor, Sie haben Ihre Mutter vor sich.« Der Reporter aber, der an diesem Tage die Grünen begleitete, war ein subversives Element. »Prima«, dachte er bei sich, »den Hofreiter lass ich jetzt im eigenen Saft schmoren.« Und so kam es, dass der Beitrag tatsächlich in der 20-Uhr-*Tagesschau*, zur Primetime, gezeigt wurde. Kein Mensch hat verstanden, worum es ging.

Und während die Grünen noch ein wenig auf der Zuspitze feierten, zog das Team der *Tagesschau* weiter, nach Vilshofen, um von einer Sonnenfinsternis im Bierzelt zu berichten.

Liebes Tagebuch!

Die Bundesregierung möchte wissen, wo die Bundesbürger der Schuh drückt. Deswegen lädt die Kanzlerin zu einem »Bürgerdialog« ein, bei dem über die »zentralen Fragen« geredet werden soll: »Was ist Ihnen persönlich wichtig im Leben? Und was macht aus Ihrer Sicht Lebensqualität in Deutschland aus?«

Sechzig Bürgerinnen und Bürger – »Studierende und Senioren, Selbstständige und Angestellte, Junge und Alte« – folgen dem Ruf der Kanzlerin in die Berliner Kulturbrauerei, wo der »Dialog« zwischen der Kanzlerin und dem Volk stattfindet und aufgezeichnet wird. Ein Teilnehmer sagt: »Ich bin Ostrentner, ich würde gerne auch die Westrente haben.« Die Kanzlerin sagt, die Bundesregierung wolle bis zum Ende der Legislaturperiode eine Lösung für dieses Problem finden. Man sei auf einem guten Weg. Eine Lehrerin klagt, die Klassen an den Schulen seien zu groß. Eine Ergotherapeutin meint, mit ihrem Gehalt könne sie keine Familie gründen. Eine junge Frau beschwert sich, die Feuerwehr in ihrem Ort habe kein Geld für einen Feuerwehrwagen.

Die »bunt gemischte Runde«, die auf *Phoenix* vor Ort live übertragen wird, dauert etwa neunzig Minuten; am Ende sagt die Kanzlerin, es habe ein »intensives gemeinsames Nachdenken gegeben«, und sie verspricht: »Wir werden alles wissenschaftlich auswerten, gewichten und dann schauen, welche Veränderungen wir durchsetzen.«

Hahaha. Am Ende werden sich die Bürgerinnen und Bürger in irgendeinem Videoclip der CDU wiederfinden, in dem gezeigt wird, wie bürgernah die Kanzlerin ist. Ich möchte gerne wissen, wie die »bunt gemischte Runde« zustande gekommen ist, und wende mich an Steffen Seibert, früher ZDF, heute Bundespresseamt (BPA). Hier das Ergebnis:

Lieber Herr Seibert,
ich habe in den RTL-news von heute (18.45 Uhr) einen Beitrag über einen »Bürgerdialog« mit der Kanzlerin gesehen, an dem 60 »repräsentativ ausgewählte« Bürgerinnen und Bürger teilgenommen haben.

Ich habe dazu zwei Fragen: Stammt die Info, die Teilnehmer seien repräsentativ ausgewählt worden, von Ihnen, also dem BPA, oder von RTL? Besteht die Möglichkeit, eine Einladung zum nächsten Bürgerdialog zu bekommen? Ich bin über 60, habe Übergewicht und Heuschnupfen und treibe keinen Sport. Bin also in mehrfacher Hinsicht »repräsentativ«. Außerdem habe ich einen »Migrationshintergrund«, den ich ab und zu in den Vordergrund schiebe. Auch mein Hund »Chico« ist ein Migrant, hat sich aber im Gegensatz zu mir gut eingelebt.

Es wäre wunderbar, wenn ich beim nächsten »Bürgerdialog« dabei sein könnte. Ich habe einige Fragen, die beim ersten Mal weder gestellt noch beantwortet wurden.

Dank und Gruß aus dem Schwabenland
Ihr HB

Lieber Herr Broder,
besten Dank für Ihr Schreiben. Sie haben bei RTL richtig gehört: Die Teilnehmer am gestrigen Bürgerdialog mit der Bundeskanzlerin waren tatsächlich zufällig ausgewählte Teilnehmer an der Studie »Leben in Deutschland – das sozio-ökonomische Panel«. Diese Studie ist eine repräsentative Erhebung privater Haushalte in Deutschland, die jährlich seit 1984 durchgeführt wird, durchgeführt von TNS Infratest Sozialforschung im Auftrag des Deutschen Instituts für Wirtschaftsforschung DIW. Es waren also nicht wir vom BPA, die die Auswahl getroffen haben.

Das bringt mich dazu, Ihre Chancen, am nächsten Bürgerdialog teilnehmen zu können, eher gering einzuschätzen. Erstens weil – wie gesagt – das BPA gar nicht seine Hand im Spiel hat und zweitens, weil die Bürgerdialoge nicht für Journalisten und Publizisten gedacht sind, die vielfältige Möglichkeiten haben, ihren Meinungen und Überzeugungen Gehör zu verschaffen.

Herzliche Grüße an Sie und »Chico«,
Ihr Steffen Seibert

Lieber Herr Seibert,
vielen Dank für Ihre umgehende Antwort, die ich schon deswegen zu schätzen weiß, weil mir klar ist, wie viel Sie derzeit zu tun haben.

Leider muss ich nachhaken. Im RTL war von einer »repräsentativen Auswahl« der Teilnehmer am Bürgerdialog die Rede. Sie sprechen von einer »zufälligen« Auswahl. Wenn mich die Erinnerung daran, was ich vor vielen Jahren im Fach »Methoden der empirischen Sozialforschung« gelernt habe, nicht täuscht, kann eine Auswahl entweder zufällig oder repräsentativ sein. Beides zugleich geht nicht. Es fällt mir auch schwer zu glauben, dass die Teilnehmer des Dialogs im Vorfeld nicht gescreent, sondern irgendwo zufällig eingesammelt und in die Kulturbrauerei gekarrt wurden.

Ich finde es auch mehr als bedauerlich, dass sie eine Teilnahme meinerseits für unmöglich halten, »weil die Bürgerdialoge nicht für Journalisten und Publizisten gedacht sind, die vielfältige Möglichkeiten haben, Ihren Meinungen und Überzeugungen Gehör zu verschaffen«. Zum einen schließen sie damit die Untergruppe der Journalisten und Publizisten aus der Gemeinschaft der Bürger aus. Zum anderen bin ich nicht von morgens bis abends Journalist, sondern zwischendurch auch Bürger, Teetrinker und Steuerzahler, der solche Bürgerdialoge finanziert. Ich suche auch nicht nach einer Möglichkeit, meinen »Meinungen und Überzeugungen Gehör zu verschaffen«, daran habe ich keinen Mangel, ich möchte die Chance bekommen, der Kanzlerin im Rahmen des Bürgerdialogs als Bürger ein paar Fragen zu stellen. Ich verspreche, mich weder in die erste Reihe zu drängeln noch der Kanzlerin ein Ständchen zu singen.

Da Sie am Wochenende in Elmau sind, erlaube ich mir, Ihnen einen Rat zu geben. Das Essen dort ist miserabel, auch wenn es prätentiös aufgetischt wird. Kleine Portionen auf großen Tellern. Falls Sie auf dem Weg nach Elmau durch Garmisch-Partenkirchen kommen, lassen sie sich bei Vinzenzmurr in der Chamonixstraße eine Brotzeit mitgeben, der Leberkäs dort ist hervorragend, die Fleischpflanzerl auch. Unterhalb des Schlosses Elmau, im Klaiser Stüberl, gibt es sehr gute traditionelle bayerische Speisen. Ich kann Ihnen den Sauerbraten mit Semmelknödel(n) empfehlen. So wird auch ein G7-Treffen zu einem Genuss.

Haben Sie ein friedliches und geruhsames Fronleichnamsfest
Ihr HB

Lieber Herr Broder,
danke für Ihre gastronomischen Tipps für Elmau und Umgebung. Ich nehme allerdings an, dass ich am Gipfelwochenende Vollpension im Schloss haben werde und wenig Zeit zu Ausflügen.

Zu unserem anderen Thema: Zufällig und repräsentativ ist in diesem Fall kein Widerspruch. Die Teilnehmer werden zufällig aus den Tausenden von 25 000 Befragten der Studie ausgewählt, aber so, dass sich ein repräsentativer Querschnitt der Bevölkerung ergibt (Anteil der Rentner, Studenten, usw.). Für weitere methodologische Nachfragen bitte ich Sie, sich an das Institut zu wenden.

Anders als Sie habe ich nie empirische Sozialforschung belegt – sicher ein Manko.

Beste Grüße, Steffen Seibert

Lieber Herr Seibert,
entschuldigen Sie bitte meine Rechthaberei.

»Zufällig« und »repräsentativ« stellt keinen Widerspruch dar. »Spontan« und »kalkuliert« auch nicht. Die Kanzlerin beweist es täglich. Ich hätte statt empirische Sozialforschung Kanzlerwissenschaft studieren sollen.

Viel Spaß in Elmau und kommen Sie gut in die Wirklichkeit zurück.

Schabat Schalom
Ihr HB

Ja, liebes Tagebuch, ich muss immer das letzte Wort haben.

8. Juni

Liebes Tagebuch!

Die Kanzlerin fasst das Ergebnis des G7-Gipfels von Elmau so zusammen:

»Wir wollen sicherstellen, dass alle Länder in die Lage versetzt werden, Entwicklungspfade einzuschlagen, damit die globale Durchschnittstemperatur unter einer Erhöhung von zwei Grad Celsius gehalten werden kann, also ein klares Bekenntnis zum Zwei-Grad-Ziel…«

Als Adenauer Kanzler war, erschien eine Schallplatte mit dem Titel »Lernt Rheinisch mit dem Bundeskanzler«. Mit Merkel wäre eine Fortsetzung fällig: »Lernt Schwurbeln mit der Kanzlerin«. Die Frau ist nicht in der Lage oder nicht willens, einen einzigen Satz so zu formulieren, dass er auf Anhieb verstanden werden kann. Sie redet, als wollte sie eine Fährte auslegen, um ihre Verfolger in die Irre zu führen.

Sie sagt nicht: »Wir wollen dafür sorgen, dass die globale Durchschnittstemperatur um nicht mehr als zwei Grad steigt« – was schon absurd genug wäre –, sie sagt: »Wir wollen *sicherstellen*, dass alle Länder *in die Lage versetzt werden*, Entwicklungspfade *einzuschlagen*, damit die globale Durchschnittstemperatur *unter einer Erhöhung von zwei Grad Celsius gehalten werden kann.*« Jaaah, wieder einmal ist die Basis die Grundlage des Fundaments, und wer es schafft, sicherzustellen, dass alle Länder in die Lage versetzt werden, Entwicklungspfade einzuschlagen, dem ist ein Ehrenplatz in der Hall of Fame der Worthochstapler sicher.

Was die Kanzlerin an dieser Stelle zu erwähnen vergaß – oder absichtlich ausließ –, war, dass sich die »Großen Sieben« tatsächlich zum Ausstieg aus fossilen Energien – Kohle, Öl und

Gas – verpflichtet hatten. Aber nicht bis 2050, sondern bis 2100! Dann wird garantiert keiner der Teilnehmer des Elmau-Gipfels mehr am Leben, geschweige denn im Amt sein, den man zur Verantwortung für die Abgabe unhaltbarer Versprechen ziehen könnte. Und das Protokoll des Elmau-Gipfels wird im Bundesarchiv verstauben, unweit der Stelle, wo das Gesetz zur Einführung der Maut ruht, mit dem eine »Gerechtigkeitslücke« geschlossen werden sollte.

Dennoch sprach Tina Hassel, die neue Leiterin des ARD-Hauptstadtstudios, begeistert von einem »Durchbruch beim Klimaschutz«, während ihre ZDF-Kollegin Bettina Schausten etwas bescheidener auftrumpfte: »In Elmau wurde das Klima nicht gerettet, aber eine Mindestvoraussetzung dafür geschaffen.« Völlig aus dem Häuschen war ein Mann, den sowohl die ARD wie das ZDF als »Greenpeace-Energieexperten« vorstellten. Er sagte: »Elmau hat geliefert. Die Vision von einer globalen Energiewende, beruhend auf 100 Prozent erneuerbaren Energien, die ist hier ganz deutlich geworden.«

Allein als Strafe für den bescheuerten Anglizismus »Elmau hat geliefert« hätte ich es ihm gegönnt, dass er 2100 noch am Leben ist, nur um zu sehen, was aus der Lieferung geworden ist. Nämlich das: BASF, Bayer, Volkswagen, Mercedes, Höchst, Siemens und andere große Industrieunternehmen haben ihre Produktionsstätten komplett nach China und Indien ausgelagert, nachdem es sich als schwierig erwiesen hat, die Fließbänder und die Hochtemperaturöfen mit Windrädern und Photovoltaikanlagen zu betreiben. China und Indien boten sich als alternative Produktionsorte an, weil man es leider versäumt hatte, sie im Jahre 2015 nach Elmau einzuladen, wo die Vision von einer »globalen Energiewende, beruhend auf 100 Prozent erneuerbaren Energien«, beschlossen und verkündet worden ist.

Und noch ein Wort zur wiederauferstandenen »Klimakanzlerin«. Hat sie wirklich Naturwissenschaften studiert oder doch eher Massenpsychologie, liebes Tagebuch? Wie viel leichter ist es doch, die Welt in 50 bis 100 Jahren zu retten, als sich mit Putin so zu arrangieren, dass kein Blut mehr fließt, das Elend in Syrien, im Irak, in Libyen usw. so weit in den Griff zu bekommen, dass sich der Massenexodus wenigstens verlangsamt, Europa so neu aufzustellen, dass es nicht noch weiter auseinanderfällt, den Islam so zu reformieren, dass er nur noch Moscheetage abhält, auf denen so friedlich wie auf evangelischen Kirchentagen gegen Frauenfeindlichkeit, Homophobie, Rassismus, Antisemitismus etc. Stellung bezogen wird.

Wenn Religion für das Volk Opium ist, dann sind die von allen so gefeierten Ergebnisse von Elmau Fata Morgana.

9. Juni

Liebes Tagebuch!

Bei allem Respekt gegenüber dem Burgenland und seinen Einwohnern: Das, was im östlichsten und mit knapp 290 000 Einwohnern kleinsten Land der Republik Österreich passiert, dürfte für das Weltgeschehen von ähnlich untergeordneter Bedeutung sein wie das Verhältnis der Welse und Zander zueinander, die im Neusiedler See um die Wette schwimmen. Sogar die Wahlen zum Burgenländischen Landtag, die am 31. Mai stattfanden, blieben außerhalb der Region weitgehend unbemerkt. Nun aber hat die SPÖ des Burgenlandes beschlossen, mit der FPÖ eine Koalition einzugehen, worauf sich die Generalsekretärin der deutschen SPD, Yasmin Fahimi, mit diesem Statement zu Wort meldete: »Bei allem Verständnis für schwierige Regierungsfindungen: Es ist schlicht und einfach ein fataler Irrweg, dass die Sozialdemokraten im österreichischen Burgenland mit der FPÖ ein Bündnis eingehen wollen. Die SPÖ wird das politisch bitter bereuen.« Der stellvertretende Vorsitzende der SPD, Ralf Stegner, erklärte: »Alle wissen, dass wir gegen Koalitionen mit Rechtspopulisten sind – das ist nun wirklich kein Geheimnis.«

Kein Geheimnis ist auch, dass Österreich spätestens seit 1955 eine souveräne Republik ist. Nur der Generalsekretärin der SPD und dem stellvertretenden Parteivorsitzenden muss das irgendwie entgangen sein. Deswegen mischen sie sich in die inneren Angelegenheiten der Alpenrepublik ein. Mit reinem Herzen, denn die SPD hat noch nie mit »Rechtspopulisten« koaliert. Dafür ist sie Kooperationen mit der »Linken« eingegangen, in Berlin, in Brandenburg, in Sachsen-Anhalt, in Mecklenburg-Vorpommern und zuletzt in Thüringen. Ohne sich daran zu stören, dass die »Linke« die Nachgeburt der SED ist, die in der DDR das Sagen hatte und damit auch für das Grenzregime verantwortlich war. Also für die über 1000 Getöteten an der deutsch-deutschen Grenze. Gemessen daran gehören die Verfehlungen der österreichischen »Rechtspopulisten« von der FPÖ in die Abteilung »Parken im Halteverbot«.

Es ist nicht das erste Mal, dass Sprecher der SPD mit einer Regierungsbildung unglücklich sind. So war es auch nach Abstimmungen in Dänemark, Frankreich, Holland, Israel, Italien, Schweden, Schweiz und Spanien, aus denen Parteien gestärkt hervorgingen, mit denen die SPD nie koalieren würde. Auch die Koalition in Griechenland ist nicht nach dem Geschmack der SPD. Solchen Enttäuschungen könnte man nur vorbeugen, indem man in die Wahlgesetze aller Länder eine Bestimmung aufnehmen würde, wonach die Parteien vor einer Regierungsbildung die SPD konsultieren müssten.

Fürs Erste aber muss man sich fragen, was die SPD unternehmen wird, um die Burgenländer abzustrafen. Wird sie Yasmin Fahimi und Ralf Stegner in den äußersten Osten der Ostmark schicken, um den dortigen Parteigenossen die Leviten zu lesen?

Wir wollen es nicht hoffen, liebes friedfertiges Tagebuch. Grausame und unverhältnismäßige Strafen sind laut der Allgemeinen Erklärung der Menschenrechte der Vereinten Nationen verboten.

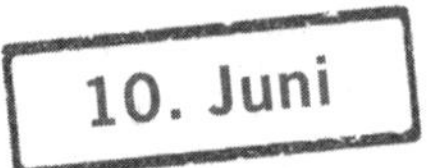

Liebes Tagebuch!

Die 17-Uhr-*Tagesschau* macht mit einem Bericht über Sterbehilfe auf, in der *Kulturzeit* auf 3sat geht es um die vielen Open-Air-Rockfestivals, die einander die Besucher abjagen. War Elmau wirklich erst gestern? Ja, und das ist sehr lange her. Zum Abschluss gab es eine gemeinsame Erklärung, die Christian Sievers so zusammenfasste: »21 Seiten mit viel Zukunftsmusik, manchen Versprechen und ein paar Beschlüssen …«

Ich würde gerne wissen, wann die Abschlusserklärung geschrieben worden ist. Am Montag beim Mittagessen, zwischen dem Hauptgang und dem Nachtisch? Oder erst zu Kaffee und Kuchen, als der Gipfel schon zum Zipfel geschrumpft war und die Kammerdiener die Abreise vorbereiteten?

Dazwischen gab es noch ein folkloristisches Rahmenprogramm. Die sieben »Mächtigen« empfingen sechs Staats- bzw. Regierungschefs aus Afrika und Asien. Den äthiopischen Ministerpräsidenten, den irakischen Ministerpräsidenten, die Präsidentin von Liberia, den Präsidenten von Nigeria, den Präsidenten des Senegal und den tunesischen Präsidenten. Dazu die Vorsitzende der Afrikanischen Union, eine der Ex-Frauen des südafrikanischen Potentaten Jacob Zuma.

Das »Outreach-Treffen« dauerte 90 Minuten. Das heißt, jeder der sechs Staats- bzw. Regierungschefs hatte 15 Minuten Zeit, sein Anliegen den G7 vorzutragen! Danach stellten sich alle zu einem Gruppenbild mit Merkel auf, wobei die Präsidentin von Liberia, Ellen Johnson Sirleaf, mit ihrer Hutkonstruktion und ihrem Kleid der wie immer bieder gekleideten Kanzlerin die Show stahl.

Ich habe keine Ahnung, wie das Outreach-Programm, mit dem die G7 zeigen wollten, dass sie über den Tellerrand der eigenen Befindlichkeit zu schauen in der Lage sind, weiterging. Wurden die sechs afrikanischen und asiatischen Staats- und Regierungschefs gleich in ihre Heimat zurückgeflogen, durften sie eine Nacht in Elmau bleiben, oder hatten sie wenigstens die Gelegenheit, auf dem Weg zum Flughafen noch ein wenig in der Münchner Maximilianstraße zu shoppen?

Es war nicht der Höhepunkt des G7-Treffens, aber eine sehr symbolträchtige Arabeske: Die Herrschaften gaben sich die Ehre, und das Gesinde der Welt durfte kurz am Katzentisch Platz nehmen.

11. Juni

Liebes Tagebuch!

Es war nur eine kurze Meldung in der 17-Uhr-*Tagesschau*, gerade mal 25 Sekunden lang. »Gut zwei Monate nach dem Brandanschlag auf eine geplante Asylunterkunft in Tröglitz in Sachsen-Anhalt versucht der Ort einen Neubeginn. In dieser Woche sind die ersten Flüchtlinge angekommen, heute stellte der Landrat des Burgenlandkreises die drei Familien offiziell vor. In dem ursprünglich für sie vorgesehenen Haus können sie nicht wohnen, ihnen wurden aber andere Wohnungen zur Verfügung gestellt. Viele Bürger des Ortes hatten Unterstützung und auch Patenschaften angeboten.«

Natürlich kann man in 25 Sekunden nicht alle relevanten Informationen unterbringen. Zum Beispiel, dass die Verantwortlichen für den mutmaßlich fremdenfeindlichen Anschlag vom Osterwochenende bis heute nicht gefunden werden konnten, obwohl die Polizei fieberhaft und in alle Richtungen ermittelt. Ungesagt blieb auch, woher die drei Flüchtlingsfamilien stammen: zwei aus Afghanistan und eine aus Indien. Bei der Pressekonferenz, auf der die drei Musterfamilien – jeweils Vater, Mutter und ein Kind – vorgeführt wurden, sagte der Landrat, man freue sich, »dass wir nach den schwierigen Wochen und Monaten so weit gekommen sind«. Man habe die Familien über die Vorfälle in Tröglitz informiert, sie hätten »sehr gefasst reagiert«.

Der frühere ehrenamtliche Bürgermeister von Tröglitz, der von seinem Amt zurückgetreten war, nachdem ihn Rechtsradikale bedroht hatten, sprach von einer »Chance für Tröglitz«, es liege nun an den Tröglitzern, »etwas daraus zu machen« oder »in Ängstlichkeit verfangen zu bleiben«.

Fasst man diese Infos zusammen, dann geht es nicht um das Wohlergehen der »Flüchtlinge«, sondern um das Ansehen der Ortschaft Tröglitz innerhalb der Gemeinde Elsteraue im Dreiländereck zwischen Sachsen-Anhalt, Sachsen und Thüringen. Tröglitz bekommt eine zweite Chance, sich als hilfsbereit, vorurteilsfrei und weltoffen darzustellen. Ob Tröglitz gut für die »Flüchtlinge« ist, wird sich noch herausstellen, jedenfalls sind die »Flüchtlinge« jetzt schon gut für Tröglitz. Wer würde es da übers Herz bringen, die Frage zu stellen, ob es angeht, Zuwanderer aus Indien als »Flüchtlinge« zu bezeichnen, um »Willkommenskultur« zu demonstrieren? Noch frevelhafter wäre es, darauf hinzuweisen, dass die Tröglitzer tatsächlich etwas gutzumachen haben.

In Tröglitz hatten die Nazis 1944 ein Außenlager von Buchenwald eingerichtet. Hier wurden, heißt es bei Wikipedia, »tausende ungarische Juden untergebracht«, die Zwangsarbeit verrichten mussten. »Charakteristisch war die schwere Bauarbeit, die daraus resultierende hohe Todesrate und hohe Fluktuation der Häftlinge. [...] Kranke und sterbende Häftlinge wurden gegen neue Häftlinge ausgetauscht. [...] Die schwere Bauarbeit führte schon nach wenigen Wochen zur völligen Erschöpfung der Häftlinge. Wenn Gefangene auf dem Betriebsgelände starben, wurden sie häufig zusammen mit dem Bauschutt entsorgt.«

Soweit bekannt, haben die Einwohner von Tröglitz damals weder den Häftlingen Unterstützung angeboten noch Patenschaften übernommen, um den Zwangsarbeitern zu helfen. Was sie seinerzeit versäumten, versuchen sie nun nachzuholen, indem sie an drei Familien ein Exempel des guten Willens statuieren. Wenn es sich in Afghanistan und Indien herumspricht, wie gastfreundlich die Tröglitzer sind, werden sich Tausende von Indern und Afghanen auf den Weg machen. Und dann bekommt Tröglitz noch eine Chance.

Garantiert die letzte.

12. Juni

Liebes Tagebuch!

Beinahe hätte ich eine Bemerkung übersehen, die der Chef des Euro-Rettungsschirmes ESM, Klaus Regling, gegenüber *Bild* gemacht hat. Er sagte: »Als Folge schmerzlicher Reformen war Griechenland bis Ende 2014 auf einem guten Weg. Premier Tsipras sollte diesen erfolgreichen Reformkurs fortsetzen. Ansonsten riskiert er, dass die vergangenen Opfer der Griechen umsonst gewesen sind.«

Der ESM (European Stability Mechanism) ist eine »Einrichtung der Europäischen Union mit eigener Rechtspersönlichkeit«, die im Januar 2012 von den Finanzministern der Euro-Staaten vertraglich vereinbart wurde. Eine Art Fonds zur Verhinderung von Staatspleiten. Der ESM vergibt Notkredite und Bürgschaften an zahlungsunfähige oder gefährdete Staaten innerhalb der Euro-Zone, verlangt dafür aber auch, dass die Empfänger ein »Anpassungsprogramm« umsetzen, das heißt, Auflagen zur Sanierung der Staatsfinanzen erfüllen. Die 18 Eurostaaten einigten sich auf ein Stammkapital von 704 Milliarden Euro, davon übernahm die Bundesrepublik mit 27 Prozent beziehungsweise 190 Milliarden Euro den Löwenanteil, gefolgt von Frankreich (20 Prozent), Italien (18 Prozent) und Spanien (12 Prozent).

Es ist nicht einfach zu erklären, wie der ESM funktioniert. Man könnte ihn mit einem Regenschirm vergleichen, dessen Besitzer hofft, dass es allein deswegen nicht regnen wird, weil er den Schirm bei sich hat. Oder mit einer Medizin, die zum Gebrauch freigegeben wird, ohne dass ihre Wirkung vorher getestet worden ist.

Der Vorstand der Bundesbank warnte in einer offiziellen Stellungnahme vor einem weiteren »Schritt in Richtung gemeinschaftlicher Haftung und geringerer Disziplinierung durch die Kapitalmärkte«, der Präsident des Ifo-Instituts für Wirtschaftsforschung, Hans-Werner Sinn, nannte den Rettungsschirm »ein unkalkulierbares Abenteuer« für Deutschland, das im Falle des Falles für weit mehr als die vertraglich vereinbarten 190 Milliarden haften müsse. Auch wohlwollende Befürworter der europäischen Integration mussten einräumen, dass eine Währung, die so aufwändig »gerettet« werden muss, nicht die Erwartungen erfüllt, die in sie gesetzt worden ist. Dass sie keine Probleme löst, sondern Probleme schafft.

Wenn der Chef des ESM nun – fünf Jahre seit dem Beginn der Griechenlandkrise – sagt, Griechenland sei bis Ende 2014 auf einem guten Weg gewesen, Premier Tsipras solle den erfolgreichen Reformkurs fortsetzen, ansonsten riskiere er, »dass die vergangenen Opfer der Griechen umsonst gewesen sind«, dann muss man sich erst einmal fragen, woher er diese Informationen hat. Von seinem Lieblingsgriechen an der Ecke? Nach dem siebten Ouzo? Die Fakten sagen etwas anderes. Die Wirtschaftsleistung Griechenlands ist seit 2008 um 27 Prozent gefallen, mit entsprechenden Folgen für Arbeitsplätze, Einkommen und Sozialleistungen. Jeder zweite Jugendliche ist arbeitslos und hat keine Aussicht, einen Arbeitsplatz zu finden. Griechenland importiert über die Hälfte seiner Lebensmittel und 80 Prozent seiner Energie. Abgesehen von Fetakäse, Oliven, Wein und Souvenirs produziert es kaum etwas, das für den Export taugt. Der einzige Wirtschaftszweig, der Devisen bringt, ist der Tourismus.

Unter diesen Umständen den Griechen zuzurufen, sie seien bis Ende 2014 auf einem guten Weg gewesen und sollten ihren erfolgreichen Reformkurs fortsetzen, damit die vergangenen Opfer nicht umsonst gewesen seien, zeugt von einer Brutalität, zu der nur Funktionäre imstande sind, die selber in Saus und Braus leben. Klaus Regling, Direktor des European Stability Mechanism, bekommt ein Jahresgrundgehalt von 324 000 Euro brutto. Dazu diverse Zulagen.

Zu irgendetwas muss der Rettungsschirm ja gut sein.

13. Juni

Liebes Tagebuch!

Das Berliner Zentrum für Antisemitismusforschung arbeitet an einer Definition des Begriffs »Antisemitismus«. Das wurde ja auch Zeit, denn der Terminus ist schon ein wenig in die Jahre gekommen. 1879 durch den Journalisten und Anarchisten Wilhelm Marr geprägt, sollte er dazu dienen, den modernen, rassisch begründeten Judenhass vom religiösen Ressentiment abzugrenzen, das aufgeklärten Geistern nicht mehr zeitgemäß erschien. Die Juden seien eine Rasse von Parasiten, die Deutschland ausbeuten, meinte Marr. Demgegenüber fiel es nicht mehr ins Gewicht, dass sie Jesus ans Kreuz genagelt hatten, denn, so der aus Österreich stammende Führer der »Alldeutschen«, Georg Heinrich Ritter von Schönerer: »Die Religion ist einerlei, im Blute liegt die Schweinerei.«

Nun kommt man heute mit dem Rassenticket nicht einmal von Wanne-Eickel nach Castrop-Rauxel. Der religiöse Antisemitismus à la Luther ist weitgehend passé, der rassische à la Streicher ebenso. Blöd ist nur, dass der Antisemitismus an sich weiterlebt. Es ist nicht die jüdische Religion oder die jüdische Rasse, die ihm Flügel verleiht, sondern die Idee einer jüdischen Nation beziehungsweise eines jüdischen Staates. Der Antisemitismus geht mit der Zeit, und die Antisemitismusforscher tun sich schwer, ihm zu folgen. In dieser Situation konzentriert sich das Berliner Zentrum für Antisemitismusforschung darauf, den Antisemitismus definitorisch aus der Welt zu schaffen.

Das geht so: Ein Mann, der in Kreuzberg lebt, wird auf der Straße von sechs jungen Männern auf Arabisch gefragt, woher er komme. »Aus Israel«, sagt der und wird daraufhin von der Gang als »dreckiger Jude« beschimpft und zusammengeschlagen. Im *Tagesspiegel* heißt es dazu: »Antisemitischer Überfall: Mann aus Israel geschlagen«. Zwei Mitarbeiter des Zentrums für Antisemitismusforschung melden sich daraufhin zu Wort und sagen, so könne man den Vorgang nicht beschreiben. Es gebe »keine hinreichenden Informationen, die es rechtfertigen würden, hier von einem antisemitischen Phänomen auszugehen«. Man könne nicht ausschließen, dass es den Tätern lediglich darauf ankam, den Nahostkonflikt in Kreuzberg auszutragen.

Antisemitismus liegt, so die wissenschaftliche Analyse, nur dann vor, wenn es um »die Ablehnung von Juden als Juden« geht. Da in Kreuzberg aber ein Israeli angegriffen wurde, hätte der *Tagesspiegel* schreiben müssen: »Arabische Jugendliche attackieren Israeli«. Diese Wortwahl wäre die richtige gewesen. Natürlich könnte man zugunsten der Schläger noch mehr anführen: dass sie weder »Mein Kampf« gelesen noch den »Ewigen Juden« gesehen haben, dass sie nie in einem Klezmer-Konzert waren oder dass ihre Eltern es versäumt haben, ihnen den jüdischen Beitrag zur deutschen Kultur zu erklären. Man könnte auch noch weiter gehen und sagen, dass es auch den Nazis nicht grundsätzlich darum ging, »Juden als Juden« abzulehnen. Es gab einige Juden, über die der Führer seine schützende Hand hielt, wie den Arzt Eduard Bloch aus Linz, der Hitlers Mutter behandelt hatte, und den Historiker Hans-Joachim Schoeps, der den Nationalsozialismus für eine gute Idee hielt, dazu angetan, »Deutschland vor dem Untergang« zu retten. Auch der Führer konnte durchaus differenzieren. Juden waren ihm nicht »als Juden« zuwider, sondern als Kapitalisten und Kommunisten, Revolutionäre und Reaktionäre, zersetzende Literaten und entartete Künstler, als Wegbereiter der Moderne und als Hindernisse auf dem Weg in eine bessere Zukunft.

So ähnlich muss man es heute sehen, wenn sechs junge Araber einen Israeli mitten in Berlin zusammenschlagen und dabei »dreckiger Jude« rufen. Auch wenn es auf den ersten Blick so scheint: Hier von einem »antisemitischen Phänomen« zu sprechen, wäre leichtfertig. Die »Ablehnung« galt nicht dem »Juden als Juden«, sondern dem Juden als Israeli.

Und das ist etwas ganz anderes. Gut, dass wir das klargestellt haben. Und einen herzlichen Gruß an das Berliner Zentrum für differenzierten Antisemitismus.

14. Juni

Liebes Tagebuch!

Der deutsche Idealismus ist eine Krankheit, die das Land im Würgegriff hält wie die Cosa Nostra Sizilien. Niemand redet von Geld, alle wollen nur gut sein und »Zeichen setzen« – vorzugsweise für mehr Gerechtigkeit. Sogar die Einführung der Maut wurde damit begründet, es gelte, eine »Gerechtigkeitslücke« zu schließen. Und wenn Thomas Gottschalk Millionen für Sendungen kassiert, die er nicht produziert hat, dann tut er es nicht, weil er die Kohle wie die Luft zum Atmen braucht, sondern weil ihn ein Vertrag, den sein Agent mit der ARD geschlossen hat, dazu zwingt. Ihm persönlich, sagt Gottschalk, sei Geld ziemlich egal. Auf die Idee, das ohne Gegenleistung eingestrichene Honorar an eine wohltätige Einrichtung zu überweisen, kommt er freilich nicht. Das ginge zu weit, es wäre vermutlich auch nicht »gerecht«.

Nun ist auch Barbara Schöneberger unter die Idealisten gegangen. Sie lese gerne Frauenzeitschriften, sagt sie, aber sie sei es leid, immer das gleiche Zeug vorgesetzt zu bekommen. »Die 69 (sic!) besten Sextipps, so werden Ihre Oberschenkel dünn, so werden Sie fit für den Sommer, ich glaub das alles nicht mehr, ich möchte mich nicht mehr belügen lassen von irgendwelchen 18-jährigen Mädchen, die da auf dem Foto abgebildet sind, ich möchte endlich mal, ähm, ähm, realistische Geschichten.« Deswegen werde sie jetzt stellvertretende Chefredakteurin bei einer neuen Frauenzeitschrift, die im Herbst erscheinen und *Barbara* heißen soll. »Ich werde da in der Redaktionsarbeit so eingebunden sein, dass wir alle Themen gemeinsam bestimmen, ich bin auf jedem Cover drauf, ich schreibe das Editorial, ich führe das Interview, das große, was da drin ist, da gibt's 'ne ganze Menge zu tun, ich fürchte, das wird relativ viel Arbeit.«

Die Rolle der »richtigen Chefredakteurin«, sagt Schöneberger, »überlasse« sie Brigitte Huber, der Chefredakteurin der *Brigitte*, wo man heute schon schwerstinvestigative Geschichten lesen kann wie zum Beispiel »7 Diät-Tipps, um fix noch ein paar Pfunde loszuwerden« und »Wie wirkt mein Make-up auf andere?«.

Allein diese Personalie bürgt dafür, dass *Barbara* eine »hochwertige Frauenzeitschrift neuen Typs« wird, gemacht von zwei Frauen, die es leid sind, sich anlügen zu lassen, und lieber den aktiven Part übernehmen. »Ich liege am liebsten oben!« ist die Parole, mit der *Barbara* ins Rennen geht.

So kommen *Brigitte* und *Barbara* zusammen, getrieben von dem Verlangen nach »realistischen Geschichten«. Von Geld ist, wie in solchen Fällen üblich, keine Rede. Alle arbeiten nur für Gottes Lohn und ein Freiabo von *Brigitte* und *Barbara*. Ich denke, wenn Barbara Schöneberger Journalistin wird, ist es Zeit, den Beruf zu wechseln. Ich möchte nicht der Einzige in dem Gewerbe sein, der nichts als reich und berühmt werden will.

15. Juni

Liebes Tagebuch!

Die Unterseeboote der Marine können nicht tauchen, die Hubschrauber des Heeres nicht fliegen, der neue Militärtransporter A 400 M stürzt gleich beim ersten Testflug ab, das Sturmgewehr G 36 sieht gut aus, hat beim Schießen aber ein »Präzisionsproblem«, für den Kampfpanzer »Leopard« fehlt die richtige Munition, der neue Schützenpanzer »Puma« darf höchstens mit Tempo 50 durchs Gelände rollen, weil sonst die Bremsen versagen; jede zehnte Kaserne müsste total saniert werden. Und auch bei den Helmen ist eine Schraube locker. Kurzum: Die Bundeswehr ist nicht einmal »bedingt abwehrbereit«.

Und was macht die Bundesregierung in dieser Situation? Sie bringt ein Gesetz auf den Weg, das »Bundeswehrattraktivitätssteigerungsgesetz« heißt und, wie schon der Name sagt, die Attraktivität des Dienstes in der Bundeswehr steigern soll. Denn die Wehrpflicht ist abgeschafft, und es melden sich nicht genug Freiwillige zum Dienst.

Das Bundeswehrattraktivitätssteigerungsgesetz ist kein Versuch, die Donaudampfschifffahrtsgesellschaft um genau acht Buchstaben zu toppen, es soll »einer Verbesserung der Arbeitsbedingungen und der Dienstgestaltung« dienen, unter anderem durch »die Einführung einer regelmäßigen Arbeitszeit von 41 Stunden in der Woche im Grundbetrieb«; Teilzeitbeschäftigung soll ausgebaut und das Beförderungssystem verbessert werden. Damit die Bundeswehr ein moderner Dienstleistungsbetrieb wird, wie die Bundesbahn, die Post oder die Telekom.

Man könnte darüber glatt vergessen, dass die Bundeswehr eine Armee ist, die den Auftrag hat, die Bundesrepublik im Ernstfall zu verteidigen. Man könnte sie natürlich auch abschaffen, das Verteidigungsministerium auflösen und durch einen Anrufbeantworter ersetzen: »Liebe Angreifer, bitte beachten Sie, wir haben soeben kapituliert. Machen Sie es sich bequem und achten Sie bitte auf Ihren CO_2-Fußabdruck.«

In diesem Fall bräuchte man keine U-Boote, keine Hubschrauber, keine Truppentransporter, keine Sturmgewehre, nicht einmal Helme. Die moderne Armee kommt ohne solche Accessoires aus. Alles, was sie braucht, ist ein Bundeswehrattraktivitätssteigerungsgesetz, in dem die Zahl der Arbeitsstunden festgeschrieben ist, mit klaren Vorgaben für Teilzeitarbeit und Möglichkeiten der Beförderung. Wer demnächst bei der Bundeswehr anheuert, bekommt nicht nur einen sicheren Arbeitsplatz, er leistet auch einen Beitrag zur Abrüstung. So vollendet die Bundeswehr das Werk der Friedensbewegung.

Der amtierende Bundesverkehrsminister Alexander Dobrindt ist von der Initiative seiner Kollegin Ursula von der Leyen dermaßen angetan, dass er bereits etwas Ähnliches für seinen Beritt angekündigt hat: ein Programm zur Steigerung der Attraktivität des Bahnverkehrs, das Bundesbahnattraktivitätssteigerungsgesetz.

16. Juni

Liebes Tagebuch!

Bei den letzten Wahlen in Bremen lag die Wahlbeteiligung bei 50 Prozent, in Brandenburg waren es noch weniger. Deswegen will jetzt »ein Bündnis quer durch alle Parteien« gegen die Wahlmüdigkeit vorgehen. Am Wochenende kamen die Generalsekretäre der im Bundestag vertreten Parteien zusammen, um zu beraten, was getan werden könnte, um die Erosion der Wählerbasis zu stoppen. »Alle Parteien an einem Tisch, das ist ein starkes Signal für die Demokratie in unserem Land«, sagte hinterher der Bundesgeschäftsführer der Grünen, »weil wir uns einig waren, dass wir das Interesse an Politik steigern wollen, und weil wir eine sinkende Wahlbeteiligung als Warnsignal für Politik verstehen«.

Gesprochen wurde über mehrere Optionen: Wahllokale sollten länger offen bleiben. Erst- und Zweitstimme sollten neue Namen bekommen: Kandidaten- und Parteienstimme. Die Briefwahl sollte, wie auch immer, »erleichtert« werden.

Wenn es darum geht, »das Interesse an Politik« zu steigern, muss man sich schon was einfallen lassen. Ich wäre für ein »Politikattraktivitätssteigerungsgesetz«, das jeden Bundesbürger verpflichten würde, alle zwei Jahre an einem runden Tisch Platz zu nehmen, um so »ein starkes Signal für Demokratie in unserem Land« zu generieren, ganz im Sinne der Geschäftsführer und Generalsekretäre der Parteien, die es leid sind, immerzu Kontroversen vorzutäuschen, wo sie sich doch im Grunde einig sind, wie das Land regiert werden soll: mit einer Allparteien-Koalition. Dass dies einer der Gründe für die sinkende Wahlbeteiligung sein könnte, kommt ihnen nicht in den Sinn. Eher glauben sie, dass »der Wähler« zu bequem und zu faul ist, um sich alle paar Jahre ins Wahllokal zu schleppen, und dass man ihm deswegen ambulant und stationär entgegenkommen muss, damit er seine Stimme auf halbem Wege zwischen *Pimkie* und *Zara* abgeben kann oder beim Umsteigen von einem Regionalexpress in einen Intercity. Wie blöd müssen Politiker sein, um nicht zu begreifen, dass sie selbst und die Art, wie sie Politik machen, der Grund für die sinkende Wahlbeteiligung sind und nicht die Mühsal bei der Stimmabgabe?

Das Interesse an der Politik zu steigern, ohne das Personal auszuwechseln, scheint so sinnvoll, als wollte man der Fifa unter der Führung von Sepp Blatter neues Leben einhauchen. Für den Anfang könnte man Frau Fahimi nahelegen, eine TV-Pause einzulegen, sagen wir, bis zur nächsten Bundestagswahl in zwei Jahren. Für die Politik wäre es kein Verlust, für die »Generalin« eine Gelegenheit, den »ländlichen Raum« aufzumischen, als mobile Urne der SPD.

17. Juni

Liebes Tagebuch!

In Berlin fand ein von der Automobilindustrie geförderter »Kongress zur Elektromobilität« statt. Vertreter der Wirtschaft und der Regierung wollten gemeinsam überlegen, wie man den Absatz der E-Autos ankurbeln kann, die kaum ein Mensch fahren will, abgesehen von einer paar Öko-Snobs, die sich einen Dritt- oder Viertwagen leisten können.

BMW beispielsweise zielt mit seinem i3 auf »vermögende Premium-Kunden«, die in Marketingkreisen »First Movers« und »Early Adopters« genannt werden, Trendsetter, die mit dem i3 »ihren Mitmenschen demonstrieren wollen: Seht her, ich denke grün und bin mit meinem Auto gut zur Umwelt, das lasse ich mir etwas kosten«.

Das wären dann, je nach Ausstattung, zwischen 36 000 und 46 000 Euro. Rabatt wird nicht gegeben, Extras kosten extra, die Option »Schnell-Laden Wechselstrom/Gleichstrom« gibt es für 1 590 Euro. Eine Familie aber, für die ein Auto ein Auto und kein Statussymbol ist, die mit einem E-Auto von Dortmund nach Rimini fahren möchte, bräuchte für die 1 200 Kilometer einige Tage. Erstens hat ein E-Auto, je nach Beladung, Geschwindigkeit und Fahrweise, eine Reichweite von 150 bis 200 Kilometern, zweitens kann es eine Weile dauern, bis man eine E-Tankstelle findet, sodass man nach dem »Volltanken« sofort damit anfangen müsste, die nächste E-Tankstelle zu suchen. Und drittens kann so ein »Volltanken« mehrere Stunden dauern.

So kommt es, dass bis jetzt gerade einmal 25 000 E-Autos zugelassen wurden – obwohl die Käufer zehn Jahre keine Kfz-Steuer zahlen müssen. Auch das Argument, E-Autos seien umweltfreundlich und verursachten keine CO_2-Emmissionen, ist so richtig wie die Überlegung, man könnte den eigenen CO_2-Ausstoß durch sparsames Ein- und Ausatmen verringern. Irgendwo muss der Strom, den die E-Autos brauchen, ja hergestellt werden.

Was also tun? Bundeswirtschaftsminister Sigmar Gabriel hat eine Idee: »Wir brauchen ein gemeinsames öffentliches Beschaffungsprogramm, und von mir aus müssen das nicht gleich 50 Prozent sein. Aber wenn wir wenigstens zehn oder zwanzig Prozent durchgängig hinkriegten, dann würden wir der Industrie einen Riesengefallen tun und uns selber auch, meine Damen und Herren.« Soll heißen: Kommunen, Länder und der Bund sollen der Not leidenden Automobilindustrie unter die Arme greifen und massenhaft E-Autos als Dienstwagen bestellen. Dabei produziert die Automobilindustrie E-Autos nicht, um sie zu verkaufen, dazu sind Bedarf und Nachfrage viel zu klein und die Kosten zu hoch, sie tut es, um ihre CO_2-Gesamtbilanz nach unten zu drücken. So will es die EU. Dabei kommt es nicht auf die Zahl der verkauften Autos an, sondern nur darauf, mindestens ein »emissionsfreies« Modell im Angebot zu haben. BMW braucht den i3, um den 7er verkaufen zu können.

Das Ganze ist ein Beispiel für planwirtschaftlichen Wahnsinn, den der Steuerzahler finanziert. Und es wird Schule machen. Der Wirtschaftsminister wird demnächst auf einer Konferenz zur Förderung des Absatzes in Deutschland hergestellter Textilien die Beamten aufrufen, nur noch Unterwäsche der Marke *Trigema* zu tragen. Und der Landwirtschaftsminister feilt schon an einer Rede, die er vor dem Deutschen Bauerntag Ende Juni in Erfurt halten will. Sie wird mit den Worten enden: Deutsche, esst deutsche Bananen!

18. Juni

Liebes Tagebuch!

Hast du dich auch schon gefragt, wie es denn kommt, dass die griechischen Banken nicht pleite sind, obwohl die Griechen Milliarden von ihren Konten abheben, um sie ins Ausland zu überweisen oder daheim unters Kopfkissen zu legen? In den ersten fünf Monaten dieses Jahres waren es nach Angaben der Griechischen Zentralbank 29,4 Milliarden, allein gestern, am 17. Juni, wurden 950 Millionen Euro abgehoben.

Der Geldkreislauf entsteht dadurch, dass die einen ihr Geld auf die Bank bringen und die anderen es sich bei der Bank holen. Das ist in Griechenland längst nicht mehr der Fall. Das Geld fließt nur noch in eine Richtung. Wie kann das funktionieren?

Ganz einfach, liebes Tagebuch. Die Europäische Zentralbank überweist an die Griechische Notenbank jeden Tag 200 Millionen Euro. Das macht mehrere Milliarden Euro monatlich. »Diese Nothilfen«, sagt der ARD-Finanzexperte Markus Gürne, »halten die griechischen Banken am Leben, ohne die 200 Millionen Euro, die jeden Tag nach Griechenland fließen, wäre das Land bereits pleite.« Das Geld der EZB ermögliche es der griechischen Notenbank, »Wertpapiere in Zahlung zu nehmen, deren Sicherheit nicht den normalen Standards entspricht«. So pumpt die griechische Notenbank Geld in das griechische Bankensystem und hält Institute über Wasser, die ansonsten Insolvenz anmelden müssten. Auch wenn ich nicht bis ins letzte Detail verstanden habe, wie das System funktioniert, das Prinzip ist klar: Die griechischen Banken hängen am Tropf der EZB. Und die Bundesbank haftet für rund 27 Prozent der von der EZB ausgegebenen »Notfallkredite«, die sich mittlerweile auf über 80 Milliarden Euro summieren. »Kritiker meinen«, sagt der ARD-Börsenexperte Markus Gürne, »dass das Geld aus diesen Notfallkrediten weg sein könnte«, egal ob Griechenland im Euro bleibe oder nicht.

Was für eine Erkenntnis! So neu und so überraschend! Vorgestern schmückte sie auch die Titelseite von *Bild*: »Geld für die Griechen ist weg!« Führende CDU-Politiker, so *Bild*, »rechnen damit, dass Griechenland seine Schulden nicht mehr zurückzahlen kann«.

Eben war das Geld noch da, jetzt ist es weg, wie bei Roulette oder Black Jack. Wer hätte das für möglich gehalten, waren bis jetzt nicht nur führende CDU-Politiker, sondern auch SPD-Leute wie Martin Schulz der Ansicht, das an Griechenland ausbezahlte Geld wäre gut und sicher angelegt. Vor allem der Anteil, für den die Bundesbank bürgt. Unser Geld kam separat in Griechenland an, verpackt in umweltfreundlichen Papiertüten mit der Aufschrift: »Euro made in Germany – Handle with care!«

Und dieses Geld soll nun einfach weg sein? Nein, liebe Landsleute, es ist nicht weg. Es gehört jetzt nur anderen. Kleiner Trost: Es liegt zum großen Teil wieder bei deutschen Banken.

19. Juni

Liebes Tagebuch!

Im Zusammenhang mit der viel gelobten neuen Enzyklika des Papstes, die der Heilige Vater nicht vom Heiligen Geist, sondern vom Chef des Potsdam-Instituts für Klimafolgenforschung, Hans Joachim Schellnhuber, empfangen hat, heißt es in den *Tagesthemen*, im Vatikan sei eine »neue Bescheidenheit« eingezogen. Der Papst schlafe nicht in seinen Gemächern, sondern im Gästehaus des Vatikans, er fahre ein kleines Auto, und das Kreuz, das er um den Hals trage, sei nicht aus Gold, sondern aus Silber. Wenn er nun auch noch auf die Zabaione zum Nachtisch verzichtet, trete ich zum Katholizismus über und lasse mir die Vorhaut wieder annähen. Aber nur aus allerfeinster Crêpe de Chine, man gönnt sich ja sonst nichts in diesen Tagen der grassierenden Bescheidenheit.

Und dann habe ich noch das gefunden:

++CHRISTIAN WULFF SAGT TEILNAHME AB++

19.06.2015

+++Absage der Veranstaltung+++

Kaarst, 19.06.2015 | Die Organisatoren der Initiative Seniorensiegel Deutschland geben hiermit bekannt, dass Herr Bundespräsident a. D. Christian Wulff seine Teilnahme an der Veranstaltung zur Verleihung des «Seniorensiegels für besondere Verdienste um den Islam-Dialog« am 18.06.2015 um 13:31 Uhr via E-Mail abgesagt hat. Wir bedauern dies zutiefst. Die Veranstaltung wird daher nicht stattfinden. Wir möchten uns von ganzem Herzen bei allen Mitwirkenden bedanken – insbesondere bei den geladenen Ehrengästen für ihr großartiges Engagement und ihre Bereitschaft, gemeinsam einen interreligiösen Dialog zu führen. Ebenso möchten wir uns bei den zuletzt 62 akkreditierten Journalisten aus Deutschland, der Türkei, Bulgarien, Frankreich und dem Iran für ihr Interesse an unserer Veranstaltung bedanken.

20. Juni

Liebes Tagebuch!

Update Griechenland: »Die Europäische Zentralbank hat nach Angaben eines Insiders eine Erhöhung der ELA-Nothilfen für griechische Institute um 1,8 Milliarden Euro genehmigt. Das verlautete am Freitag aus Regierungskreisen in Athen. Mit dem Geld sollen die Banken trotz der starken Mittelabflüsse zahlungsfähig bleiben. Wegen der drohenden Staatspleite holen viele Griechen ihr Geld von den Konten. In dieser Woche waren es mehr als vier Milliarden Euro, allein am Freitag 1,2 Milliarden Euro.« (*Welt Online*)

1,8 Milliarden Euro sind viel Geld. Bei dem Tempo, mit dem die Griechen ihre Konten abräumen, dürfte es für zwei Tage reichen. So betrachtet ist es wenig, aber, wie man in Köln sagt, immer noch besser als in die hohle Hand geschissen.

21. Juni

Liebes Tagebuch!

Wenn ich mir überlege, dass ich früher mal SPD gewählt habe, überkommt mich ein Gefühl der Scham, als hätte ich Blinden an der Haustür *Playboy*-Abos aufgeschwatzt. Für solche Sünden gibt es kein Verfallsdatum, sie verfolgen einen ewig. Schon Tucholsky wusste, wer SPD wählt, der »tut was für die Revolution und weiß genau: Mit dieser Partei kommt sie nicht«, was für ein Jammer, klagte er, dass die SPD nicht »Partei des kleineren Übels oder Hier können Familien Kaffee kochen« heißt.

Heute hat sich die SPD mit ihrer Rolle als Bettvorleger der CDU abgefunden, in Sachsen, ihrem Stammland, kommt sie auf gerade mal zwölf Prozent, aber das alles macht ihre Spitzenpolitiker weder demütig noch nachdenklich. Ganz im Gegenteil. Sigmar Gabriel warnt vor »dramatischen Folgen«, falls die Griechen die Euro-Zone verlassen. Das wäre »ein fatales Signal«, der Nationalismus sei ohnehin überall in Europa auf dem Vormarsch. Es bestehe die Gefahr einer »europäischen Desintegration«.

Gabriel hat offenbar vergessen, mit welchem Spruch die SPD in der Schlussphase des Wahlkampfs zum Europaparlament geworben hat: »Nur wenn Sie Martin Schulz wählen, kann ein Deutscher Präsident der EU-Kommission werden.« Aber das war weder ein »fatales Signal« noch Ausdruck eines verkorksten Nationalismus, es war nur der Wunsch, Europa unter deutscher Führung zu integrieren. Nun hat es mit der Wahl des Deutschen Martin Schulz zum Präsidenten der EU-Kommission so wenig geklappt wie mit der Wahl von Peer Steinbrück – wo ist der eigentlich abgeblieben? – zum Kanzler der Bundesrepublik. Die SPD ficht das freilich nicht im Geringsten an. Statt in sich zu gehen, weist sie lieber anderen den Weg.

Du erinnerst dich, liebes Tagebuch, erst vor Kurzem mahnte meine spezielle SPD-Freundin Yasmin Fahimi die Parteifreunde im Burgenland ab, weil sie es gewagt hatten, eine aus SPÖ und FPÖ bestehende Landesregierung zu bilden, also mit »Rechtspopulisten« zu paktieren. Das werde Folgen haben, drohte die Generalsekretärin der SPD. Und jetzt haben auch die Dänen nicht so gewählt, wie die SPD es gerne hätte. Er sei »schockiert über das starke Abschneiden der Rechtspopulisten der Dansk Folkeparti, die einen klar ausländerfeindlichen Wahlkampf geführt hat«, gab der stellvertretende Vorsitzende der Bundes-SPD und Fraktionschef im Kieler Landtag, Ralf Stegner, zu Protokoll. Besonders schlimm fand er es, dass die Volkspartei in der deutsch-dänischen Grenzregion bis zu 40 Prozent erhalten habe. »Das können wir nicht nachvollziehen, weil wir gerade die Grenzregion immer als ein europäisches Paradebeispiel für Toleranz und gute Zusammenarbeit über Grenzen hinweg erlebt haben.«

Arroganter, dümmer und selbstgefälliger geht es nimmer. Die Dänen haben dem Stegner ein »Paradebeispiel für Toleranz und gute Zusammenarbeit« kaputtgemacht, obwohl noch kein einziger Übergang an der deutsch-dänischen Grenze geschlossen worden ist. Es wurden nicht einmal Grenzkontrollen eingeführt, um den Zustrom jener Migranten zu bremsen, die Deutschland nur aufnimmt, um sie wieder abzuschieben, sobald ihre Asylanträge abgelehnt wurden. Indem sie gleich nach Dänemark rübermachen, entlasten sie die deutschen Behörden ganz erheblich. Das ist es, was Stegner unter Toleranz und guter Zusammenarbeit über Grenzen hinweg versteht.

Vor allem gegenüber kleinen Ländern wie Dänemark, Holland, Belgien, Österreich und der Schweiz kennt der deutsche Vormund keine Zurückhaltung. Stegner selbst macht immer wieder den Pitbull, wobei ihm schon seine Physiognomie zu einem glaubwürdigen Auftreten verhilft. Dem ist alles zuzutrauen. Ich wäre sehr dafür, dass die SPD ihn als nächsten Kanzlerkandidaten aufstellt. Ganz im Sinne von Tucholsky: Wer die SPD wählt, tut was für die Revolution und weiß genau: Mit dieser Partei kommt sie nicht.

22. Juni

Liebes Tagebuch!

Nein, ich kann es nicht lassen, ich habe schon wieder an Steffen Seibert geschrieben. Lies selbst:

Lieber Herr Seibert,
ich hoffe, Sie haben Elmau und die Vollpension gut überstanden. Ich habe eine Woche Krankenhauskost hinter mir, das war noch schlimmer.

Darf ich sie um eine Auskunft bitten?

Ich habe mir die Verträge von Maastricht und Lissabon noch mal angesehen und nirgendwo einen Passus gefunden, der die Zuständigkeit des deutschen Regierungschefs bzw. der -chefin für die Lösung von Krisen innerhalb der EU vorsieht. Auch von einem »primus inter pares« ist da keine Rede.

Dagegen steht in fast jedem Zeitungsbericht der Satz, die Kanzlerin habe Griechenland jetzt zur Chefsache erklärt und die Angelegenheit »an sich gezogen«. Sogar der griechische Finanzminister ist der Ansicht, Frau Merkel sollte »eine Entscheidung treffen«.

Gibt es für eine solche Forderung irgendwo eine gesetzliche Grundlage, die ich übersehen habe? Ist Griechenland deutsches Protektoratsgebiet?

Viele Grüße aus meinem Augsburger Exil
Ihr HB

Lieber Herr Broder,
zunächst: Ich hoffe, Sie haben den Krankenhausaufenthalt und die Gründe dafür gut überstanden. Ich wünsche jedenfalls gute Gesundheit.

Sie haben die europäischen Verträge ganz richtig studiert. Sie räumen keinem der Staats- und Regierungschefs eine herausgehobene Rolle oder eine besondere Zuständigkeit ein. Das gilt selbstverständlich auch im Falle Griechenland. Dass Journalisten immer wieder von »an sich gezogen« und »Chefsache« schreiben, kann ich weder beeinflussen noch verhindern. Von der Bundeskanzlerin oder mir werden Sie das nie so dargestellt gehört haben. Als Vertreterin eines wichtigen Eurolandes hat die Bundeskanzlerin zahlreiche Gespräche mit Ministerpräsident Tsipras geführt, häufig gemeinsam mit dem französischen Staatspräsidenten. Auch andere EU-Regierungschefs wie Renzi oder Feymann hatten in den letzten Tagen und Wochen bilaterale Treffen mit Herrn Tsipras. Die Bundesregierung hat in allen Kontakten mit der griechischen Seite immer wieder hervorgehoben, dass die eigentlichen Verhandlungen über einen erfolgreichen Abschluss des zweiten Hilfsprogramms mit den drei Institutionen Europ. Komm., EZB und IWF zu führen seien, an denen vorbei es keine Abkürzung geben kann.

Ich hoffe, Ihnen damit die erhoffte Auskunft gegeben zu haben.

Beste Grüße,
Steffen Seibert

23. Juni

Liebes Tagebuch!

Stell dir bitte vor, ich gehe zu meinem Hausarzt und lasse mich durchchecken. Blut, Leber, Galle, Nieren, Herz und Lunge, das volle Programm. Nach zwei Tagen liegen die Laborergebnisse vor, mein Arzt ruft mich an und sagt, ich solle mal vorbeikommen, er habe mit mir was zu bereden. Ich rechne mit dem Schlimmsten, da war doch neulich so ein Stechen in der Leiste, und die Panikattacken vor dem Einschlafen müssen ja auch von irgendwoher kommen.

Nachdem ich im Sprechzimmer Platz genommen habe, kommt der Arzt rein, ergreift meine eiskalte Hand und sagt: »Sie sind in guter Verfassung, nur die Zuckerwerte sind viel zu hoch.« – »Diabetes?«, stammele ich. »Ja«, sagt mein Arzt, »und das nicht wenig, aber machen Sie sich keine Sorgen, das kriegen wir schon hin«. Er setzt sich an seinen Schreibtisch, greift zum

Rezeptblock und fängt an zu schreiben. »Morgens eine Portion gesüßte Cornflakes oder Pancakes mit Sirup, mittags ein großer Teller Pasta oder Pommes Frites mit reichlich Ketchup, abends Kaiserschmarrn oder Millirahmstrudel und zwischendurch eine Mousse au Chocolat oder eine Tüte Gummibärchen.«

Ich denke, mein Arzt will mich auf den Arm nehmen. Ich kennen ihn schon eine Weile, weiß aber nicht, dass er in seinem früheren Leben ein Homöopath war, der seine Patienten mit winzigen weißen Kügelchen behandelt hat. Hatte ein Patient hohes Fieber, verschrieb er ihm »Belladonna« – eine aus der schwarzen Tollkirsche hergestellte Naturmedizin, die nicht fiebersenkend, sondern fiebertreibend wirkt. Denn die Regel Nr. 1 der Homöopathie lautet: »Gleiches hilft bei Gleichem«. Trat dann die erwartete »Erstverschlimmerung« ein, freute sich der Homöopath, denn das Medikament zeigte Wirkung. Und nun verordnet er mir lauter schwer zuckerhaltige Speisen gegen meine Diabetes! Wer macht denn so was?

Mein homöopathisch vorbelasteter Arzt und – das Fachärztekollegium der Europäischen Union, bestehend aus dem Präsidenten der Europäischen Zentralbank, Mario Draghi, dem Chef der Euro-Gruppe, Jeroen Dijsselbloem, dem EU-Ratspräsidenten, Donald Tusk, dem Präsidenten der EU-Kommission, Jean-Claude Juncker, und dem in seiner Heimatstadt Würselen bei Aachen weltberühmten Wunderheiler Martin Schulz, im Nebenberuf Präsident des Europaparlaments.

Diese fünf »Präsidenten« haben ein gemeinsames Papier mit dem Titel »Die Wirtschafts- und Währungsunion Europas vollenden« erarbeitet und es gestern der Öffentlichkeit vorgelegt. Just an einem Tag, an dem zuerst die Finanzminister und nach ihnen die Regierungschef der Eurostaaten wieder einmal in Brüssel zusammenkamen, um zu beraten, ob sie Griechenland retten oder in die Staatspleite schicken wollen. Das Timing mag Zufall sein, denn solche Gipfel finden inzwischen routinemäßig alle paar Tage statt.

Die Politikmacher sitzen an einem runden Tisch, in der Mitte des Raumes steht ein Fass ohne Boden, und daraus – Wunder der Technik! – ertönt ein bekanntes griechisches Volkslied:

»Wer soll das bezahlen, wer hat das bestellt,
wer hat so viel Pinke-Pinke, wer hat so viel Geld?«

Denn die EZB kann gar nicht so schnell Geld in das griechische Bankensystem pumpen, wie es von den Griechen abgehoben wird. So kann es nicht ewig weitergehen. Oder doch? Wäre es hilfreich, ein größeres Fass aufzustellen?

Während die Wirtschafts- und Währungsunion Europas allein von der Angst zusammengehalten wird, ein Austritt der Griechen könnte andere Staaten dazu verleiten, die Euro-Zwangsjacke ebenfalls an der Garderobe abzulegen, wollen die fünf »Präsidenten« die Wirtschafts- und Währungsunion Europas »vollenden« – was erst einmal so klingt, als würde sich das Kurorchester von Burg auf Fehmarn daran machen, Schuberts Unvollendete zu Ende zu komponieren.

»Der Euro ist etwas, auf das wir stolz sind. Er ist etwas, das Europa beschützt. Er ist aber auch etwas, das besser funktionieren kann«, erklärte EU-Kommissionspräsident Jean-Claude Juncker schon vor der Vorstellung des Berichts.

Der Gebrauch des Komparativs kann tückisch sein. Zu sagen, etwas könne »besser funktionieren«, setzt voraus, dass es bis dahin »gut funktioniert« hat. Das war auch die Logik der Reformer in der DDR, die den Sozialismus nicht abschaffen, sondern nur verbessern wollten. Heute ist es das Mantra der Berufseuropäer, die dem Roboter, den sie geschaffen haben, Singen und Tanzen beibringen möchten, um ihn »noch menschlicher« erscheinen zu lassen. Erst einmal aber sorgt der Euro für eine ordentliche Erstverschlimmerung bei den Patienten, ganz im Sinne des homöopathischen Prinzips »Gleiches hilft bei Gleichem«.

Und was kommt nach der Erstverschlimmerung? Wie soll die Wirtschafts- und Währungsunion Europas vollendet werden?

Durch eine »tiefere Integration« Europas, sagen die »Präsidenten«, also mehr Brüssel, mehr Zentralismus, mehr Rechte für die Kommission, den Rat und deren Ableger. Nur für das Parlament würde sich nichts ändern, denn es ist sowieso nur dazu da, die Vorlagen der Kommission und des Rates abzusegnen.

Im Neusprech der Euro-Akrobaten hört sich das so an: Der Euro-Raum müsse sich wandeln, »von einem System der Regeln und Leitlinien für die nationale Wirtschaftspolitik« hin zu einem »System weiter gehender Souveränitätsteilung im Rahmen gemeinsamer Institutionen«. Das heißt: Die Eurostaaten geben ihre nationale Souveränität auf und werden von Brüssel aus verwaltet. Aber so klar mögen es die fünf Visionäre nicht sagen, sie schwafeln lieber von einem »System weiter gehender Souveränitätsteilung im Rahmen gemeinsamer Institutionen«.

Die Rhetorik erinnert nicht nur an Orwell. Auch in der Sowjetunion wurde Privateigentum ins Volkseigentum überführt. Was mit der Enteignung der Reichen begann, endete in der Armut für alle – von den Funktionären, Kommissaren und Politruks, welche die Umverteilung organisierten, einmal abgesehen.

Mit der »tieferen Integration« soll also der Kurs fortgeführt und intensiviert werden, der zu der jetzigen Situation geführt hat. Das ist nicht ganz daneben. Gegen die Folgen einer durchsoffenen Nacht hilft am besten eine Flasche Chivas Regal. Und wenn einem Patienten ein Medikament nicht bekommt, muss man ihm noch mehr davon geben.

Eine gemeinsame Währung, die gesunde und marode Volkswirtschaften aneinander bindet, ist nicht genug, es soll auch ein gemeinsames Fiskal- und Sozialsystem geben. In der Sprache der fünf »Präsidenten« klingt das so: »Europas Wirtschafts- und Währungsunion bietet momentan das Bild eines Hauses, an dem jahrzehntelang gebaut wurde, das aber nur teilweise fertiggestellt ist. [...] Mitten im Sturm mussten Mauern und Dach rasch befestigt werden. Jetzt ist es höchste Zeit, die Fundamente zu verstärken.«

Es ist höchste Zeit, den Atem anzuhalten, liebes Tagebuch, oder etwa nicht? »Mitten im Sturm« merken die Architekten des »Projekts Europa«, dass sie den Bau mit einem Konstruktionsfehler angefangen haben, der ihnen jahrzehntelang nicht aufgefallen ist. Nun, da in dem Haus 28 Parteien leben, von denen die Hälfte alimentiert werden muss, weil sie sich die Miete nicht leisten kann, schwant den Bauherrn, dass die Hütte auf Treibsand gebaut worden ist. O heilige Einfalt! Würdest du, mein Tagebuch, solchen Schnellmerkern den Auftrag geben, eine Laube für unseren Schrebergarten zu bauen? Ich nicht. Eher lasse ich meinen Gleitwirbel von einem Homöopathen richten.

Und noch was: Während alle hektisch versuchen, Griechenland zu retten, und ein Treffen das nächste jagt, was machte da gestern unser aller »Mutti«? Bereitet sie sich auf den Showdown vor? Ruht sie sich aus, um Kräfte für die entscheidende allerallerallerletzte Runde zu sammeln? Besucht sie einen Yoga-Kurs? Geht sie in die Sauna? Legt sie Tarot-Karten oder ihre Handy-Fotos vom G7-Gipfel in Elmau in einem Album ab? Nein, sie fährt nach Stralsund, ihren Wahlkreis, um in der Stralsunder Kinderbibliothek 20 Kindergartenkindern vorzulesen. Es sind ja ihre Wähler von übermorgen. Lesen sei wichtig, erklärt die Kanzlerin den Kindern, »weil man sich die Dinge besser merkt, man Fantasie entwickelt und weil man allein mit sich etwas unternehmen und erleben kann«. Sie selbst habe als Kind am liebsten »Max und Moritz« und den »Struwwelpeter« gelesen. Nicht etwa »Mischa, der Bär« oder »Alarm im Kasperle-Theater«, zwei Klassiker unter den Kinderbüchern aus der DDR?

Ich bin erschüttert. Wenn die Kanzlerin, in der Tradition deutschen Führungspersonals, zwischen schicksalhaften Terminen Zeit und Muße findet, um sich mit Kindern filmen zu lassen, dann kann die Lage nicht allzu ernst sein, dann ist alles längst ausgekaspert und, wie man in Berlin sagt, »in trockenen Tüchern«. Und alles, was uns vorgespielt wird, ist Bauerntheater. Die nächtelangen

Sitzungen im Berliner Kanzleramt und im Brüsseler EU-Hauptquartier, die Erklärungen an die wartenden Reporter, man habe »konstruktiv« miteinander verhandelt und wolle das Gespräch bald fortsetzen, die bizarren Auftritte der griechischen Politiker, die besorgten Gesichter von Schäuble, Gabriel, Kauder und Oppermann, die Kommentare der Brüsseler Korrespondenten, die Stellungnahmen der Experten bei Illner, Jauch und Will. Alles nur Blitz und Donner vom Band. Wie beim Tatort, wo man 85 Minuten einem wirren Drehbuch folgen muss, um in den letzten fünf Minuten den Täter präsentiert zu bekommen.

Dabei ist der Plot ganz einfach: Die Griechen sind als Schuldner in einer viel besseren Position als die Gläubiger. Griechenland ist schon pleite, Deutschland und den anderen »Geldgebern«, die sich verspekuliert haben, steht die Pleite noch bevor. Es wird nicht bis zur letzten Sekunde gepokert, es wird nur so getan, als würde man bis zur letzten Sekunde pokern. Denn die Karten liegen auf dem Tisch. Royal Flush für die Griechen, bestenfalls zwei Buben für die anderen. Nur das Publikum soll es nicht merken, damit die Krise, die 2010 begann, noch lange weitergehen kann. Von einem Cliffhanger zum nächsten.

Unter diesen Umständen kann man es nachvollziehen, dass sich die Kanzlerin eine kurze Verschnaufpause gönnt. Nur – wie soll man sich das praktisch vorstellen? Kommt sie morgens ins Amt und ruft: »Leute, heute scheint die Sonne, wir machen eine Landpartie, auf nach Schwerin!« Oder werden solche Exkursionen langfristig geplant, wie der Auftritt der Kanzlerin beim »Bürgerdialog«? Werden die Kinder, denen die Kanzlerin vorliest, handverlesen oder auf der Straße eingefangen? Vor allem aber: Was bleibt bei den Kindern hängen?

»Wenn man lesen kann, kann man auch Bundeskanzlerin werden«, sagte zum Abschied der Geschäftsführer der Stiftung Lesen. Und wenn man lesen *und* schreiben kann, ist auch ein ordentlicher Beruf drin.

24. Juni

Liebes Tagebuch!

Der bayerische Innenminister Joachim Herrmann gibt bekannt, Bayern werde vom 1. Juli an die Kontrollen entlang der bayerisch-österreichischen und bayerisch-tschechischen Grenze verstärken. Bislang seien in diesem Bereich 600 Landespolizisten und etwa 1400 Angehörige der Bundespolizeiinspektionen aktiv. Demnächst würden 500 Beamte der Bereitschaftspolizei dazukommen. Das sieht nach einem Bruch des Schengen-Abkommens aus, das die Personenfreizügigkeit innerhalb der EU garantiert. Kontrollen dürfen nur an den Außengrenzen stattfinden. Aber: Die Außengrenzen Bayerns sind mit denen der EU nicht identisch. Also kontrolliert man dort, wo Bayern anfängt beziehungsweise aufhört. Das bedeutet nicht, dass die alten Grenzposten wieder in Betrieb genommen werden, nein, die Polizei kann sich einfach irgendwo hinstellen und kontrollieren: Autofahrer, Radfahrer, Wanderer, Bahnreisende, einzeln und in Gruppen. Diese Methode wurde während des G7-Gipfels auf Schloss Elmau erfolgreich praktiziert. Dabei hat die Polizei 150 Straftaten aufgedeckt, 60 Haftbefehle vollstreckt, 8600 Verstöße gegen das Aufenthaltsgesetz protokolliert und 430 Personen die Einreise verweigert, aus welchen Gründen auch immer. Innenminister Herrmann »erwartet sich«, schreibt die *Augsburger Allgemeine*, dass die Innenminister der Länder und des Bundes »ebenfalls die verdachtsunabhängigen Kontrollen verstärken«. Auf diese Weise soll die Bekämpfung von Wohnungseinbrüchen, Drogenkriminalität, Menschenhandel und illegalen Grenzübertritten erleichtert werden.

Mir leuchtet das ein. Man kann sich mit einer Angelrute irgendwo an ein Ufer stellen und warten, bis ein Fisch anbeißt. Man kann aber auch ein Netz auswerfen und schauen, was sich darin verfängt. Das ist der Sinn einer »verdachtsunabhängigen Kontrolle«. Der Versuch, nach Bayern einzureisen, reicht bereits für einen Anfangsverdacht. Bei der Vorratsdatenspeicherung, die ebenfalls verdachtsunabhängig ist, macht man sich schon dadurch verdächtig, dass man eine Telefonnummer anwählt oder eine SMS verschickt.

Mir ist alles recht. Wenn bei den »verdachtsunabhängigen Kontrollen« ein paar Drogendealer, Menschenhändler, Schleuser und Panzerknacker aus dem Verkehr gezogen werden, nehme ich eine gelegentliche Belästigung durch die Polizei in Kauf. Ich frage mich nur, was werden die Generalsekretärin der SPD, Frau Fahimi, und der Fraktionsvorsitzende der SPD im Kieler Landtag, Ralf Stegner, dazu sagen, dass Bayern seine Grenzen kontrolliert? Beide haben sich nach dem Wahlsieg der Rechtspopulisten in Dänemark präventiv darüber aufgeregt, es könnte wieder zu Kontrollen an der deutsch-dänischen Grenze kommen, initiiert von den Dänen. Zu den Maßnahmen der Bayern haben Fahimi und Stegner bis jetzt nichts gesagt. Das könnte daher kommen, dass Schleswig-Holstein und Bayern keine gemeinsame Grenze haben. Glückliches Bayern.

25. Juni

Liebes Tagebuch!

Die *Tagesschau* meldet: »Die Innenminister von Bund und Ländern haben den in Deutschland lebenden Juden versprochen, entschlossener gegen Antisemitismus vorzugehen. Auf ihrer Tagung in Mainz erklärten sie den Schutz jüdischer Mitbürger zur Staatsräson. Die steigende Zahl antisemitischer Straftaten sei besorgniserregend. Als Zeichen der Solidarität hatten sich die Innenminister in einer Synagoge versammelt.«

Das Lexikon der Politik definiert »Staatsräson« als ein »grundsätzliches Orientierungs- und Handlungsprinzip, welches die Erhaltung des Staates bzw. der staatlichen Autorität [...] zur entscheidenden politischen Maxime erklärt«. Es gibt auch andere Definitionen des Begriffes, aber alle laufen auf das Gleiche hinaus. Die Staatsräson artikuliert sich in der Festlegung der Normen für das Zusammenleben, im Gewaltmonopol des Staates und in dem Willen, dieses Monopol durchzusetzen. Der Staat ist dazu da, für die Sicherheit und das Wohlergehen aller seiner Bürger zu sorgen, er hat keine spezielle Verpflichtung gegenüber einzelnen Gruppen, seien es Juden, Radfahrer oder Vegetarier. Auf die politischen Überzeugungen der Bürger kommt es dabei ebenso wenig an wie auf deren ethnische, kulturelle oder religiöse Zugehörigkeit.

Wenn die Vertreter des Staates nun den »Schutz jüdischer Mitbürger« zur Staatsräson erklären und dabei auf die steigende Zahl antisemitischer Straftaten hinweisen, dann könnte man das auch als eine Warnung verstehen, das Gewaltmonopol des Staates nicht zu missachten. »Der Staat, das sind wir«, sagen die Innenminister, und wer die Ohren spitzt, bekommt auch das Gedachte mit: »Wenn hier jemand das Recht hat, den Juden auf die Finger zu hauen, dann sind wir es und nicht irgendwelche Freiberufler, die auf eigene Rechnung arbeiten.«

Eine solche Stellungnahme wäre Ausdruck der Staatsräson, im Gegensatz zu diesem Lippenbekenntnis zum »Schutz jüdischer Mitbürger«. Es ist bestenfalls gut gemeint und dazu angetan, die Juden zu beruhigen, die sich in der ihnen zugedachten Rolle als »Dhimmis« – als Bürger zweiter Klasse, die vom Staat geschützt werden – wohlfühlen. Zur Zeit des Feudalismus, als die Juden besondere Hüte tragen und bunte Stofffetzen auf ihre Kleider nähen mussten, um als Juden erkannt zu werden, war es besser, ein Dhimmi zu sein, als vom Mob erschlagen zu werden. Obwohl die schützende Hand des jeweiligen Landesherren oft nicht weiter reichte als bis zum Stadttor. Heute freilich ist die

Alternative Dhimmi oder Freiwild keine mehr. Tertium datur. Es gibt ein Drittes: Israel. Das Land kann zwar auch keine totale Sicherheit garantieren, aber es unterscheidet wenigstens nicht zwischen Bürgern und Mitbürgern, also Citoyens und Dhimmis.

Die Juden in Deutschland aber wollen »Mitbürger« bleiben und freuen sich wie Kinder auf einen Besuch bei Harry Potter, wenn die Innenminister der Länder sie unter ihre Fittiche nehmen. Da fühlen sie sich sicher. Die Innenminister werden es richten und noch mehr Polizisten zum Schutze jüdischer Schulen und Kindergärten abkommandieren. Wenn es sein muss, bekommt jeder Jude einen eigenen Personenschützer. Was für ein Leben!

Man kann die Juden aus dem Ghetto holen, aber nicht das Ghetto aus den Juden.

26. Juni

Liebes Tagebuch!

Während die deutschen Innenminister in Mainz über Maßnahmen zum Schutz jüdischer Mitbürger beraten, treffen sich in Brüssel die Staats- und Regierungschefs der EU wieder einmal zu einem ihrer »Gipfel«. Der wievielte es allein im laufenden Jahr ist, könnte nur die Reisestelle im Kanzleramt sagen. Auf der Tagesordnung steht nicht die Griechenlandkrise, sondern die »Flüchtlingspolitik«, was sich so anhört, als gäbe es eine. In jedem Fall gibt es das, was die Politiker »Handlungsbedarf« nennen. Die EU-Kommission hat einen »Verteilungsschlüssel« für zunächst 40 000 Flüchtlinge vorgelegt, den die Innenminister der EU-Staaten souverän vom Tisch gewischt haben. Vor allem die Balten und Osteuropäer wollen keine Flüchtlinge aus Afrika und dem Nahen Osten aufnehmen, sondern unter sich bleiben.

Der Kosten und der sozialen und kulturellen Integrität zuliebe. Eine extrem egoistische und unsolidarische Haltung, finde auch ich, die der Idee der »Vertiefung« der EU entgegensteht.

Deutschland nimmt Flüchtlinge auf, pocht aber auf eine »fairere Verteilung« innerhalb von Europa. »Fairer« bedeutet in diesem Zusammenhang: weniger. Eine verbindliche Quote, nach der jedes Land eine bestimmte Anzahl von Menschen aufnehmen müsste, wäre durchaus in deutschem Interesse. Deswegen ist Deutschland für die Quote. Polen, das bis jetzt von der Flüchtlingswelle verschont blieb, ist dagegen.

Schließlich einigen sich die Staats- und Regierungschefs darauf, eine informelle Quotenregelung einzuführen. Bis Ende Juli soll jedes Land angeben, wie viele Asylbewerber es aufnehmen möchte – freiwillig und unverbindlich. Der italienische Ministerpräsident Matteo Renzi ist enttäuscht. »Es kann nicht sein, dass angesichts des Flüchtlingsstroms, dieses großen Notstands, der Egoismus regiert. Europa ist doch Solidarität und nicht Egoismus.« O Matteo!

Die Kanzlerin, die auch in dieser Frage das Krisenmanagement an sich gezogen hat, sagt: »Da unsere Entscheidungen immer nur einstimmig erfolgen können, ist die Situation halt so, dass wir es jetzt auf dieser freiwilligen Basis versuchen; es ist also ein kleiner Schritt voran, aber es werden noch weitere Schritte folgen müssen.« Und es werden sicher noch weitere Gipfel zur Flüchtlingspolitik folgen. Die Situation ist halt so. Das Leben auch.

27. Juni

Liebes Tagebuch!

Ist dir aufgefallen, dass über Griechenland überall diskutiert wird – im Bundestag, bei Jauch, Plasberg, Will, Illner, Lanz und Pelzig –, nur nicht dort, wo das Thema diskutiert werden müsste, im Europaparlament? Darauf hat der frühere Europaabgeordnete Georgios Chatzimarkakis vorgestern bei Illner hingewiesen.

Dass es so ist, liegt nicht an den Abgeordneten, die wie Hamster im Tretrad trippeln, ohne von der Stelle zu kommen. Was im Plenum des »Europaparlaments« diskutiert wird und was unter den Tisch fällt, entscheidet die »Konferenz der Präsidenten«. Nein, das sind nicht die »fünf Präsidenten« – Draghi, Dijsselbloem, Tusk, Juncker und Schulz –, die wir schon kennen, diesmal handelt es sich um Martin Schulz und die Vorsitzenden der im EU-Parlament vertretenen Fraktionen, eine Art Mini-Parlament, das seinerseits die 751 Abgeordneten des gesamten Parlaments vertritt.

Die »Konferenz der Präsidenten« legt die Sitzordnung im Plenarsaal fest, also wer wo sitzen darf, und ist für den Zeitplan und die Tagesordnung der Plenartagungen zuständig. Die Beschlüsse werden durch Konsens gefasst oder »durch eine nach Maßgabe der Anzahl der Abgeordneten einer jeden Fraktion gewichtete Abstimmung«. Das heißt: Weil die Fraktion der »Europäischen Volkspartei« – das sind die vereinten Christdemokraten – mit 217 Abgeordneten viel größer ist als die Fraktionen der »Europäischen Konservativen und Reformer« (74 Sitze) und die »Allianz der Liberalen und Demokraten für Europa« (70 Sitze) oder die »Konföderale Fraktion der Vereinigten Europäischen Linken« (52 Sitze), bringt sie entsprechend mehr Gewicht in die »Konferenz der Präsidenten« ein.

In der Praxis haben die kleinen Fraktionen nichts zu sagen, weil die beiden großen, also die »Europäische Volkspartei« und die Fraktion der »Progressiven Allianz der Sozialdemokraten«, zusammen über eine satte Mehrheit von 407 Sitzen verfügen und deswegen die Tagesordnung nach Belieben bestimmen können. Was sie auch tun. Dabei hat der Präsident des Parlaments das letzte Wort. Als zu Beginn einer Debatte über das Transatlantische Freihandelsabkommen (TTIP) einigen Abgeordneten die Sicherungen durchbrannten und es zu tumultartigen Szenen im Saal kam, setzte der lupenreine Demokrat Martin Schulz das Thema kurzerhand von der Tagesordnung ab und verwies es an die zuständigen Ausschüsse. Natürlich bezog er sich auf einen Paragrafen der Geschäftsordnung, der ein solches Vorgehen erlaubt. Kontroverse Themen gehören eben nicht in das Europaparlament, wo man das EU-Motto »In Vielfalt geeint« in Ehren hält.

Sehr friedlich verlief dagegen die Debatte über einen »Beschluss zur Aufnahme von interinstitutionellen Verhandlungen über die Beihilferegelung für die Abgabe von Obst und Gemüse, Bananen und Milch in Bildungseinrichtungen und zur Erteilung des entsprechenden Mandats«, den die EU-Kommission vorgelegt hatte. Der Beschluss wurde, wie üblich, ohne Kampfabstimmung mit großer Mehrheit angenommen. Das war ganz nach dem Geschmack des Parlamentspräsidenten, dem ideologische Auseinandersetzungen zuwider sind.

Dass er dabei ständig Amtsanmaßung betreibt und sich zu Dingen äußert, die nicht in seine Zuständigkeit fallen, nimmt man ihm nicht übel, denn Regelverstöße gehören zum Alltag der EU wie die Abseitsregel zum Fußball. Nur werden sie viel seltener verfolgt.

Vor zwei Tagen gab Schulz ein Gastspiel bei Illner, live zugeschaltet aus Brüssel. Er wolle, sagte Schulz, »die ungeheure Leistung von Jean-Claude Juncker loben«, der als »ehrlicher Makler zwischen beiden Seiten versucht, Brücken zu bauen«;

er habe allerdings den Eindruck, so Schulz weiter, »da sind ein paar Ideologen auf beiden Seiten am Werk, sowohl in der Syriza als auch im Internationalen Währungsfonds«, beide sollten »ideologisch abrüsten«, er rechne fest mit einer Einigung in den nächsten Tagen und setze dabei auf »rationale Vernunft«.

Maybrit Illner ließ diese wunderbare Pointe verglühen, ohne sie aufzugreifen. Nur im Hintergrund hörte man einen weißen Schimmel leise wiehern. Er hatte verstanden.

28. Juni

Liebes Tagebuch!

Drei Terroranschläge an einem Tag, einem Freitag mitten im Ramadan, dem Fest des Friedens. In einem tunesischen Badeort richtet »ein junger Mann« ein Blutbad in einer Hotelanlage an, mindestens 39 Menschen sterben. Bei Lyon in Frankreich versucht »ein Einzeltäter«, eine Gasfabrik in die Luft zu jagen. Auf dem Weg zum Tatort enthauptet er seinen Arbeitgeber, macht ein Selfie mit der Leiche und befestigt den Kopf des Toten mit einer Kette am Metallzaun der Fabrik. In einer Moschee in Kuwait zündet ein Selbstmörder eine Sprengladung und nimmt 27 schiitische Gläubige mit in den Tod, über 200 werden verletzt.

Die Liste der islamistischen Terroranschläge, die in unserer Wahrnehmung mit dem 11. September 2001 begann, wird immer länger. Und was sagt der Zentralrat der Muslime dazu, genauer gesagt: dessen Vorsitzender Ayman Mazyek, der auch Botschafter des »Seniorensiegels« und immer unter den Ersten ist, wenn es darum geht, die um sich greifende »Islamophobie« zu beklagen? Schauen wir auf seiner Homepage – www.zentralrat.de – nach.

An erster Stelle steht die Meldung, die Ramadan-Aktion »Deutschland sorgt für Flüchtlinge« habe begonnen. Denn, so

Ayman Mazyek, »der heilige Monat Ramadan ist wie kein anderer Monat geeignet, die Hilfsbereitschaft und Gastfreundlichkeit, ein respektvolles Miteinander gegenüber muslimischen und nicht muslimischen Freunden, Nachbarn, Partnern und insbesondere von bedürftigen Menschen zu praktizieren«.

An zweiter Stelle folgt die Meldung, der Zentralrat der Muslime gratuliere Navid Kermani zum Erhalt des Friedenspreises des Deutschen Buchhandels 2015. Dies sei, sagt Mazyek, »eine glänzende Entscheidung des Börsenvereins des deutschen Buchhandels«, denn:

»Der Islamwissenschaftler Kermani steht für ein neues Deutschland, wo Brückenbauer wie er mehr denn je gefragt sind.« Direkt daneben steht ein längerer Beitrag über »Sterbehilfe bzw. Sterbebegleitung aus islamischer Sicht«, den man auch als Stellungnahme zu den letzten Anschlägen verstehen könnte. Aber: Die »aktuelle Handreichung des ZMD« ist schon über ein Jahr alt. Zu den Anschlägen vom Freitag findet man auf der Homepage des Zentralrates der Muslime kein Wort, vermutlich ist die Meinungsbildung innerhalb der Leitungsebene noch nicht abgeschlossen.

Dafür hat der Penzberger Imam Benjamin Idriz, Vorsitzender des »Münchner Forums für Islam e.V.«, die Anschläge in Tunesien, Frankreich und Kuwait als »grauenvoll« verurteilt. Man könnte sich über eine solche Stimme freuen, wenn sie nicht, wie üblich, mit der Versicherung daherkäme, die Terroristen legten den Islam falsch aus. »Heute können wir nur noch beten zu Gott, dem Erbarmer und Barmherzigen, dass er denen, die den Islam nicht verstehen, die Herzen öffnet zum Guten.« Der Herr solle ihr Denken und Tun auf die Wege der Vernunft leiten und ihnen – »wenn es sonst niemand tut« – die Waffen aus der Hand nehmen, erklärte der als liberal geltende Imam.

Der Allmächtige möge also die Terroristen entwaffnen, wie er die Nazis in Deutschland, die Roten Khmer in Kambodscha, die Hutu-Milizen in Ruanda und die Truppen von Ratko Mladic auf dem Weg nach Srebrenica entwaffnet hat. Und während wir darauf warten, dass der Herr eingreift, wüten die Gotteskrieger weiter: im Irak und in Syrien, in Libyen und in Tunesien, in der Türkei und in Pakistan, in Ägypten und in Afghanistan, in Nigeria und in Somalia, in London, Paris, Brüssel, Kopenhagen und Frankfurt. Der Herr schaut ihrem Treiben zu, und sein Diener Benjamin Idriz betet fünfmal am Tag zu Allah, dem Erbarmer und Barmherzigen, dass er denen, die den Islam nicht verstehen, die Herzen öffnet zum Guten.

Einer, der sein Herz bereits geöffnet hat, ist der »ehemalige Politiker, Medienmanager sowie Publizist« Jürgen Todenhöfer. Auf seiner Facebook-Seite postet er den Satz: »Islam und IS sind wie Himmel und Hölle«. Präziser kann man das Verhältnis zwischen dem Islam und dem Islamismus, wie ihn der Islamische Staat verkörpert, nicht beschreiben. Himmel und Hölle. Auch der Nationalsozialismus war der Himmel, das Dritte Reich dagegen die Hölle. Man könnte sogar einen Schritt weiter gehen und sagen: Die Nazis haben den Nationalsozialismus missbraucht. Wie die Islamisten den Islam. Denn: »Der Islam ist keine rigide Religion. Manche Muslime wissen das aber nicht«, sagt die Islamkennerin Lamya Kaddor. Wann, liebes Tagebuch, setzen sich unsere Muslime mit den wirklich kritischen, aufklärerischen Stimmen innerhalb des Islam auseinander, zum Beispiel mit dem neuen Buch von Ayaan Hirsi Ali (»Reformiert euch!«), statt sich wegzuducken und sich so mitschuldig zu machen an weiteren Attentaten?

Dass der Islam der Himmel auf Erden ist, davon können beispielsweise die Jesiden in Syrien und im Irak Zeugnis ablegen, die schwulen Männer, die im Iran an Baukränen aufgehängt werden, und der Blogger in Saudi-Arabien, der zu 1000 Peitschenhieben verurteilt wurde, weil er sich angeblich über Mohammed lustig gemacht hat. So etwas würde Jürgen Todenhöfer nie tun, denn er hat tiefsten Respekt vor dem Islam, der Religion des Friedens, der Nächstenliebe und der Toleranz.

Nun gerät aber selbst ein professioneller Islamversteher wie Todenhöfer gelegentlich in Erklärungszwang. Zu den Anschlägen in Tunesien, Kuwait und Frankreich heißt es auf seiner Facebook-Seite: »Sogenannte ›islamistische‹ Terroristen haben wieder zugeschlagen. […] Nicht nur die Führung des in Wirklichkeit ›Anti-Islamischen Staates‹ jubelt. Auch die Feinde des Islam reiben sich die Hände. Sie freuen sich über ein neues Argument für ihr ›Feindbild Islam‹.« Dabei, so Todenhöfer, sei »das Urteil des Koran« über solche Mordtaten »kristallklar«. Nämlich: »Wenn jemand einen unschuldigen Menschen tötet, so ist es, als habe er die gesamte Menschheit getötet.« So stehe es in der fünften Sure, Vers 32.

Es gibt vom Koran viele Übersetzungen und noch mehr Auslegungen. Schauen wir uns deswegen an, wie die Sure 5, Vers 32 auf *islam.de*, der Stimme des Zentralrates der Muslime, wiedergegeben wird.

»Aus diesem Grunde haben Wir den Kindern Israels vorgeschrieben: Wer ein menschliches Wesen tötet, ohne (daß es) einen Mord (begangen) oder auf der Erde Unheil gestiftet (hat), so ist es, als ob er alle Menschen getötet hätte. Und wer es am Leben erhält, so ist es, als ob er alle Menschen am Leben erhält. Unsere Gesandten sind bereits mit klaren Beweisen zu ihnen gekommen. Danach aber sind viele von ihnen wahrlich maßlos auf der Erde geblieben.«

Das liest sich schon etwas anders als die Todenhöfer-Fassung. Der Satz steht zwar im Koran, ist aber ein Zitat aus dem Talmud. Er richtet sich an die Kinder Israels, nicht an die Muslime. Die Israeliten werden daran erinnert, wozu sie sich verpflichtet haben. Und es wird ihnen im folgenden Vers auch gesagt, was sie zu erwarten haben, wenn sie aufsässig werden.

»Der Lohn derjenigen, die Krieg führen gegen Allah und Seinen Gesandten und sich bemühen, auf der Erde Unheil zu stiften, ist indessen (der), daß sie allesamt getötet oder gekreuzigt werden, oder daß ihnen Hände und Füße wechselseitig abgehackt werden, oder daß sie aus dem Land verbannt werden. Das ist für sie eine Schande im Diesseits, und im Jenseits gibt es für sie gewaltige Strafe.«

Von wegen, wenn jemand einen unschuldigen Menschen tötet... Wer sich gegen Allah und seinen Gesandten stellt, der ist nicht unschuldig, der darf getötet und gekreuzigt werden, dem können die Hände und Füße abgehackt werden, der hat Glück im Unglück, wenn er nur aus dem Land verbannt wird. Er wird der gerechten Strafe nicht entkommen, nicht einmal im Jenseits.

Es ist genau diese Sure, auf die sich die Kämpfer des Islamischen Staates, der in der Todenhöferschen Parallelwelt ein »antiislamischer Staat« ist, berufen, wenn sie ihre Feinde köpfen und kreuzigen und alles auf Video festhalten. Sie töten keine Unschuldigen. Todenhöfer und die Dschihadisten marschieren gemeinsam, schlagen aber separat. Die einen in Aleppo, Mossul und Raqqa, der andere auf Facebook und in den Talkshows. Allah ist groß und Todenhöfer sein Klinkenputzer.

29. Juni

Liebes Tagebuch!

Angela Merkel sieht nicht gut aus in diesen Tagen. Die Mundwinkel hängen noch tiefer als sonst, der Glanz in den Augen ist verschwunden, und das »Mutti«-Lächeln, mit dem sie Freund und Feind verlässlich verzauberte, ist weg. Kein Wunder, denn die Kanzlerin hetzt von Termin zu Termin, von Gipfel zu Gipfel. Sie hat sich nicht nur vorgenommen, das Klima zu retten, die Erderwärmung zu stoppen und bis 2020 eine Million Elektroautos auf die Straße zu bringen, kurzfristig muss sie auch entscheiden, ob Griechenland in der Euro-Zone bleibt oder den Club verlässt. Keine leichte Entscheidung, denn sie hat sich ja längst festgelegt: »Scheitert der Euro, scheitert auch Europa!«

Die Kanzlerin weiß oder ahnt aber zumindest, wie dünn das Eis ist, auf dem sie ihre Runden zieht. Dass ihr dieser Satz jeden Moment um die Ohren fliegen kann. Er ist ihr Vermächtnis an die Nachwelt. Er könnte aber auch ein »Rien ne va plus« sein, der Abspann am Ende ihres Matriarchats. Auch wenn es ihr noch einmal gelingt, die Fraktionen der CDU und der SPD auf ihren Kurs einzuschwören, wird es immer schwieriger, die dummen »Menschen draußen im Lande« davon zu überzeugen, dass es in unser aller Interesse ist, weitere Milliarden in der Ägäis zu versenken. Und dass es uns praktisch nichts kosten wird, wenn das viele Geld futsch ist. Dass die »Idee Europa« diesen Kraftakt, diesen Preis wert ist.

Also nutzt die Kanzlerin den Festakt zum 70. Jahrestag der Gründung der CDU, um ihre Position zu erläutern. Normalerweise überlässt sie es ihren Hofschranzen, ihre Worte zu interpretieren, jetzt tut sie es selbst. Sie sagt, mehr denn je komme es heute darauf an, sich die »Fähigkeit zum Finden von Kompromissen« zu bewahren, denn: »Wenn diese Fähigkeit […] verloren geht, dann ist Europa verloren. Und in diesem Sinne ist auch der Satz zu verstehen, den ich schon des Öfteren gesagt habe: Scheitert der Euro, scheitert Europa. Und deshalb muss um diese Grundsätze gekämpft werden, wir könnten sie kurzfristig vielleicht aufgeben, wir könnten vielleicht sagen: geben wir einfach mal nach. Aber ich sage, mittel- und langfristig werden wir damit Schaden nehmen, wir werden Schaden nehmen dahin gehend, dass wir kein relevanter Faktor mehr in der Welt sind, dass wir keine Gemeinsamkeit mehr haben und deshalb müssen wir für Kompromissfähigkeit und Grundsätze in Europa wieder und immer wieder werben, meine Damen und Herren.«

Die Damen und Herren nahmen das Statement mit höflichem Beifall auf. Niemand riskierte einen Zwischenruf, keiner stand auf und sagte: »Mit Verlaub, Frau Kanzlerin, Sie reden Unsinn.«

Der Satz »Scheitert der Euro, scheitert Europa« war schon extrem gewagt, nun hat die Kanzlerin ihn auch noch verschlimmbessert. Auch wenn das Licht sowohl Teilchen als auch Welle ist, als Physikerin müsste Angela Merkel wissen, dass es unmöglich ist, die Stellung zu halten und sich zugleich zu bewegen. Als Politikerin aber will sie an Grundsätzen festhalten und gleichzeitig Kompromisse eingehen. Das ist so logisch wie die Parole »Überholen, ohne einzuholen«. Es kann nicht oft genug gesagt werden, liebes Tagebuch: Die Kanzlerin ist das Produkt einer DDR-Sozialisation. Wer in der DDR überleben wollte, musste Grundsätze aufgeben und Kompromisse eingehen. Der letzte große Kompromiss war die Aufgabe der DDR, um das Überleben der SED und ihrer Funktionäre zu sichern.

Denn die Partei hatte nicht nur immer recht, sie war wichtiger als der Staat, den sie regierte. Jeder Auftritt von Gregor Gysi im Bundestag, jede Rede von Bodo Ramelow im Landtag von Thüringen, jedes Gastspiel von Sahra Wagenknecht bei Jauch zeugt davon, wie erfolgreich diese Strategie war.

Um Europa beziehungsweise die EU zu retten, wurden ebenfalls alle Grundsätze, auf die man sich anfangs verständigt hatte, über Bord geworfen: dass es keine Transferunion geben, dass kein Staat für die Schulden eines anderen haften, dass die Europäische Zentralbank keine Staatsfinanzierung durch den Ankauf wertloser Anleihen betreiben würde. Sämtliche Maastricht-Kriterien endeten im Reißwolf. Alles für Europa! Damit ewiger Frieden herrsche! Damit wir ein relevanter Faktor in der Welt bleiben! Relevant für wen? Und wofür? Für die griechische Wirtschaft? Die Korruption in Bulgarien? Die Arbeitslosigkeit in Spanien? Die Armut in Portugal? Die Eurokraten in Brüssel? Die Millionen von Afrikanern, die ihr Leben riskieren, um einen Platz in einer Asylbewerberunterkunft irgendwo in Sachsen zu bekommen?

Der Satz »Wir werden Schaden nehmen dahin gehend, dass wir kein relevanter Faktor mehr in der Welt sind« ist nicht nur irre, er steht für den Übergang vom deutschen zum europäischen Nationalismus. Ich fürchte, liebes Tagebuch, es könnte aber auch der alte deutsche Nationalismus mit europäischem Antlitz sein.

Der Außenminister und spätere Reichskanzler Bernhard von Bülow hielt im Jahre 1897 im Reichstag eine Rede zur Kolonialpolitik, in der er den berühmt gewordenen Satz sagte: »Wir wollen niemand in den Schatten stellen, aber wir verlangen auch unseren Platz an der Sonne.«

Zwei Weltkriege, mehrere missglückte Revolutionen und einige Generationen später wollen wir wieder »ein relevanter Faktor« in der Welt sein. Das Experiment mit dem Euro ist zwar gescheitert, aber die Party muss weitergehen. Morgen, spätestens übermorgen wird die Kanzlerin im Bundestag sagen: »Ich will, dass Europa stärker aus dieser Krise herausgeht, als es hineingegangen ist. Damit wir unsere Interessen überzeugend vertreten können.« Und: »Die Überwindung der europäischen Staatsschuldenkrise braucht Zeit und einen langen Atem. Aber hinterher wird Europa stärker sein als zu Beginn.«

Der lange Atem. Wie bei der Energiewende und der völligen Umstellung auf erneuerbare Energien, die bis 2100 erreicht sein soll. Wobei die Kanzlerin ihr Volk en passant darauf vorbereitet, dass die Griechenlandkrise nicht das Ende, sondern der Anfang einer Entwicklung ist: Wir haben es nämlich mit einer europäischen Staatsschuldenkrise zu tun, Hellas war nur ein Gruß aus der Küche, ein kurzes Wetterleuchten in der Ferne. Der richtige Sturm steht uns noch bevor. Aber hinterher wird alles besser. Da gibt uns die Kanzlerin ihr Wort drauf. Wo ein Wille ist, da ist auch ein Weg. Und was uns nicht umbringt, das macht uns stärker. Ist das nicht irre?

30. Juni

Jetzt, liebes Tagebuch,

heißt es Abschied nehmen. Danke, dass du es mit mir ein halbes Jahr lang ausgehalten hast, das schaffen nur wenige. Wenn der Verlag nicht so drängeln würde, könnten wir auch weitermachen, bis zum totalen Showdown. Angela Merkel wird zur Kanzlerin auf Lebenszeit ausgerufen und erklärt sich für alternativlos, Steini wird zum Generalsekretär der Vereinten Nationen ernannt und verdreifacht seine Reisekilometer. Martin Schulz übernimmt im Auftrag der EU kommissarisch das Amt des griechischen Ministerpräsidenten, um mit einer »technischen Regierung« die Zeit bis zu den nächsten Wahlen zu »überbrücken«, damit man »eine vernünftige Vereinbarung mit den Geldgebern findet«. So etwa stellt er sich die Lösung der Griechenland-Krise vor. Nur das Wort »Protektorat« kommt nicht über seine Lippen.

Sag jetzt bitte nicht, das wäre absurd und maßlos pessimistisch, liebes Tagebuch. Seit uns der Fall der Mauer kalt erwischt hat, halte ich alles für denkbar, vor allem das Undenkbare. Ich fürchte, dass die parlamentarischen Systeme in unserer Mediendemokratie mit der jetzigen Situation überfordert sind. Sie funktionieren wie die Bergwacht bei gutem Wetter. Kommt ein Sturm auf, können die Retter wegen zu starker Winde und schlechter Sicht nicht ausrücken.

Das Einzige, was die Krisenmanager leisten, ist: Geld zu Verfügung zu stellen. Reicht es nicht, wird noch mehr Geld zu Verfügung gestellt, das aber erstaunlicherweise nicht dort ankommt, wo es benötigt wird. Sogar renommierte Experten streiten darüber, ob die 325 Milliarden, die von den Geldgebern Griechenland »zur Verfügung« gestellt wurden, bei Otto Normalgrieche angekommen oder bei ein paar Oligarchen und deren Klientel und im Bankenkreislauf versickert sind. Die einen sagen so, die anderen so. Einige meinen: teils, teils. Auch kann niemand feststellen, wie groß der Batzen ist, den Deutschland beigesteuert hat. Zu viele Köche rühren in dem Brei – der IWF, die EZB, die EU, der EFSF, die Bundesbank, Versicherungen, private Banken, Anleger und Spekulanten. Ich fürchte, sogar der deutsche Finanzminister hat die Übersicht verloren, sofern er sie je hatte. Die Spur des Geldes führt in ein Spielcasino, in dem einarmige Banditen die Geschäfte verwalten.

Dennoch lässt der Finanzminister über seinen Sprecher erklären, es gebe »überhaupt keinen Anlass zur Beunruhigung«, der Anteil Griechenlands an der europäischen Wirtschaftsleistung sei zu gering, als dass er sich weiträumig auswirken würde, die griechische Krise werde »für den deutschen Bürger und Sparer keine Auswirkungen haben«. Schäuble selbst sagt, Ausfälle bei Zinszahlung oder Tilgung würden sich »erst schrittweise und verteilt über viele Jahre auf den Bundeshaushalt auswirken«, also quasi versanden. Ich fürchte, liebes Tagebuch, er glaubt das selbst. Er legt doch tatsächlich für 2016 einen Entwurf für einen »ausgeglichenen Haushalt« vor und will dafür gefeiert werden. Dabei weiß er, dass er Rekordergebnisse bei den Steuereinnahmen hat und gleichzeitig absurd niedrige Kreditzinsen zahlt – und dass sich das, nach aller Erfahrung, auch wieder drehen wird: weniger Steuereinnahmen und spürbare Kreditzinsen – plus das eine oder andere Risiko als Bürge. Würde der Finanzvorstand eines Dax-Konzerns in einer analogen Situation weder Kredite zurückführen noch Rückstellungen bilden, er würde nicht gefeiert, sondern als Hasardeur gefeuert.

Wenn es aber tatsächlich so ist, wenn wir 40, 80 oder 120 Milliarden Euro so locker wegstecken können wie Peanuts – worüber regen wir uns dann auf? Worüber verhandeln wir? Warum geben wir den Griechen nicht weitere 50 oder 100 Milliarden Euro, wenn es uns nicht juckt und ihnen hilft, wieder auf die Beine zu kommen, und wir gleich noch unsere historische Schuld abtragen können?

Das ist die Situation, liebes Tagebuch, der Vorhang zu – und alle Fragen offen, genau genommen sogar noch viel mehr zugespitzt als zu Beginn unserer Lebensabschnittspartnerschaft –, ein Cliffhanger wie von Patricia Highsmith.

Wenn ich daran denke, was für Sorgen wir eben noch hatten, packt mich die Wehmut. Erinnerst du dich noch an die Amigo-Affäre, die zum Rücktritt des bayrischen Ministerpräsidenten Max Streibl führte? Den Skandal um die Hessische Landesbank, die sich bei Immobilienprojekten verspekuliert hatte? Die Pleite der Philipp Holzmann AG, bei der es um läppische 4,3 Milliarden DM ging? Oder den Absturz des Leipziger Baulöwen Jürgen Schneider, der wegen Betrugs und Kreditbetrugs im zweistelligen Millionenbereich zu sechs Jahren Haft verurteilt wurde? Und dann erst die Petitessen, über die wochenlang rauf und runter debattiert wurde. Christian Wulff, der eine Einladung zum Oktoberfest annahm, Karl Theodor zu Guttenberg, der bei seiner Doktorarbeit schummelte, die Supermarktkassiererin, die zwei liegen gebliebene Pfandbons im Wert von 1,30 Euro mitgehen ließ. Was waren das für Peanuts verglichen mit Griechenland und der europäischen Staatsschuldenkrise! Lieber Gott, gib uns unsere Probleme von gestern wieder!

Was wir derzeit erleben, kommt mir vor wie ein Golfturnier am Fuße eines Vulkans. Es hat viel Geld und Zeit gekostet, den Platz herzurichten, alle Warnungen von Geologen und Vulkanologen wurden in den Wind geschlagen. Die Wahrscheinlichkeit, dass der Vulkan ausbreche, hieß es, sei so minimal, dass man sie vernachlässigen könne. Außerdem habe man die nötigen Sicherheitsvorkehrungen getroffen und ein Frühwarnsystem eingebaut. Als dann allen Vorhersagen zum Trotz der Vulkan erwacht und die Erde zu beben anfängt, ist es zu spät, um die Partie abzubrechen.

Man ist schon zu weit. Also muss das Spiel zu Ende gespielt werden, unter allen Umständen, bis zum letzten Loch. Nur dass wir es in diesem Fall nicht mit einer Naturkatastrophe, sondern mit einem menschengemachten Desaster zu tun haben, dessen Ursachen Selbstüberschätzung und Selbstüberhebung heißen.

»Der Euro«, sagt die Kanzlerin, »ist mehr als eine Währung«. Wie kann eine Währung mehr als eine Währung sein? Symbolisieren die Scheine den Leib Christi, werden bei der Eucharistiefeier demnächst Münzen statt Hostien ausgegeben? Muss außer der Liturgie auch die Bibel umgeschrieben werden? Haben die Israeliten nicht um das Goldene Kalb, sondern um den Euro getanzt? Wird der Tatbestand der Gotteslästerung wieder eingeführt, um den Euro gegen Kritik zu schützen? Sind wir in einem Film von Mel Brooks oder in einem Roman von Utta Danella?

Wenn ich mir ansehe, wie lange es dauert, um einen Tarifkonflikt zwischen der Bundesbahn und der Gewerkschaft der Lokführer beizulegen, nämlich ein Jahr, dann beschleichen mich doch gewaltige Zweifel, ob Deutschland in der Lage ist, existenzielle Konflikte als solche zu erkennen. In der Ukraine gehen die Kämpfe unter dem Etikett der »brüchigen Waffenruhe« weiter, in Afrika warten Millionen Menschen auf eine Passage nach Europa, der Islamische Staat expandiert und rückt immer näher, der Iran wird zur Atommacht und einer Bedrohung für die ganze Region, zu den »failed states« kommt jedes Jahr mindestens einer hinzu, die EU wird nur noch durch gebrochene Verträge und steigende Staatsschulden zusammengehalten, der russische Präsident bittet seinen Generalstaatsanwalt um ein Gutachten darüber, ob die Abspaltung der baltischen Staaten von der Sowjetunion »rechtens« war, derweil drängen die Grünen auf eine Anerkennung des Staates Palästina durch die Bundesrepublik, und die Kanzlerin will sich für eine Aufnahme von Albanien, Georgien und Serbien in die EU einsetzen. Sind das nicht großartige Aussichten auf den ewigen Frieden, liebes Tagebuch?

Je suis Sisyphos!

Waren das aufregende, wilde Monate! Eine Achterbahnfahrt, wie man sie auf keinem Volksfest geboten bekommt. Gefüllt mit zahllosen Gipfeln, Sondergipfeln, wechselnden Allianzen, Abstürzen, letzten, allerletzten und alleralllerletzten Fristen, deren Überschreiten folgenlos blieb. Wer bis dahin noch geglaubt hatte, in der Politik würde ein Rest an Vernunft walten, wurde eines Besseren belehrt. Für diese Art der Nachhilfe sollten wir dankbar sein. Nichts wird so heiß gegessen, wie es gekocht wird, und »a bisserl was geht immer«, das wusste schon Monaco Franze. Und das Bordorchester der Titanic macht bis zuletzt die Musik dazu.

Wenn wir nun eine Zwischenbilanz ziehen, könnte sie so aussehen: Die Griechenlandkrise ist so gut wie gelöst, Europa gerettet, dank des unermüdlichen Einsatzes der sanften, aber willensstarken Angela (good girl) und ihres prinzipientreuen und zugleich loyalen Hausmeisters Wolfgang (bad guy). Alle Krisenherde der Welt – Ukraine, Iran, Tunesien, Jemen, Palästina usw. – sind bei unserem Außenminister in besten Händen. Für den Erfolg des Islamischen Staates, der weder ein Staat noch islamisch ist, sind wir Westler verantwortlich, weil wir unseren Wohlstand nicht mit dem Rest der Welt teilen wollen und keinen Respekt vor fremden Kulturen zeigen.

Wer an diese »Narrative« nicht glaubt, der ist ein Miesmacher, ein negatives, zersetzendes Element; er versaut die gute Stimmung an Bord der MS Europa. Aber die Party muss weitergehen, wir haben schließlich »all inclusive« gebucht. Dazu gehört auch das Anlegen der Rettungswesten bei Windstärke zehn.

Wenn ich Ihnen, liebe Leser, einen Rat geben darf: Springen Sie nicht über Bord, machen Sie es mir nach, schreiben Sie ein paar Monate lang ein Tagebuch. Das hilft. Sie werden sehen, außer dem jeweiligen Datum wird sich kaum etwas ändern.

Dieses Phänomen hat einen Namen, der aus der griechischen Mythologie stammt: Sisyphos. Der Philosoph Albert Camus war der Ansicht, wir sollten uns diesen Sisyphos als glücklichen Menschen vorstellen. Ich meine: Er wäre auch ein schönes »role model« für das Leben im ach so geeinten Europa.